JN239286

岡本祐子著作集

1

岡本祐子
Yuko Okamoto

● 成人期の危機と発達

中年からのアイデンティティ心理学

Identity
Psychology from
Middle Age

ナカニシヤ出版

著作集の刊行によせて

　ライフサイクルのどの地点から，自分の人生を展望するかによって，その見え方はさまざまに異なる。私自身の記憶をたどってみても，子ども時代には，自分の生涯など考えもしなかった。途方もなく長い時間が続き，自分の死など想像すらできず，「今」の生があるのみであった。しかしながら，私は中学生・高校生になった頃から，何とも言えない "Unfitness" の感覚にとらわれるようになった。それは，「生きづらさ」「自分の内的世界でのズレ」「自分と他者とのズレ」と言ってもよい。その頃から出会った人や本は，その後の生涯に深い影響をもたらし，人生や生きることそのものを考える刺激となった。自分とは何かという青年がぶつかる〈問い〉とともに，「心は何か」というとらえどころのない〈問い〉，心はどこへ向かって変容していくのか。その「変容」が「発達」「深化」と言えるならば，人生の中で心はどこへ向かって発達していくのか。このような〈問い〉は，青年期以来，私の心の通底に存在し続けている。その探求のために力動臨床心理学を専門とし，心理臨床の世界に入ったと言っても過言ではない。こういう〈問い〉に導かれるように，人生のそれぞれの時期に出会った方々は，私の「先生」となり，生涯にわたる長い関係性を紡いできた。私自身が60代後半を迎えた現在，その「先生」の多くはすでに故人となられたが，今もなお私の心の中に生き続け，上記の〈問い〉の探求に刺激と活力を与え続けてくださっている。

　その意味で，青年期以来今日までの私の研究は，若き日の〈問い〉に対して，それぞれの「先生」との出会いの中で得た刺激と省察を，発達臨床心理学の視点から具体化したものにほかならない。この内的〈問い〉の深化のプロセスについては，本著作集第4巻に記した。本著作集（全4巻）は，この私自身の内的〈問い〉を土台に，青年期から今日まで行ってきた成人期発達臨床心理学の研究をまとめたものである。本著作集は，次のような内容で構成されている。

　第１巻　中年からのアイデンティティ心理学―成人期の危機と発達―
　第２巻　女性のライフサイクルとアイデンティティ
　第３巻　成人期の危機の心理臨床
　第４巻　アイデンティティの世代継承

　第１巻にあたる本書は，学術的な視点から述べれば，次の３つをねらいとしている。
　１．我が国における成人期の発達臨床心理学の発展をアイデンティティ論の視点から読み解く。
　２．特にこの領域の研究を開拓し牽引した私自身の主要な研究をわかりやすく解説・紹介する。
　３．「中年の危機」，「心は生涯を通じて発達する」，大人の人生の「危機」の特質とメンタルヘルス，アイデンティティの次世代への継承など，21世紀を迎えた現代社会においてもなお，古くて新しい課題について，再考する。

　本著作集のもう一つのねらいは，「古きものと新しきものをつなぐ」ことである。心理学の世界では，学問的問いは，研究者自身の内的世界，つまり自分のこれまでの育ちの経験の中から生まれることが少なくない。特に臨床心理学においては，研究的問いの探究と自己探求は，多くの部分で重なりつながっている。臨床心理学という専門世界に参入したての「駆け出し」の頃と，何がしかの「熟達」を得た現在をつなぐ道行きをたどることにより，一人の人間そのもの，研究，専門性の中に見られる「古きもの」と「新しきもの」を結び，その意味を考える手がかりを得られれば幸いである。
　私にとっては，研究，心理臨床実践，そして書くことは，表裏一体の営みであった。このたびナカニシヤ出版より，これまで刊行してきた論文や著書を精選して，岡本祐子著作集全４巻として刊行していただけることになった。研究者にとって，出版社は命綱であり，俳優にとっての舞台のようなものである。このような稀有の機会を与えてくださったナカニシヤ出版と，同編集部　宍倉由高氏，山本あかね氏に心よりお礼を申し上げる次第である。

目　　次

著作集の刊行によせて　　i

プロローグ　中年期の自己の問い直し ……………………………………1

第 1 章　ライフサイクルと自分らしさ
―自分らしさの揺らぎと模索― ……………………………5

第 1 節　流動化社会における「本当の自分」探し　　5
第 2 節　「生き方モデル」がない時代　　6
第 3 節　新しい成人発達観・高齢期観へ　　10

第 2 章　心の発達をライフサイクルを通して見る ………………13

第 1 節　ライフサイクルとは何か　　13
第 2 節　人間の一生はどのようにとらえられてきたか　　14
第 3 節　心理学における「心の一生」の研究　　19
第 4 節　アイデンティティ研究の発展　　33
第 5 節　他者とのかかわりの中で発達するアイデンティティ　　40

第 3 章　人生の峠を越える心理
―中年期のアイデンティティの危機― ……………………53

第 1 節　中年期は熟年か，惑年か　　53
第 2 節　中年期の心と体の変化―中年期平穏説と危機説―　　54
第 3 節　自己の有限性の自覚―中年期に体験される否定的変化と
肯定的変化―　　63

第4章 中年の危機を乗り越える
―自分らしさの再確認― ……………………………………75

第1節 中年期の危機とアイデンティティの組み替え 75

第2節 ライフサイクルのテーマは繰り返される
　　　 ―幼児期・青年期・中年期― 80

第3節 多様な中年期の生きざまとアイデンティティ 86

第4節 青年期のアイデンティティ形成は中年期の危機にどのように影響するか 104

第5章 中年期の世代性とアイデンティティ
―ケアすることを通じたアイデンティティの発達― ……115

第1節 ケアすることの意味 115

第2節 子どもを育てることと親の側の発達 118

第3節 老いの看取りの意味―介護体験による介護する側の発達― 133

第6章 老いへの葛藤と受容
―高齢期への移行期― ………………………………………153

第1節 高齢期への移行期の心理 153

第2節 定年退職期のアイデンティティ危機 158

第3節 アイデンティティはラセン式に発達する 166

第7章 人生をまとめる
―人生と死の受容― …………………………………………173

第1節 現役引退後のアイデンティティ 173

第2節 高齢期の死の受容とアイデンティティ 187

第3節 夫婦で迎える高齢期と夫婦アイデンティティの発達 192

第8章　「共に生きる」時代におけるアイデンティティ ………199

第1節　大人としてのアイデンティティの達成とは何か　199
第2節　共に生きる時代におけるもう一つの発達観への展望
　　　　208

補　　章　中年の「光と影」再考 ………………………………211

はじめに　211
第1節　中年期の喪失と発達をどうとらえるか　212
第2節　中年の危機―ミドルシニアのキャリアデザイン―　222

エピローグ　アイデンティティ論からみた心理臨床学の
　　　　　　　現代的課題と展望
　　　　　　　　―アイデンティティ研究47年の雑感―………………233

引用文献　239
初出一覧　247
あとがき　249
索　　引　251

本書は，岡本祐子著『中年からのアイデンティティ発達の心理学』（1997年，ナカニシヤ出版）の初版に補章とエピローグを加え，加筆修正したものである。

中年期の自己の問い直し

　本書は，大人の人生の中で展開されるアイデンティティの発達と危機について，まとめたものである。アイデンティティとは，「自分とは何者か」，「本当の，正真正銘の自分とは何か」ということを意味する。これは，もうすでに70年以上前，精神分析家 Erikson が，青年期の発達と病理を理解する枠組として提唱した概念である。今日では，このアイデンティティという言葉は，一般の人々にも広く知られるようになった。そして1980年以降，アイデンティティの概念は，単に青年期の心理－発達的な理解のみにとどまらず，成人期や高齢期の人々の理解にまで，応用されるようになっている。

　実際，自分の人生をどのように生きるのか，自分らしい生き方とは何か，——このような問いは，今日では，進路選択に迷う青年だけではなく，適職を求める人，結婚や出産を考える女性，子育てが一段落ついた母親，中年期の最中にある人，定年退職を控えた人など，成人期においてもさまざまな年齢の人々から聞かれる。「自分」探しのテーマは，一生を通じて重要な課題となっている。少子高齢社会の到来にともなうライフサイクルの変化，価値観や生き方の多様化とその変化の速さ，このような流動化社会にあって，私たちの心の世界にも大きな変容が訪れているようである。

　また，私たちのアイデンティティは，一人の個人として発達，深化していくと同時に，他者の存在に深くかかわることによっても成熟していくものである。しかしながら，一生を通じてアイデンティティが，どのように発達，変容していくのか。人生のどこで，私たちはアイデンティティの危機に遭遇するのか。個としての発達と他者とのかかわりによる発達がどのようにかかわり合って，

私たちのアイデンティティは発達，深化していくのか。このような問題を，正面から実証的に取り扱った研究は，1970年代までは驚くほど少なかった。

　本書は，私がこれまで手掛けてきた成人期，高齢期のアイデンティティ発達に関する研究から得られたデータをもとに，ライフサイクルを通して見られるアイデンティティの発達について述べたものである。本書の柱は，次の2つのテーマにまとめることができる。

　まず第1は，ライフサイクルを通じて個としてのアイデンティティが，どのように発達していくかという問題である。第2は，個としてのアイデンティティの発達とともに，他者に深く関与し他者の存在を支えることも成人期のアイデンティティ発達，成熟にとって等しく重要であるという問題である。これらの問題について，中高年の人々の生の声や具体的な事例を呈示しながら，できるだけわかりやすく述べたつもりである。

　第1のテーマである，大人の人生の中で展開される個としてのアイデンティティの発達・変容については，私自身，青年期以来，最も関心の深い問題であった。今日の長い成人期，高齢期は，青年期に獲得されたアイデンティティでは，とても支えきれない。青年期に獲得されたアイデンティティは，その後の人生の中で変容し，さらに発達，深化していくのではないだろうか。青年期，中年期，現役引退期，高齢期という人生の節目，節目におけるデータがそろってくると，「本当の自分」探し，つまり，アイデンティティの模索は，青年期ばかりでなく，成人期の発達の節目にも行われ，それらはよく似たプロセスをたどることがわかってきた。それはまさに，青年期のアイデンティティ形成のあとに続く，いったん獲得されたアイデンティティの見直しと再体制化である。このアイデンティティ再体制化は，成人期の発達の節目，節目において繰り返し行われ，私たちのアイデンティティは一生を通じてラセン式に発達，成熟していくのではないだろうか。

　また，大人の人生——大人としての生き方を考えるとき，忘れてはならない重要な問題として，他者の存在に責任をもつということがある。ほとんどの成人は社会の中で，職業や家庭をもち，それぞれの役割と責任を果たしながら生きている。特に，家庭において子どもや配偶者，老親といった重要な他者に自分のもてるエネルギーを注ぎ込むことが，大人の人生を生きる上で不可欠の要

件となる。私たちのアイデンティティは，ライフサイクルの重なりの中で，他の世代と深くつながり，他者をケアする，つまり，自分の獲得したアイデンティティでもって他者を支え，育てることによって，成長，発達していく側面もある。

　しかしながら残念なことに，1970年代までは，このテーマは，これまでの成人発達研究やアイデンティティ研究では，あまり重要な問題とされてこなかった。重要な他者へのかかわりが自分自身のアイデンティティの発達にとって，どのように寄与するのかという問題は，もっと光があてられるべきであろう。これは，現代の多様化社会を生きる私たちに等しく重要な意味をもっているはずである。本書では，この側面についてもできる限り，具体的なデータを示しながら論じていきたい。

　本書は，次のように構成されている。第 1 章では，今日のアイデンティティや「本当の自分」探しに対する関心の高まりの背景にある問題，つまり今日の社会とライフサイクルの変化が私たちの生き方や心の姿勢にも大きく影響していることについて述べた。ライフサイクルの大きな変化の中にあって，「生き方モデル」のない時代を生きる私たちにとって，「本当の自分」探しは，自らの手で主体的に行わねばならない課題になっているのである。そして，アイデンティティの模索が，一生を通じての課題になった今日，これまで安定期と理解されてきた成人期に対する見方もまた，揺らぎ，変容してきている。

　第 2 章では，これまでの人間の長い歴史の中で，私たちの心の一生がどのようにとらえられてきたか，東西の文学，宗教などに見られる思想から考えてみた。そして，心理学研究においては，成人期の心の発達についてどのようにとらえられ，成人期の発達についてどこまで明らかにされているかについて，簡単にまとめた。

　第 3 章と第 4 章は，大人の人生の中で，大きな転換期である中年期に焦点をあてている。中年期には，私たちの心の世界はどのように変容するのか。中年の危機はどのように訪れるのか。そして，その危機はアイデンティティの発達にとってどのような意味があるのか，という問題について，実際に私が面接調査をした中年の人々の事例をもとに論じていきたい。

　第 5 章では，大人のアイデンティティ発達にかかわるもう一つの重要な柱で

ある，他者の存在に深くコミットすること，他者をケアすることによって成熟していくアイデンティティの側面に光をあてている。

第6章は，大人の人生の中でもう一つのアイデンティティの危機期である現役引退期について論じている。この時期は，中年期から高齢期への移行期でもある。第7章は，現役引退後の高齢期のアイデンティティをめぐるさまざまな問題についてまとめた。そして，最後に第8章では，現代社会において本当に成熟したアイデンティティのあり方についての問題提起と私なりの提言をして，本書のまとめとした。

第1巻にあたる本書の初版は，『中年からのアイデンティティ発達の心理学』というタイトルで，1997年にナカニシヤ出版から刊行された。この本は，アイデンティティの発達は，青年期で完了するのではなく，アイデンティティはライフサイクルを通して発達・変容していくこと，中年期，現役引退期にもアイデンティティの危機が存在すること，さらに青年期以降の人生においても，アイデンティティは危機と再体制化を繰り返しながら，ラセン的に発達していくことを実証的に示した研究として，学界や社会から注目された。本書は，その初版本を，可能な限り再掲する形でまとめた。

本書が，現代社会においてもなお，本当に自分らしい生き方を探求しているさまざまな年代の人々にとって，自分の人生を主体的に考え，納得した生き方を創造していく手がかりになれば幸いである。

第 1 章

ライフサイクルと自分らしさ
―自分らしさの揺らぎと模索―

 第 1 節　流動化社会における「本当の自分」探し

　今日は，「アイデンティティ」，「ライフサイクル」といった言葉が，一般の人々にも広く知られるようになった。少子高齢社会の到来にともなうライフサイクルの変化，価値観や生き方の多様化とその変化の速さは，長い間，私たちがもっていた人間の発達に対する見方を根本から覆してしまったようである。心理学の世界においては，これまで長い間，――少なくとも1990年代初頭までは――人間が成長，発達していく時期は，乳幼児期から青年期までであり，以後の成人期には，発達的変化は見られないと考えられてきた。成人期に起こる心の変化は，万人に共通して見られる発達的変化ではなく，個人差や個々人のおかれた状況に対する適応として理解されてきたのである。しかしながら，1990年代以降，心は成人期，高齢期にも，一生を通じて発達していくものであるという成人発達観が広く受け入れられるようになった。

　今日はまた，生涯学習，生涯教育，リスキリングの時代と呼ばれ，一生を通じて勉強する時代となった。今日は，学校を卒業した後，成人した後も自分のおかれた状況の変化に応じて，主体的に自分を育てていくことが不可欠の世の中である。その草分けは，1995年に出版された野口悠紀雄の『超「勉強法」』であろう。この本は，当時ベストセラーになり，サラリーマンにもよく読まれた。また，学校教育における新しい学力観として，自己教育力ということが注目された。自己教育力とは，情報化，国際化，価値観の多様化，高齢化など，

社会の大きな変化の中にあって，それに自ら対応できるように主体的に学習していく力を意味している。このようなさまざまな動きは，今や青年期までの自己形成，つまり青年期に獲得したアイデンティティでは，その後の長い人生を支えきれないことを示唆するものであろう。

第2節　「生き方モデル」がない時代

> 50年間を生きてきても
> どこかでやはりきっかけをつかみたいとジタバタしている
> そんな君の人生とは何か

　これは，1994年，萩原朔太郎賞を受けた清水哲男の詩の一節である。この詩を書いた気持ちを詩人は次のように語っている。「僕らの子どものころは，人生50年だったもの。自分も50歳くらいで死ぬんだろうと考えていましたから，50を越えてみると，この先どうしたら，とすっかりうろたえているのです」(朝日新聞，1996)。

　この詩人の言葉は，少子高齢時代といわれるようになった現代の中高年の人々の気持ちをよく表しているのではないだろうか。その気持ちは，人生を100メートル走にたとえるとわかりやすい。アイデンティティ形成期にあたる青年期には，自分は100メートル走ればゴールインできると考えて，スタートをきった。しかし，60メートルくらいまで走ったところで，知らぬ間にゴールのテープが150メートルにまで延ばされている。あと40メートルと思って走ってきたのが，なんとあと90メートルもある！

　今日，中高年期にある人々は，自分たちより上の世代の人々の一生の展望とは全く異なる時代を生きており，「生き方モデル」がない人生を送っているともいえよう。それは，一つには，右に述べたような寿命の延びからくることである。しかし，今日，この「生き方モデル」がないという問題は，より複雑なさまざまな問題を引き起こしている。それは，女性にも男性にも，そして単に中高年の人々ばかりでなく，より若い世代にも及んでいるのではないであろうか。この問題について，もう少し具体的に見ていきたい。

● 1. 女性にとっての職業人生と家庭建設

　長寿化と少子化によるライフサイクルの変化は，現代女性の心の発達にとっても，重大な影響を及ぼすことになった。かつて女性の一生は極めて固定的で画一的なものであった。1960年代頃までの女性にとっては，学校を卒業すると，家事手伝いか腰かけ程度の仕事をして結婚し，出産後は家事・育児に専念するというのが一般的な女性の生き方であった。この生き方は，「男は仕事，女は家庭」という伝統的な性役割観に裏づけられ，長く受け入れられてきたパターンであった。しかしこのような性役割観は，1970年代以降，大きく揺らいだ。

　さまざまな生き方が選択可能になった現代においては，女性が社会で活躍する道は確実に広がっている。結婚年齢は上がり，結婚しない女性も増え，人生の選択肢は一昔前に比べて格段に広がった。女性の働く職場は広がり，能力と意欲のある女性は男性と対等に仕事ができるチャンスが増えた。生き方の選択肢の増加，しかもその選択がかなりの部分において，個人の主体性にまかされるようになったことは，魅力ある変化であることには間違いないであろう。しかし，それはまた女性たちにとって新たな迷いや焦躁を生むことになってきている。

　Fig. 1-1 は，現代女性のライフコースを1本の木に見立てたものである。「ライフサイクルの木」は，学校を卒業するまでは，あまり男女の相違は見られないが，女性の場合，ひとたび青年期，成人初期に達し，就職・結婚・出産期を迎えると，多くの枝に分かれていく。そして，どのライフコースを選択したにせよ，その道行きの中には，自分の生き方，あり方に直接的に問いを投げかけるストレスや危機が潜在している。このような現代女性のライフサイクルのそれぞれの時期に見られる心理的問題については，岡本祐子・松下美知子（編）『女性のためのライフサイクル心理学』（福村出版，1994）において述べた。

● 2. 男性にとっての職業アイデンティティの見直し

　今日のライフサイクルの変化や社会の変動は，男性のあり方にも，大きな影響を及ぼしている。これまで多くの男性にとって，学校を卒業して就職すれば，大人の人生は定年退職まで一本道であった。転職や昇進等の異動や多少の山や

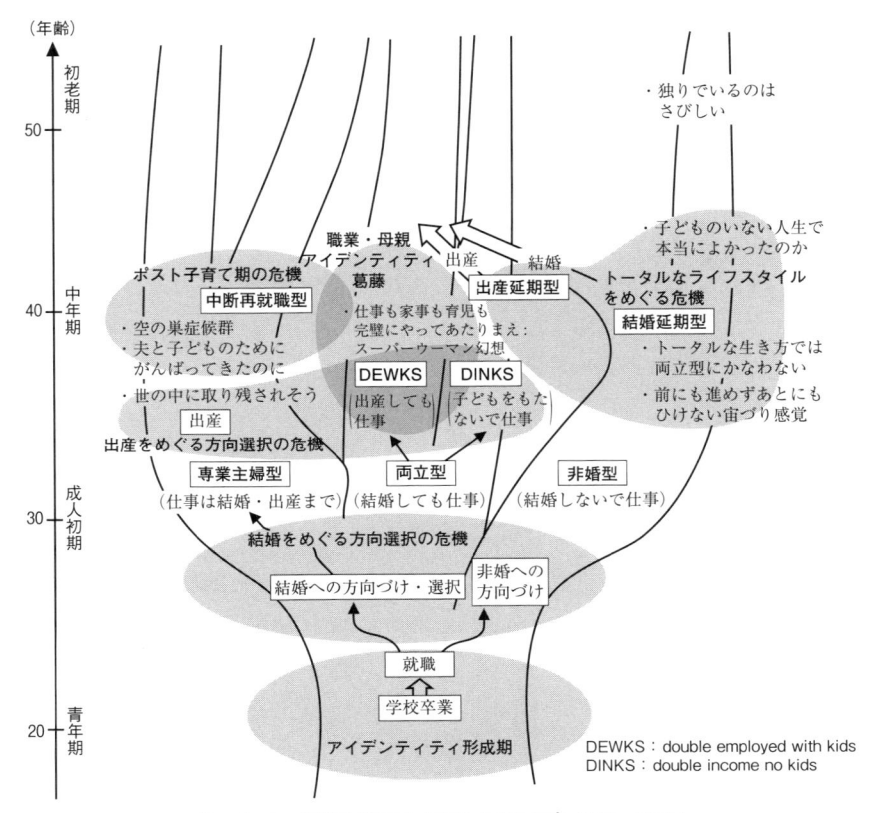

Fig. 1-1　現代女性のライフサイクルの木（岡本，1994b）

　谷があるにせよ，男性の人生は職業を太い軸とした一本の道に貫かれている。このことは，「男は仕事，女は家庭」という伝統的な性役割観に守られて，長く受け入れられてきたパターンであった。しかし，これまでしっかりと構造化され，安定したものととらえられてきた成人期は，職業，家族，その他のさまざまな面で，決して安定したものではなくなってきている。例えば，かつての企業社会における終身雇用制，年功序列制は，成人期の職業人生における安定性の象徴であった。青年期に学校卒業後，就職してある程度の年齢に達するまで勤続すると，それなりのポストが保証されていた。しかし，1973年のオイルショック以来，中高年のポスト不足が叫ばれ，さらに平成時代には，平成不況

のもと転職や企業の「リストラ（restruction）」は至るところで行われた。それは，中高年にある人々が青年期に描いた将来展望とは，大きく異なるものであった。令和の時代となった今日，その傾向はますます増大している。

　また，家族に目を向けると，中年期や定年退職期の離婚は，増加している。さらに飛躍的な寿命の延びにより，私たちはこれまでの時代よりもはるかに長い老後を生きねばならなくなった。また，第2章以降で述べるように，成人期は必ずしも安定したものではなく，中年期危機など，いくつかの発達的危機期や転換期が存在することが明らかにされている。こうして男性にとっても青年期に選択した生き方では，必ずしも今後の人生全体を支えきれなくなっているのが現状であろう。このことを，もう少し心理的な面から見てみると，今日では一定の職業についた後であっても，その職業や職場において，自分がどんな役に立つのかが自他ともに確認できないと，職業的には安定できないことを意味している。

　一方，今日では，進路・職業選択は，かなり柔軟性をもってとらえられるようになった。その一例が，転職や脱サラ・起業であろう。これまで転職や脱サラは，一種の不適応を示し，脱落者のイメージでとらえられることが多かったが，今日ではそのイメージは以前ほど強くない。むしろ現代社会においては，脱サラ・起業を達成した人は，自分の本当にやりたい仕事や求めていた世界を獲得したことを表し，よりしっかりとしたアイデンティティの確立を意味していることも多い。

　また，既婚女性も職業をもつことが一般化している現代社会においては，男性もまた，家庭生活の維持に責任をもち，積極的に関与することが期待される時代になった。「職業と家庭の両立」は，男性にとっても重要なテーマになっているはずであるが，今日ではまだこの問題は，より若い世代を中心とした一部の男性を除いて，多くの男性にとっては，自己のアイデンティティにとって重要な問題として主体的に受けとめられていないのが実状ではなかろうか。

　しかし，アメリカではすでに，中年の男女の性役割の交差という時代的な変化が見られる。「男性中心の伝統的価値観をもって成長した男性は，これまでと違って，それまで女性の役割とされていた女性性を自分に取り入れることが重要な課題となり，そして反対に女性は，これまで男性的役割とされてきたさ

まざまな役割と男性性を獲得していくことがライフサイクルにおける重要な課題となっている。交差していく時期は，これまでの男性中心の価値観が逆転することを意味しており，そのために男女とも性役割の混乱を引き起こし，家庭生活にも心理的ストレスが増大する。そして新しい性役割や価値観ができあがっていく」（鑪，1990）。

アメリカほど顕著には認められないが，今日我が国においても性のボーダーレス化が指摘されており，性役割についても選択が可能な時代になったといえよう。だからこそ，パートナーとの関係性を深めること，親になること，子どもを世話し育てること，家庭を維持することの重みと，それが自己の成熟にとって重要な意味をもつことの自覚が，男性の側にも一層求められていると思われる。

このような問題が，「本当の自分」探し，つまり今日の「自分らしい生き方」の模索の背景にあるのではないだろうか。この自分探しブームは，しかし，生き方モデルがないことからやむなく行われるといった受動的，消極的な意味合いではない。むしろ，現代のような流動化社会では，大人になってから本当に自分らしい生き方を見つけ，達成することもまた可能であることを物語っている。本書が，このような現代社会にあって，本当の自分とは何か，本当に自分らしい生き方とはどんなものかを考える一助になれば幸いである。

 ## 第3節　新しい成人発達観・高齢期観へ

第2章において述べるように，ライフサイクル研究や成人期のアイデンティティ研究は，1980年代以降，注目されるようになった。成人発達研究は，これまで述べてきたような社会の変化に後押しされて，その必要性が認められ，発展しつつあるともいえる。実際，成人期，高齢期の心の発達には，まだわかっていないことは山ほど存在する。また，これまで一般に常識としてとらえられてきたことが，実際にデータをとり，分析してみると，その常識が覆されるようなことも数多く存在している。それらはまた，成人発達に関する研究に対して新たな課題と刺激を提供してくれるわけである。

例えば，次のような問題は，これまで「常識」として，あまり疑問を呈する

ことなく受け入れられてきた見方であるが，実際に面接調査を行ってみると，そうではないことが次第に明らかにされてきた。例えば，成人期にはほとんどの人が，本当にアイデンティティを達成しているのだろうか。子育てが一段落ついたあと，再就職した女性は，即，アイデンティティ達成者と考えられるのだろうか。職業一本槍の成人男性は，本当に成熟したアイデンティティを獲得しているといえるのだろうか。一般に，高齢期の共白髪の夫婦は，心理的には安定期であるといわれてきたが，高齢期の夫婦は本当に夫婦アイデンティティを達成しているのだろうか，など，成人期，高齢期の心の発達と成熟，特にアイデンティティにかかわる問題には，改めて考えてみるに値する課題が限りなく見られる。

　今日，「アイデンティティ」という言葉は，心理学研究の枠組を超えて，一般の人々にもよく用いられるようになった。しかし，成人期，高齢期にアイデンティティがどのように発達，変容していくのかについての実証的データは少ない。本書は，今まで常識的に，あるいは当然そうであるはずだと考えられてきた大人のアイデンティティのあり方を問い直し，成人期・高齢期のアイデンティティの発達プロセスとその発達・成熟にかかわる諸問題について，実証的データを示しながら論じていきたい。

心の発達をライフサイクルを通して見る

第1節　ライフサイクルとは何か

　成人期・高齢期のアイデンティティ発達のプロセスについて見ていく前に，私たちの心の一生は，これまで古今東西の思想の中でどのように理解されてきたのかを簡単にたどってみることにしたい。ライフサイクル（life cycle）という言葉もまた，アイデンティティ同様，今日では一般の人々にも広く知られるようになっている。この言葉は，生涯発達心理学や生涯教育学などの研究にとって，非常に魅力的な概念として認識されている。しかしながら，ライフサイクルという言葉が広く用いられるようになったのは，それほど古いことではなく，我が国においては，1970年代以降のことではないだろうか。これほど短期間に，多くの人々の関心を引き付けるようになった背景には，第1章で述べたような社会のさまざまな変化がある。

　ライフサイクルとは，どのような意味をもつのであろうか。ライフサイクルとは，もとは生物学上の用語で，生殖によって引き起こされる成熟的，世代的過程を示すための概念であった。つまり，受精，胎児，出生後の発育，成長，成熟，衰退を経て，死に至る生命の循環を表す（杉村，1995）。この概念が心理学研究に応用され，出発点（誕生・始まり）から終着点（死・終わり）までの一連の「プロセス」あるいは「旅」という意味合いで理解されるようになった。例えば，Levinson（1978）は，次のように述べている。「人間が生まれてから老いるまでの旅は，人によって，また社会や文化の違いによって，さまざ

まなプロセスが見られるが，そこには万人に共通した一定のパターンがある。その旅の途中で数々の影響を受けて，旅の内容が決まってくる。途中で別の道を進むことになったり，回り道をするはめになるかもしれない。予定より足を速めたり，あるいはペースを落とすことになるかもしれない。しかし，旅が続く限りは，その道行きは一定の順序で進むのである」。

　また，ライフサイクルには，これを一連の時期，または段階に分けてとらえる「季節」という考え方がある。人間生涯を四季にたとえる見方は，古くから見られた。「春は成長し，花を咲かせる時期，夏は成熟を迎え最も生産的な時期，秋は取り入れと新しい世代のための種が蒔かれる完成期，そして冬は衰退と死の時期である。一つの季節から次の季節へはっきりとした展開が見られ，一つの完結したサイクルは，次のサイクルを生む。発達とは進歩であり連続であって，世代から世代へわたって同じパターンを繰り返す。一つの世代が成熟することは，次の世代を成熟させる温床であり，布石となるのである」(Kimmel, 1974)。

　このように「ライフサイクル」には，世代の循環，世代性という考え方が含まれている。このことが，生涯発達心理学においてよく用いられる「ライフスパン」や「ライフコース」という用語とはっきりと異なる点である。ちなみに，ライフスパンとは，生まれてから死ぬまでの時間的隔たり，すなわち命の長さ，寿命を表す用語である。ライフコースとは，人生の具体的な特徴の変化を記述する用語であり，ライフサイクルとは異なって，人間に共通する規則や発達段階の順序ではなく，個々人の人生行路に注目している。ライフスパンもライフコースも「世代性」という考えを含まない概念である (Levinson, 1978；杉村，1995)。

第2節　人間の一生はどのようにとらえられてきたか

　人間の一生をどのようにとらえるかは，古くから多くの人々にとって深い関心事であったようである。そのことは，さまざまな文学作品や哲学，宗教の思想の中に読み取ることができる。例えば，16世紀のイギリスの戯曲家 Shakespeare の作品に「お気に召すまま」("As You Like It") というものがある。Shakespeare はこの中で，人間は生涯の間に次のような段階を経て，生を全う

することを謳っている。

　　全世界がひとつの舞台，そこでは男女を問わず，人間はすべて役者にすぎない。

　　各々，出があり，しかも一人一人が生涯に各々の役を演じ分ける。その筋は全場7つの時代に分かたれる。

　一．第一に幼年時代，乳母の胸に抱かれてぴいぴい泣いたり，戻したり。

　二．次はおむずかりの学童時代，鞄をぶらさげ，朝日を顔にカタツムリそっくり，のろのろいやいや学校通い。

　三．次は恋人時代，溶鉱炉よろしくの大溜め息で，ほれた女の目鼻たたえる小唄作りにうつつを抜かす。

　四．兵役時代，怪しげな誓い文句の大安売り，ひょうのような髭をたくわえ，名誉欲に取りつかれ，その上むやみと喧嘩早く，大砲の筒先をむけられながら泡のごとき世間の思惑が気になってしかたがないというやつ。

　五．裁判官時代，丸々と肥えた鶏をたらふく詰め込んだ太鼓腹に，目付きばかりがいかめしく，髭は型通り刈り込んでもっともらしい格言や月並みの判例をならべたて，どうやら自分の役を演じ通す。

　六．もうろく時代，鼻には眼鏡，腰には巾着，大事にとっておいた若いころの下着は萎えたすねには大きすぎ，男らしかった大声も今では子どもの黄色い声に逆戻り，ぴいぴい，ひゅうひゅう震え戦く。

　七．第二の幼年時代，全き忘却，歯無し，目無し，味無し，何も無し。

（Shakespeare, W., 福田（訳）1972）

　この詩は，ライフサイクル研究が注目されるようになるにつれて，多くの文献の中に引用されるようになった。一読してわかるように，この作品の中では年をとり老いていくことは非常にシニカルに，否定的なイメージでとらえられている。

　また，河合（1989）は，グリム童話の中にある「じゅみょう」というライフサイクルの話を紹介している。

　神様は，ロバに対して，30歳の寿命を与えようとなさいましたが，ロバは荷役に苦しむ生涯の長いのを嫌い，もっと短くしてほしいと神様に頼みました。神様はロバに同情して18歳分短くしてあげることにしました。しばらくすると，今度は犬と猿がやってきて，神様に「自分たちの人生が30歳であるのは長すぎます。もう少し短くしてください。」と頼みました。そこで，神様はそれぞれ，犬には12歳分，猿には10歳分だけ，寿命を短くしてあげました。そこへ今度は人間がやってきて，人間だけは「自分の命が30歳では短かすぎます。」と悲しみました。そこで，神様はロバの18歳分，犬の12歳分，猿の10歳分を足し合わせて，40歳分，人間の寿命を長くしてあげました。しかし，それでも人間はまだ不満そうにして帰っていったので，その結果として，人間は30年の人間の人生を楽しんだ後，18年は荷役に苦しむロバの人生を送り，続く12年はかみつく歯も抜けてしまった老犬の生活をし，後の10年は子どもじみた猿の年を送ることになりました。

　この話もまた，人生後半期をシニカルに描いたものである。これらの西洋の思想に表れている人生に対する見方は，壮年を人生の最盛期と見ており，老年期を体力的にも知的にもより劣ったものととらえていることである。

　それに対して，東洋思想における人間の一生の見方は，ずいぶん異なったものである。そこには，人間は一生を通じて，成長，成熟をとげていく存在であるという見方がある。例えば，ユダヤ教における教え，思想や知恵を集大成した「タルムード」の中の『箴言』という書には，次のような人生の年表が描かれている。

　『人間の年表』
　5歳は読書（聖書）
　10歳はシシュナ（律法）
　13歳は十戒（バーミッバ，道徳的責任）
　15歳はゲマラ（タルムードの注釈，抽象的論証）
　18歳はフーパ（婚礼の天蓋）
　20歳は生計を求め（職につく）

　30歳は充分な力を身につけ（コーア）
　40歳は理解し
　50歳は助言を与え
　60歳は長老となり（英知，老齢）
　70歳は白髪
　80歳はゲブラ（年齢の新しい特別な力）
　90歳は歳月の重みに曲がり
　100歳はあたかももう死んで，この世を去ったかのようになる。

　ここに，18歳で結婚し，20歳で職につき，30歳という一人前の大人の段階を迎え，壮年として「充分な力を身につけ」，その力を発揮した後に，他者を「理解し」，「助言を与え」るという時期が記述されていることは興味深いことである。そして「はぐくみ・育て」，つまり，ライフサイクルの中心的概念である世代性を達成した後に，長老としての英知が現れる。さらに，その後，80歳では，ゲブラという「年齢の新しい特別な力」が獲得される。「年齢の新しい特別な力」とは何であろうか。ともかくも，ヘブライの人々は，人の一生を100歳までのスパンでとらえていたこと，しかも一人の大人として充分な力を獲得，発揮した後に，他者——おそらくより若い世代——に対して，その獲得した力を注ぎ込むことによって，新しい知恵や活力が獲得されるとしていることは，古人の知恵として特筆に値することであろう。そして，その後，人生の最晩年には，「歳月の重みに曲がり」，肉体的な老いに順じて，引き潮にのるように衰退し死んでいく。

　また，孔子の『論語』に見られる次の言葉は，私たち日本人にとって非常になじみ深いものである。

　　吾十有五にして学を志す
　　三十にして立つ
　　四十にして惑わず
　　五十にして天命を知る
　　六十にして耳順う

　　七十にして心の欲する所に従いて矩を蹂えず

　　　　（貝塚茂樹（訳注）1973）

　これは，現代においてもなお，私たちにとって人生を考える一つの指標になっており，中でも「四十不惑」，「六十耳順」などは，私たちの日常生活になじみ深い言葉である。

　また，インドのヒンドゥの教えには，「四住期」という人生を4つに分けてとらえる思想がある。四住期とは，ヒンドゥ教において，上級のカーストに属する人々が，人生の理想的な過ごし方と考えている一生の道行きのことである。それぞれの時期は，次のように説明されている。

　第1の時期は，「学生期」と呼ばれるものである。この時期には，師（グル）に対する絶対的な服従と忠誠が要請される。師の言うことにひたすら耳を傾け，心を込めて学ぶことが必要である。そして厳格な禁欲を守らねばならない。もしも異性との接触を行ったときは，極めて厳しく複雑な罰が下されることになる。

　第2の時期は「家住期」という。学生期から何らの移行期間もなく，急に結婚させられ，家庭生活を営まねばならない。親の選択に従って妻帯し，職業について生計を営むことが求められる。この際，息子を生むことが大切とされるが，それはこのことによって子孫を確保し，祖先に対する祭りが途絶えることのないようにするためである。

　次に続く第3の時期は，「林住期」と呼ばれている。この時期に至ると，家長は結婚生活によって得た多くのもの，財産や家族などすべてを捨て，社会的義務も捨て，人里離れたところで暮らす。それは，名付けることのできない本質へ到達しようとする努力であり，真の自己を求める道に入るためである。しかし，この段階では完全に世俗的生活と断絶するのではなく，時には家庭に戻ったりして家族との絆は保たれている。この時期は，第4期の隠遁期への準備期間であるといわれている。

　そして最後の第4の時期は，「隠遁期」である。この時期には，人はこの世への一切の執着を捨て去り，家もなく財産もなく，乞食となって巡礼して歩く。いかなる土地とも，いかなる仕事とも結びつかず，家のない放浪者は，永遠の自己との同一化に生き，その他の何ものにも関心をもたない生活をするという。

　このような四住期の思想においては，第3期が一つのターニング・ポイント
となっている。第3期は，家族生活の縁を保ちながら，しかも聖なる脱俗の生
活へと徐々に接近していこうとする段階であり，聖俗の断絶，死と再生といっ
た二分法的な考え方ではなく，俗と聖の接続，一つの生からもう一つの生へ段
階的に昇華，もしくは自然成長的な超越をしていく段階でもある（山折，1977）。
したがって，林住期はかなりの相反する力や葛藤に耐えていく力をもたないと，
通り抜けていくのが困難な時期である。しかし，ここを乗り越えることによっ
て心は成長し，新たなステージに到達するわけである。この見方は，第3章，
第4章で述べる中年期の危機とも通じるものがあるのではないだろうか。

 ## 第3節　心理学における「心の一生」の研究

　次に心理学研究の中で，心の一生がどのように理解されてきたかを簡単にた
どってみることにしたい。ライフサイクル全般を見通した心の発達が，心理学の
テーマになったのは，いくつかの先駆的研究を除いて，それほど古いことではな
い。次に今日までのライフサイクルに関する研究の主なものを紹介してみよう。

1. 精神分析学とライフサイクル研究

(1) Freud, S. の心理－性的発達論

　ライフサイクルの研究の系譜は，Freud, S. が創始した精神分析学という学
問分野から見ていくのが望ましい。Freud（1905）が提唱した心理－性的発達
論は，今日ではよく知られている。Freud はこの理論の中で，幼児期のパー
ソナリティ形成が，その後の成人期の生活にいかに大きな影響を及ぼすかを明
らかにした。その考え方は，以後，力動的な人格発達論における主要な理論と
なり，Erikson, E. H. をはじめ，多くの後継者に受け継がれ，さらに発展して
きた。しかしながら，古典的精神分析の発達論では，乳幼児期から思春期まで
の発達がとりわけ重要とされていた。つまり Freud は，成人期の心の葛藤は，
幼児期の無意識的葛藤の再現と考えており，成人期をさらに発達を遂げる時期
とは見なしていなかったのである。我が国においても，「三つ子の魂百まで」
という諺がある。Freud のこの考え方は，今日にも広く影響を及ぼしている。

(2)Jung, C.G. の成人発達論

　それに対して，初期には Freud の弟子であり，ちょうど中年期にさしかか
る38歳の年に Freud のもとを去った Jung, C. G. は，今日のライフサイクル研
究の祖と考えられる人物であろう。Jung は，1933年に「人生の段階」という
論文を発表し，人間の一生を太陽の変化にたとえて論じている。彼は，40歳前
後の中年期を「人生の正午」と呼び，太陽が頭上を通過する時と見なした。人
間の頭上を太陽が通過する時に起こる変化は，わずかなものかもしれないが，
そこには決定的な変化がある。つまり人間の影が今までとは逆の方向に映し出
されるのである。ここにおいて，私たちが人生の午前中に抱いていた理想や価
値のすべてが逆転し，それ以降は，それまで抱いていたのとは違った価値観に
そって，自分自身を創り上げていかねばならないのである。

　Jung によれば，中年期までの心の発達は，職業を得，社会に根づくことや，
家庭を築くことなど，対外的な自己確立の方向に向けられている。発達の根本
的変化は，「人生の正午」である中年期に起こる。人生前半期の発達が，外的
世界へ自己を適応させていくことであったのに対して，人生後半期の発達は，
自己の内的欲求や本来の自分の姿を見出し，それを実現していくことによって
達成されるのである。Jung はこれを「個性化の過程」あるいは「自己実現の
過程」と呼び，人生の究極の目的と考えた。

　Jung の理論と生涯については，河合（1978），山中（1994）らによって我が
国にも広く紹介されているため，ここでは詳しくは述べない。両氏の紹介によ
ると，Jung は38歳で Freud のもとを離れ，以後7年間，外的社会との交流は
ほとんど断った，いわば重い神経症をも推察される一時期を過ごしたという。
Jung の創造的な仕事の多くが，この「38歳の変曲点」を越えた後に成し遂げ
られたことを考えると，中年期の入り口は，さらなる心の発達・成熟にとって
重要な岐路であると考えられる。

(3)Jaques, E. の中年期危機論

　少し時代は下るが，このような中年期における創造性の変化を，ライフサイ
クルの視点から研究した人に，Jaques, E. がある。Jaques（1965）は，300人
を超える天才と呼ばれた人々の生涯を分析し，彼らの創造性の現れ方が，30代

までと40代以降とでは決定的に異なることを見出した。彼は，35歳から40代にかけての時期に，これらの芸術家の多くが，①現実に死を迎えたり，独創的な仕事ができなくなる，②創造的能力が初めて芽生え始める，③創造性の質や内容に決定的な変化が起こる，などの急激な変化を体験していることに注目し，この時期を中年期危機（Midlife Crisis）と呼んだ。

彼は，特にこの中年期危機前と後との創造活動の様式と質の変化に注目している。Jaques によれば，中年期危機前の創造性は，ひらめきがそのまま芸術作品になっているのに対して，危機後の創造性は，直感的なひらめきと生み出された作品の間に相互性があり，創造者であるその作者自身が重要な意味をもっている。彼は，前者を「火から出したての創造性」(hot-from-the-fire crea-tivity)，後者を「彫刻されたような創造性」(sculpted creativity) と呼んでいる。また，創造性の質にも変化が見られ，中年期危機前の叙情詩的，記述的作品は，危機後には，哲学的で悲壮な作品へと変化していく。

Jaques によれば，創造性におけるこの顕著な相違は「個人的な死」(personal death)の認識によってもたらされる。すなわち，中年期危機前までの作品は，個人の死や破壊的衝動を無意識に否認したり，魔術的に（magical）に防衛することによって築かれた理想主義をもとに作り出されている。しかし，中年期の危機期に，個々人の中に無意識のうちにもちこされてきた死の絶望やうつに直面し，それを徹底操作することによって，危機後には，人間の不完全さと個々人の仕事における欠点の両者に対する建設的な諦観が獲得され，成熟した創造的な仕事が成し遂げられるようになるのである。

(4) Erikson, E. H. のアイデンティティ論と個体発達分化の図式

ライフサイクル研究に大きく貢献した第一人者は，アイデンティティ理論の提唱者 Erikson であろう。Erikson の理論は，我が国では広く知られており，後述する精神分析的個体発達分化の図式（Table 2−1）は，多くの書物の中に引用されている。読者の中にもこの図式に見覚えのある人は多いであろう。Erikson の人と業績については，鑪幹八郎による優れた解説書（『アイデンティティの心理学』講談社現代新書，1990）があるので，ぜひ一読されたい。

若き日の Erikson は，絵の教師であったが，30歳頃にウィーンで Freud 派

Table 2-1　精神分析的個体発達分化の図式 (Erikson, 1950)

		1	2	3	4	5	6	7	8
VIII	老年期								統合性 対 絶望
VII	中年期							世代性 対 自己陶酔	
VI	成人初期						親密性 対 孤立		
V	思春期 青年期					アイデンティティ 対 アイデンティティ拡散			
IV	学童期				勤勉性 対 劣等感				
III	幼児期			自発性 対 罪悪感					
II	幼児初期		自律性 対 恥, 疑惑						
I	乳児期	信頼感 対 不信感							

　の精神分析家になり，その後まもなくアメリカに渡った。彼の最初の著書『幼児期と社会』(1950) において，Erikson は，「人間の8つの発達段階」と題する人間生涯全般にわたる発達論を展開している。Table 2-1 は，その中で論じられている個体発達分化の図式 (Epigenetic Schema) である。この図式は，今日では非常によく知られており，後のライフサイクル研究，特に成人期の発達的研究に理論的基礎を与えるものとなっている。

　このエピジェネティク (epigenetic) という言葉は，個体が生まれてゆっくりと成長していくという意味である。この図式の中には，Erikson 独自の考え方が，数多く反映されている。まず第1は，Erikson は，心理-社会的な自我という観点から，人間の発達をとらえようとしたことである。Freud が，リビドーと呼ばれる性的エネルギーに対応させて，個体の発達を理論化したのに対して，Erikson はそれを発展させて，社会とのかかわりの側面を重視して，心の発達をとらえようとした。さらに Freud が，心の発達は青年期で完了し，その後は特に目立った発達的変化は起こらないと考えたのに対して，Erikson

は，人間の心は生涯を通じて発達・成長していくものであるという展望を示した。

　第 2 は，Table 2-1 に示されている 8 つのステージの心理−社会的危機の考え方である。発達はそれまで，ただ前向きのものとしてとらえられてきたが，Erikson は，退行的方向や病理的な方向をも含めて考えられることを示唆して，これを危機と呼んだ。したがって，発達的危機とは，成長・成熟の方向と退行的，病理的方向への分かれ目・岐路を意味するのである。Erikson は，ライフサイクルにおける 8 つのステージに，それぞれ固有の心理−社会的危機が存在するととらえている。その中でも Erikson が特に注目したのが，青年期にあたる第 5 段階の心理−社会的課題であるアイデンティティの獲得である。Eriksonのアイデンティティ理論は，青年期研究のみならず，今日，人間生涯全体をとらえるための重要な視座を提供するものとなっている。

　アイデンティティとは，「自分とは何者か」，「本当の，正真正銘の自分とは何か」を意味する。児童期までは，両親や学校の先生など，他者の考えや行動を受け入れ，そのようにふるまっていた子どもたちは，思春期・青年期に達して，他者の影響から少しずつ離れ，自分で自分を創っていこうとし始める。このプロセスの中で，幼児期から今日までの自分，さらにこれから先の自分の間に，一貫性があるかどうか，また自分の仲間関係や他者との交わりの中で，あるいは社会との関係の中で，しっかりとした自分の位置と調和が保てるかどうかが重大な問題とされる。Erikson は，このようなアイデンティティの獲得を青年後期の重要な心理−社会的課題としたのである。

　しかし，自分とは何か，自分らしい生き方とは何かというテーマは，今日では単に青年後期にとどまらず，成人初期や中年期の人々にとっても重要なテーマになっている。この問題は，本書の中心的テーマである。次章以降，その具体的内容について，実証的データにもとづいて見ていくことにしたい。

● 2.　欧米の発達心理学における成人期研究

　成人期の発達に関する第 2 の系譜は，欧米の発達心理学者によるものである。しかし，成人期が発達的研究の対象となったのは，Stanford（1902），Hollingworth（1927）など，第二次世界大戦前のいくつかの先駆的研究を除いては，ごく最

近のことである。その先駆的研究の中で，成長，頂点，プラトー，衰退という生物学的曲線に対応した心理社会的発達モデルを提唱した Bühler（1933）の業績は注目に値するものであろう。

　これまで述べてきたように，1950年代までの初期の研究においては，Jung を除いて発達的危機期・転換期としての中年期というとらえ方は見られなかったように思われる。

● 3. 1970年代以降の成人発達研究

　これらの初期の成人発達研究の2つの系譜は，その後互いに影響を及ぼし合い，今日の成人発達研究の発展に大きく寄与している。1970年代以降，Levinson（1978），Gould（1978），Sheehy（1974），Vaillant（1977）らアメリカの研究者によって，それぞれの実証的研究にもとづく独自の成人発達論が発表され，人間生涯全体を発達的視点からとらえる視座が確立されている。これら近年の研究によって，成人期においても，一般の人々に共通した発達プロセスが存在することが明らかにされるようになった。これらの研究成果は，成人期に見られる全人格的な変化のプロセスを見出した点で評価することができる。Freud が，人生後半期は人格的発達や変化の可能性は乏しいと考えたのに対して，近年の成人発達研究は，人生後半期においても積極的な創造や精神的成熟の可能性を示唆している。以下に，その主要な研究を見ていきたい。

(1)生活構造の発展：Levinson, D. J.

　Levinson（1978）は，労働者，管理職，大学の生物学者，小説家という4つの職業群に属する40人の中年男性の個人史を分析し，Fig. 2-1（p. 32に掲載）のような成人期の発達段階説を提唱した。彼は，この発達的変化の基本を，個人の「生活構造」（ある時期におけるその人の生活の基本的パターンないし設計）の変化であるとしている。Levinson は，この生活構造の概念を用いて，個人と外界の相互関係を分析し，①各人の生活構造は，成人期に比較的順序正しい段階を経て発達していくこと，②成人期の生活構造の発達は，安定期（生活構造が築かれる時期）と，過渡期（生活構造が変わる時期）が交互に現れて進んでいくことを見出した。

　Levinson によれば，成人に達しても自己のあらゆる面を生かした生活を送ることは不可能である。したがって，どの面を重要視し，優先させるかによって，成人期の各時期の生活構造が決定されるのである。この基本的概念をもとに綿密な面接調査を行った結果，Levinson は，Fig. 2-1 に示したように，成人期には40〜45歳の人生中間の移行期と60〜65歳の成人後期移行期という2つの大きな転換期が存在するとしている。

　Levinson は，中年期の移行期は成人期における重要な転換期であるとし，中年期に顕在化しやすい「若さと老い」，「破壊と創造」，「男らしさと女らしさ」，「愛着と分離」という基本的対立を，自分にふさわしい形で解決すること，すなわちこれらを認め，自己の内部に統合していくことが中年期の課題であると述べている。

　また，米国の女流ジャーナリスト Sheehy（1974）も Levinson と同時期に独自の面接調査を行い，成人期の発達段階についてほぼ同様の結果を得ている。

(2) 人格の「変容」(transformation)：Gould, R. L.

　Gould も，精神科医としての臨床経験から，成人期にも心理的な転換期が存在することに注目した一人である。彼は，成人期の発達を，子ども時代に由来する誤った信念を一つひとつ捨て去り，現実的で成熟した成人意識を獲得していく過程であるとするユニークな理論を提唱している。彼によれば，本当の意味で大人になり得るのは中年期以降のことであり，一連の「変容」を経た後のことである。Gould があげた誤った信念とは次の4つである。

　1．自分はいつも親と一緒に生きており，子どものままである。また親の世界は正しいものである。
　2．親の示すやり方で物事に取り組めば，よい結果が得られる。また，困ったときにはいつでも親が助けに来てくれる。
　3．人生は単純で統制可能なものである。自分の内には相対立するような力は併存していない。
　4．この世界には本当の悪も死も存在しない。

　Gould は，人間は大人になる前にすでにこれらの信念が真実ではないと頭では理解しているが，あるできごとを通してそれらが情動面においても否定され

Table 2-2　初期の成人発達研究から得られた各発達期の特徴と課題

発達期 研究者（年）	青　年　期	成　人　初　期
Bühler, C. (1933)	発達の特徴（15〜25歳） <u>拡大期</u> ・さまざまな試行錯誤 ・自分の目標に対する仮の決断と準備	発達の特徴（25〜45歳） <u>最盛期</u> ・目標の具体化　・職業の選択 ・配偶者の選択 ・活力とエネルギーの最頂期 ・自分の関与している仕事・活動に 　おける業績や人間関係の最頂期
Erikson, E. H. (1950)	<u>アイデンティティの確立 vs 拡散</u> ・職業や価値観の確立を通じて，人生， 　社会における自分の役割の決定 ・アイデンティティの獲得 　　　　　　　　対 ・社会における自分の役割や位置づけ 　に対する確信のなさ ・アイデンティティの混乱・拡散	<u>親密性 vs 孤立</u> ・他者との親密な関係の発達 ・他者のアイデンティティとの融合 　　　　　　　　対 ・親密性の忌避 ・孤立・疎外 ・自己を他者に与える能力の欠落
Havighurst, R. J. (1953)	発達課題 1．同年齢の男女との間に新しいより 　　成熟した関係を結ぶこと 2．男性（女性）としての社会的役割 　　の達成 3．自分の身体を受容し，有効に使う 　　こと 4．両親や他の大人からの情緒的自立 5．結婚と家庭生活の準備 6．職業生活の準備 7．行動の指針としての価値観を身に 　　つけること 8．社会的に責任ある行動を求め，そ 　　れをなしとげること	発達課題 1．配偶者の選択 2．配偶者との生活を学ぶこと 3．第1子を家庭に加えること 4．子どもを育てること 5．家庭を管理すること 6．職業につくこと 7．市民的責任を負うこと 8．適した社会集団を見つけること
Peck, R. C. (1955)		

成 人 中 期	成 人 後 期
発達の特徴（45〜65歳） 　維持期 ・体力の衰え・社会的活動のせばまりの始まり ・重要な喪失体験 ・自分のなしとげたもの，成熟に対する満足感 ・内省力の高まり，自己評価	発達の特徴（65歳〜） 　衰退期 ・身体の衰え ・退職 ・自分の人生に対する満足と絶望の葛藤 ・自分の人生の回想 ・自分の死に対する準備と受容
生殖性・生産性 vs 停滞 ・自分の生み出したものをはぐくみ育てること ・より若い世代や他者を教え，導くこと 　　　　　　　対 ・自己の関心や欲求へのとらわれ，没入 ・生産性のなさ・停滞感	自我の統合 vs 絶望 ・過去において達成したことへの満足感 ・自分の人生の受容 ・自我（人格）の成熟・統合 ・若い世代に対する信頼感 　　　　　　　対 ・人生の無意味感と疎外感 ・死の恐怖・絶望
発達課題 1．大人としての市民的，社会的責任を達成す 　　ること 2．一定の経済水準を築き，維持すること 3．10代の子どもたちが大人になるための援助 4．大人の余暇活動の充実 5．自分と配偶者とが人間的に結びつくこと 6．中年期の身体的・生理的変化の受容と適応 7．老いた両親への適応	発達課題 1．肉体的な力と健康の衰退への適応 2．現役引退・収入の減少への適応 3．配偶者の死への適応 4．同年輩の人々と明るい親密な関係を結ぶこ 　　と 5．社会的・市民的義務を引き受けること 6．肉体的な生活を満足に送れるよう準備する 　　こと
1．知恵の尊重　対　体力の尊重 2．社会的人間関係　対　性的人間関係 3．情緒的柔軟性　対　情緒的貧困さ 4．精神的柔軟性　対　精神的強直さ	1．自我の分化　対　仕事役割への投入 2．身体の超越　対　身体への投入 3．自我の超越　対　自我への投入

Table 2-3　1970年代以降の成人発達段階論（1）

発達期 / 研究者（年）	青　　年　　期	成　　人　　初　　期	
Levinson, D. J. (1978)	成人への過渡期　（17〜22歳） ・未成年時代の自分の位置・自分にとって重要な人物・集団・制度などとの関係の修正 ・成人としての可能性の摸索，暫定的選択 ・成人としての最初のアイデンティティの確立	大人の世界へ入る時期　（22〜28歳） ・自己と大人の社会をつなぐ仮の生活構造を作る ・職業・異性・仲間関係・価値観・生活様式など，初めて選択したものへの試験的関与 ・人生の「夢」への展望	30歳の過渡期　（28〜33歳） ・現実に即した生活構造の修正 ・新しい生活構造の設計 ・重要な転換点（30歳の危機） ・ストレス大
Sheehy, G. (1974)	根をひきぬく時期　（18〜22歳） ・独立と自律への欲求 ・アイデンティティの確立　対　役割の混乱	試練の20代　（22〜28歳） ・生活パターンの形成 ・将来展望や目標の形成，摸索 ・年齢相応の期待への省察 ・活力	30代への過渡期　（28〜32歳） ・不安定感の増大 ・積極的関与するものの再評価，交替 ・人生目標の再評価 ・自己拡大への欲求
Gould, R. L. (1978)	発達の特徴（16〜22歳） ・自立への欲求 ・生家族からの自立の準備 ・将来への漠然とした構想 ・大人の世界へ入るための準備 ・仲間志向性	（22〜28歳） ・有能さや統制力への欲求 ・仕事における自己拡大の始まり ・自己に対する自信	（28〜34歳） ・30歳の転換点（危機） ・自分が積極的に関与しているものの再評価 ・自己評価 ・経済的関心の増加

	成　人　中　期				成人後期
一家を構える時期 （33〜40歳） ・安定期 ・仕事における自己拡大・昇進 ・活力大，生産性 ・自分にとって最も重要なもの（仕事・家族，etc.）に全力を注ぐ ・指導者との関係の限界	人生半ばの過渡期 （40〜45歳） ・重要な転換点 ・人生の目標や夢の再吟味 ・対人関係の再評価 ・体力の衰えへの直面 ・これまで潜在していた面を発揮する形で生活構造の修正	中年に入る時期 （45〜50歳） ・安定感の増大 ・成熟と生産性 ・生活への満足感	50歳の過渡期 （50〜55歳） ・現実の生活構造の修正 ・転換期	中年の最盛期 （55〜60歳） ・中年期第2の生活構造を築き上げる ・中年期の完結，目標の成就 ・安定性	老年への過渡期 （60〜65歳） ・老年期へ向けての生活設計
根づきと自己拡大 （32〜35歳） ・生活の構造化，安定化 ・仕事の上での自己拡大 ・家族への関心の増大 ・社会生活への適応	「締切り」の10年 （35〜45歳） ・残された時間のせばまり ・体力の衰え ・不安定さ，切迫感の増大 ・人生の目標の再吟味	再生かあきらめか （45〜50歳） ・新たな人生の意味の発見 ・満足感 対 脱錯覚による不満・絶望			
（35〜42歳） ・価値観や自分が積極的関与しているものの再評価 ・残された時間の限界の認識 ・第2の青年期 ・37歳の「中年期危機」 ・結婚生活への満足感は低い	（42〜50歳） ・自己内部での受容 ・あきらめ ・安定性の増大 ・対人関係への関心の再増加 ・経済的関心の減少		（50歳〜　） ・安定性の増大 ・健康・成熟性・時間への関心 ・達成したものへの満足感の増大 ・結婚生活への満足感の増大		

Table 2-4　1970年代以降の成人発達段階論（2）

発達期／研究者(年)	青　　年　　期		成　人　初　期
Vaillant, G. E. (1977)		発達の特徴（20〜30歳） ・結婚・対人関係が，活力の基本的源泉 ・親密性が，中核的関心	発達の特徴（30〜40歳） ・職業における成功・昇進や自己の向上が，基本的な関心 ・仕事における地固め ・よき指導者・相談者との関係の重要性
Jagues, E. (1965，1980)			
岡本祐子 (1985，1986a，b)	アイデンティティの形成期 　（青年期のアイデンティティ危機） Ⅰモラトリアム期→ 　Ⅱ選択と喪失にともなう危機期→ 　　Ⅲアイデンティティ方向づけ期→ 　　　Ⅳアイデンティティ達成期		アイデンティティの安定期 ・青年期に獲得したアイデンティティの安定と定着 ・および，それを基盤とした自己拡大

るまで，成人期の生き方はこれらの信念によってコントロールされ続けると述べている。彼は，「変容」という概念を「各人生段階で生じた子ども意識と現実との葛藤の解決を通して，誤った信念が情動面で否定されるときに起こる自己の変化」であると述べているが，人間が真の成人性を達成するには，一連の「変容」を経なければならない。

　この「変容」は，次のようなプロセスを経て行われる。「まず，16〜22歳の青年期において，第1の信念が捨てられる。青年はこの時期，親の世界から離脱し，一人の人間としてのアイデンティティを形成する。22〜28歳にかけて第2の信念が捨てられ，人は自分が独立した人間として成長しつつあることに自

成　人　中　期		成　人　後　期	
発達の特徴（40〜50歳） ・「第2の青年期」 ・中年期危機期 ・抑うつ感の増大 ・家族への関心の再増加			
中年期危機期（35〜45歳） ・成熟した成人期への移行期 ・「個人的な死」の認識 ・死の絶望とうつの徹底操作 ・人間と自己の不完全さの受容		成人後期の危機期 　・老年期への移行	
アイデンティティの問い直しと再体制化期 　（中年期のアイデンティティ危機） Ⅰ心身の変化の認識にともなう危機期→ Ⅱアイデンティティの再吟味と再方向づけへの摸索期→ Ⅲ軌道修正・軌道転換期→ 　Ⅳアイデンティティ再確定期	アイデンティティの安定期 ・アイデンティティの安定 ・自己肯定感の増大	アイデンティティの問い直しと再体制化期 　（定年退職期のアイデンティティ危機） Ⅰ退職による自己内外の変化にともなう危機期→ Ⅱアイデンティティの再吟味と再方向づけへの摸索期→ Ⅲ軌道修正・軌道転換期→ 　Ⅳアイデンティティ再確定期	アイデンティティの安定期 ・アイデンティティの安定

信をもち，そのエネルギーは自らが決めた目標の達成へと向けられる。28〜34歳の間は，第3の信念が問題となる時期である。人は20代前半に設定した目標に疑念を抱く。多くの人々は，これまでの結婚生活について考え，配偶者との関係に不満をもつようになる。また，経済的な側面における不満が強まるのもこの時期である。

　次の35〜45歳の10年間は，第4の信念が問題となる。多くの人々は，両親の死や友人の不慮の死に直面し，自らの死の不可避性を自覚する。人生の折り返し点に至り，『自分の生き方を変えるなら，今のうちでなければならない』という考えをもち始め，働くことの意味も再考される。

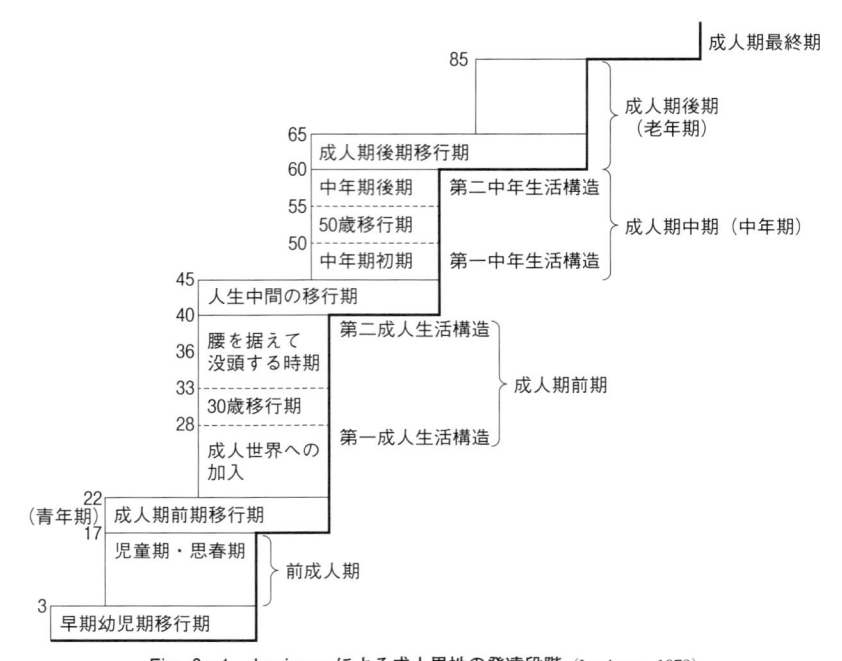

Fig. 2−1　Levinson による成人男性の発達段階 (Levinson, 1978)

　　このような葛藤とその解決を通して，誤った信念は順次捨て去られ，人は子ども意識の拘束から解放される。ここに至って人は初めて，真の成人意識を獲得し，心理的な成熟性が達成されることになるのである。

(3) 自我機能の成熟：Vaillant, G. E.

　　Vaillant（1977）は，ハーバード大学の男性卒業生を対象として1937年から始められた「成人発達に関するグラント研究」を引き継ぎ，95名の男性を対象とした30年以上にわたる縦断的研究をもとに，自我機能の発達的変化を分析している。彼の一連の研究は，自我の防衛機制の概念をもとに，自我機能を未熟から成熟に至る階層の中に位置づけ，発達的な視点から精神的健康について論じたものである。彼の研究によると，20歳から35歳の間に自我の防衛機制は，未熟なものの割合が減少し，成熟したものの割合が増加している。Vaillant は，

この研究の調査対象者の幼児期から中年期に至るまでの生育歴をもとに，アメリカ社会における成人期のライフサイクルについても言及している。その中で彼は，40代に注目し，この時期を抑うつ感が増大し，再びアイデンティティの危機が訪れる「第二の青年期」であると述べている。

　以上，概観してきたこれらの研究成果には，次のような共通性が見出される。

1. 成人期における心理−社会的変化の規則性に注目し，成人期においても，外的状況の相違を越えて一般の人々に共通した発達プロセスがあることを実証した。
2. 成人期の発達プロセスの中には，転換期（Gould, 1978），移行期（Levinson, 1978），危機期（Vaillant, 1977；Jaques, 1965）と呼ばれる急激に心理的変化の起こりやすい時期が存在する。それは，ほぼ30代後半から40代の中年期と，60歳前後の高齢期への移行期であることを示唆した。

　これまでの成人観では，成人期は安定期，もしくは停滞の時期と見なされることが多かったが，1970年代以降の成人発達研究では，この時期をさらなる発達や更新の時期ととらえているのである。

◆　第4節　アイデンティティ研究の発展

● 1.　アイデンティティとは何か

　本書の主要なテーマは，大人のアイデンティティの発達という問題である。ここで，アイデンティティの概念と理論についてもう少し，しっかりと見ておくことにしたい。

　アイデンティティとは，第3節でも触れたように，「自分とは何者か」，「本当の正真正銘の自分とは何か」ということを意味する。この「自分とは何か」という自己への問いは，自分がそれまでとは異質の世界にさらされる時に強烈に意識させられる。例えば外国を旅行する時，自分のまわりにいる人々がすべて髪の色も話す言葉も異なる「異人」である場合，また，思春期，青年期に達し，それまでの子ども時代の自分を脱皮し，主体的な生き方を模索し始める時などである。このように「自分とは何か」という問いは，自分をとりまく外的

状況の変化だけではなく，自己の内面的変容によっても生まれるものである。

　これまで，アイデンティティの形成，獲得は，思春期・青年期の課題であり，青年後期に多くの人々は，自分なりのアイデンティティを達成し，その後の長い成人期は，青年期に獲得したアイデンティティを自己の中核として生きていくものと考えられてきた。しかしながら，今日では，成人期においても，これまでの自分のあり方，生き方が，心の深いところで揺らぎ，新たな方向を模索せざるを得ない時期，つまり，それまでのアイデンティティではもはや安定した自己を維持していけない事態が訪れることが認識されるようになった。成人期においても，アイデンティティは変容し，さらに発達し続けるのである。これが本書のテーマである。ここで本書の基盤となっている成人期のアイデンティティ研究の発展過程を，ごく簡単に紹介しておきたい。

　成人期のアイデンティティに対する関心が高まり始めたのは，1980年代のことである。これは，第3節で紹介したような成人発達心理学の研究の進展と歩を一にしている。その背景には，次の2つの問題がある。

　第1は，今日ではアイデンティティの模索や達成は青年期だけの課題ではなく，成人期の人々にとっても重要な問題意識となってきたことである。長寿化，少子化にともなうライフサイクルの変化や，価値観や生き方の多様化などの社会の変化によって，成人期のとらえ方や生き方は大きく変わりつつある。今日では，モラトリアム人間は青年期のみならず，成人初期から中年期まで拡大して見られ，自分らしい生き方やアイデンティティの模索は，中年期や定年退職期の人々にとっても広く見られる現象となっていることである。

　第2の問題として，近年の成人発達研究の進展があげられる。第3節で紹介したLevinsonをはじめとする成人発達研究は，外的条件の相違を越えて一般の人々に共通した成人期の発達プロセスの解明をめざしてきた。成人期の発達プロセスや特質を理解するためには，単に認知，パーソナリティ，対人関係といったある特定の側面や，職業，結婚生活，親子関係などという特定の領域のみに焦点化してとらえることは適切ではない。むしろ，個々人のあり方を全人格的にとらえる視座が不可欠である。「アイデンティティ」は，成人期の各時期のあり方を総合的にとらえ，理解するために，非常に有益な概念である。このような成人期の発達への関心の増大と並行して，成人期を対象としたアイデ

ンティティ研究も重視されるようになってきたのであろう。

　上にも述べたように，Erikson は，発達的視点から人生全般を理解する理論的基礎を提供し，1970年代の成人発達研究に大きな影響を及ぼしてきた。しかし，Erikson 自身の主要な関心と Erikson 以降のアイデンティティ研究の主流は青年期にあり，成人期を対象としたアイデンティティ研究はこれまでごくわずかであった。成人期のアイデンティティを発達的視点から考察した研究が少しずつ増加してきたのは，1980年代以降のことである。

● 2.　アイデンティティ・ステイタス論とその発展

　Erikson のアイデンティティ理論を発展させ，特に青年期のアイデンティティ形成の研究に優れた視点と研究法を提供したものとして，Marcia （1964）のアイデンティティ・ステイタス論がある。Marcia のアイデンティティ・ステイタス論も，我が国においてよく知られている。それは，彼が次のような点で，アイデンティティの発達に対する理解に貢献したからである。

　Marcia 以前のアイデンティティ研究の多くは，アイデンティティ危機の両極面，つまり「アイデンティティ達成　対　アイデンティティ拡散」の特徴を問題にしてきた。しかし，それらはアイデンティティが達成されたときに現れる特徴を調べているために，どの程度しっかりしたアイデンティティが達成されたかは，はっきりととらえることができなかった。つまり，あるアイデンティティは簡単に獲得され，別のアイデンティティは大きな苦労をともなって得られているにもかかわらず，そのプロセスの相違が示されにくかったのである。

　Marcia は，この点について，次のように述べている。「ある青年がメソジストであり，共和党の農夫である父親と同じように，ほとんど何の疑問も感じることなく，メソジストの共和党の農夫になっているならば，この青年は，果たして本当にアイデンティティを達成しているといえるのだろうか」（Marcia, 1964）。この疑問が，アイデンティティ・ステイタス研究の発端となった。

　Marcia は，アイデンティティ達成の「心理 - 社会的基準」として，青年後期に関する Erikson の記述の中から次の2つを取り上げた。つまり，①役割の試みと意志決定期間という「危機」，②人生の重要な領域に対する「積極的関与」である。青年後期には，人はさまざまな役割や生活設計について再考し，

Table 2-5　Marcia のアイデンティティ・ステイタス（Marcia, 1964）

アイデンティティ・ステイタス	危機	積極的関与	概要
アイデンティティ達成 (identity achiever)	経験した	している	幼児期からのあり方について確信がなくなり，いくつかの可能性について本気で考えた末，自分自身の解決に達して，それにもとづいて行動している。
モラトリアム (moratorium)	その最中	しようとしている	いくつかの選択肢について迷っているところで，その不確かさを克服しようと一生懸命努力している。
早期完了 (foreclosure)	経験していない	している	自分の目標と親の目標の間に不協和がない。どんな体験も，幼児期以来の信念を補強するだけになっている。硬さ（融通のきかなさ）が特徴的。
アイデンティティ拡散 (identity diffusion)	経験していない	していない	危機前（pre-crisis）：今まで本当に何者かであった経験がないので，何者かである自分を想像することが不可能。
	経験した	していない	危機後（post-crisis）：すべてのことが可能だし可能なままにしておかなければならない。

　それを試みる。Marcia は，この意志決定期間を「危機」と呼んでいる。ここで定義されている危機とは，個々人が自分にとって意義ある選択事項を積極的に試み，選択し，意志決定を行う一時期を示している。

　アイデンティティ達成におけるもう一つの特徴は，Marcia によれば，この意志決定の後に続いて起こる，職業やイデオロギーなど人生に重要な領域に対する「積極的関与」である。Marcia は，この2つを測定するために，青年後期に最も重要なものとして，職業とイデオロギーを選び，特に後者を宗教と政治に分けている。

　Marcia は，この2領域における危機の経験と積極的関与の有無によって，Table 2-5 のような4つのアイデンティティ・ステイタスを設定した。アイデンティティ達成型は，危機の時期をすでに経験し，ある一定の職業やイデオロギーを自分の意志で選択して，それに積極的に関与している人たちである。これらの人たちは，最終的な選択や意志決定が，両親の希望と同じであるように思われる場合でも，その問題について真剣に取り組み，意志決定の時期（危機）を経験し，解決に達している。このステイタスから受ける印象は，自ら選択した物事をやりとげることができるように感じられることである。環境が急

変したり，予期せぬ事態に対しても，物事を処理していくだけの力をもち合わせている。また，安定した対人関係を維持し，それに積極的に関与している。

　モラトリアム型は，現在，危機期，すなわち意志決定をしようと模索している時期にある。積極的関与の程度はあいまいで焦点化されていない。しかし，自己選択にあたって一生懸命に努力，奮闘していることが特徴的である。

　早期完了型は，原語では foreclosure となっている。早期完了型は，意志決定の期間を経験していないにもかかわらず，特定の職業やイデオロギーに積極的に関与しているタイプである。自分の目標と両親の目標との間に違和感がなく，親の価値観を引き受けて，予定された道を自分の道として歩んでいるようなタイプである。

　アイデンティティ拡散型は，危機の経験の有無によって，2つのタイプに分かれる。危機前アイデンティティ拡散型は，これまで本当の自分に直面したことがないので，自分で考え，自分の責任で何かを選択しなければならない事態になると，どうしたらよいかわからず，混乱状態になってしまうタイプである。

　もう一つの危機後アイデンティティ拡散型は，積極的な関与を拒否しているようなタイプである。このタイプの人にとっては，すべてのことが可能であり，可能なままにしておかねばならない。いずれにしても，アイデンティティ拡散型に共通の特徴は，積極的関与を行っていないということである。

　このアイデンティティのとらえ方は，青年の心の発達をより深く理解することを可能にし，以後，Marcia のアイデンティティ・ステイタス論をもとに，数多くの研究が行われている。その中で，Marcia 自身によって行われた次の研究は，成人期のアイデンティティ発達に対して重要な問題を提起することになった。

　Marcia（1976）は，同じ調査対象者に対して，大学生時代に調べたアイデンティティ・ステイタスと卒業6年後のステイタスを比較検討した。その結果，青年期のアイデンティティ・ステイタスは非常に変動しやすく，短期間しか一定しないことが見出された。この結果によると，大学時代にモラトリアム型であった者は，100%，他のステイタスに移行しており，アイデンティティ達成型であった者でさえも他のステイタスに変化していた。中には，6年後には早期完了型と評定された者もあった。

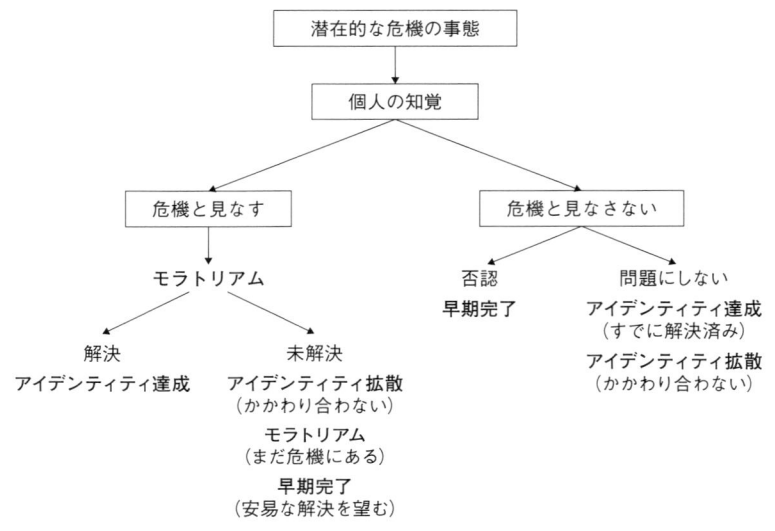

Fig. 2-2　「成人期におけるアイデンティティ危機解決のステップ」モデル
（Whitbourne & Weinstock, 1979）

　この研究は，青年期のアイデンティティ・ステイタスがいかに流動的なものかを示す発端となった。この研究以後，青年期以降のアイデンティティ・ステイタスの変化経路を検討することの重要性が認識されるようになった。

　Whitbourne & Weinstock（1979）は，Marcia のこの提言をもとに，青年期から成人期への移行期におけるアイデンティティ・ステイタスの発達経路に関するモデルを発表している（Fig. 2-2）。Whitbourne らによれば，青年期から成人初期にかけての時期には，自分自身で意志決定を求められる事態は数多くある。それを個々人がどのように認知するかによって，各人のアイデンティティ・ステイタスは決まってくるというのである。

　Waterman（1982）もまた，青年期のアイデンティティ形成を成人初期まで拡大してとらえている。彼は，青年期から成人初期への移行期に見られるアイデンティティ・ステイタスの変化経路について，Fig. 2-3 のような「アイデンティティ発達の連続的パターンのモデル」としてまとめている。このモデルは，次のような2つの重要な問題を提起している。第1は，Marcia の提唱したアイデンティティ・ステイタスは，青年期特有のものではなく，必ずしも多

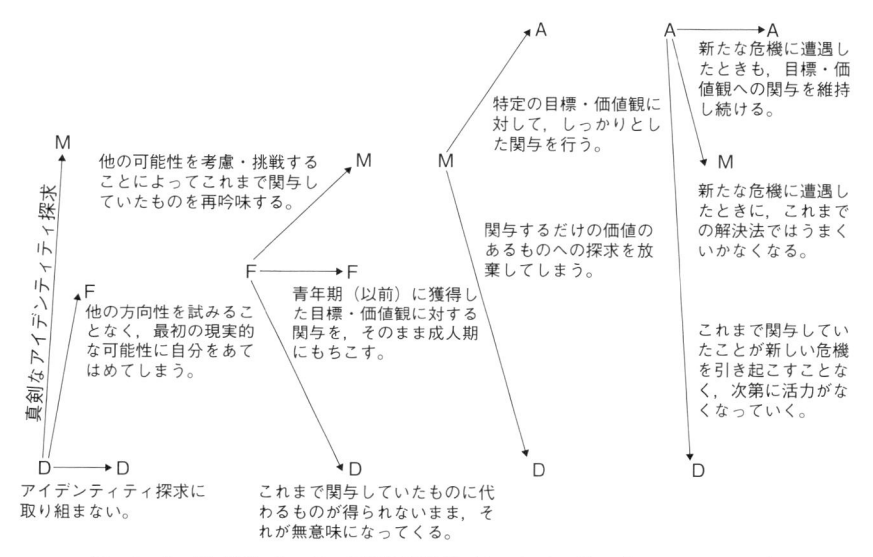

Fig. 2-3　アイデンティティ発達の連続的パターンのモデル（Waterman, 1982）

（注）A：アイデンティティ達成．M：モラトリアム．F：早期完了．D：アイデンティティ拡散

くの人々が青年期にアイデンティティ達成というステイタスを獲得し，それが成人期にそのまま維持されていくとは限らないという点である．つまり，発達的危機に直面したときの主体的模索と積極的関与という 2 つの基準は，成人期のアイデンティティ達成を検討するためにも重要な基準となり得ることを，このモデルは示唆している．

　第 2 に，アイデンティティ・ステイタスは，必ずしもより成熟した達成の方向へ移行するわけではなく，より下位のステイタスへ変動する可能性もあるということがこのモデルから読み取れる．Waterman のこの研究は，Whitbourne の発達モデルと並んで，成人期のアイデンティティの発達プロセスを検討する有益な手がかりを提供することとなった．

　Erikson が，1950年に『幼児期と社会』を出版し，アイデンティティ理論を提唱して以来，1990年までアイデンティティ研究は，ゆうに3,000編を超え，現在もその数は増加の一途をたどっている．鑪幹八郎を中心としたアイデンティティ研究グループでは，Erikson（1950）以来，諸外国と我が国で発表さ

れたアイデンティティ研究をすべて網羅し，領域別に研究の流れを展望した。それらは，『アイデンティティ研究の展望』シリーズ（鑪・宮下・岡本，1995a，1995b，1995c，1997，1999，2002）として刊行されている。詳しい内容については，ぜひこれを読んでいただければ幸いである。

 ## 第5節　他者とのかかわりの中で発達するアイデンティティ

　さて，ここまで私たちは，ライフサイクルを通じての心の発達がどのようにとらえられるか，その理論的枠組について見てきた。そして，大人の心の発達を全人格的な視点からとらえるために，アイデンティティの概念は非常に有益な理論的基盤になることも理解されたと思う。しかし，人間の心は，一個人の内的変容のみでなく，人と人とのかかわりの中で発達していく面も少なくない。

　人間は，それぞれ固有の世界をもつ個的存在でありながら，同時に他者とのかかわりなしには生きていくことのできない関係的存在である。これは，改めて述べるまでもなく人間の本質である。しかし，個人の発達にとって関係的存在の側面のもつ意義は，これまで心理学の研究においてはあまり重要視されてこなかったのではないであろうか。

　その背景の一つには，20世紀後半の心理学の主要な関心と研究課題が，個の達成，しかも西洋的，男性的な枠組における自我の発達であったことがあげられるのではないだろうか。個の確立と個人の自由は，20世紀後半の時代精神の中心的テーマであった。心理学の世界においても，分離−個体化を軸にした西洋的，男性的な自我の研究が重視され，それが我が国にもそのまま移入される傾向にあった。また，西欧においてもそうであったように，男性の研究者による男性をモデルにした発達研究が中心であったこともその一因であろう。

　そういう潮流の中で，「他者との関係性」の問題はともすれば，自我の発達の単なる一部分，あるいは背景的要因としてとらえられる傾向があった。もしくは後述するように，関係性の概念は「女性性」，「女性的要因」に類似した特質をもっているために，重視されることが少なかったともいえよう。しかしながら，この人と人とのかかわりによって発達していくアイデンティティの側面は，特に中年期以降の人生にとって，とりわけ重みを増していく。そして，現

代社会における大人としてのアイデンティティの発達・成熟を考えるとき，この問題は極めて大きな意味をもっているのではないであろうか。

● 1.「関係性」の発達はどのようにとらえられてきたか

　心理学において，「関係性」という問題はどのように理解されてきたかについて簡単に整理しておきたい。人間は個的存在であるとともに，関係的存在でもあるという基本的2面性については，古くは Jung（1951），Parsons（1955），Bakan（1966）などによって論じられている。

　Jung は，自己の基本的2面性の象徴を男性性，女性性の中に見出し，一人の人間の中での両面の統合の可能性と必要性について述べている。また，人間の基本的様態に対して Parsons は，「道具性（instrumentality）」と「表出性（expressiveness）」，Bakan は，「個体維持機能（agency）」と「（親交）関係維持機能（communion）」という概念を用いて説明している。「道具性」は，家族システムの要求と家族外の世界とを調整する働きで，目標指向性が優先して人の反応にはあまりかかわり合わないのを特徴とするのに対して，「表出性」は家族内の相互関係や情緒的要求を調整・維持していく働きを示し，他者の反応への敏感さと人間関係への関心を特徴とする。また，「個体維持機能」は，自己保護や自己拡張，自己主張の諸活動，支配，そして分化や他者からの分離といった機能様式を示す。そして「関係維持機能」は，無私，人間関係，他者との融和や触れ合い，協同，開放性といったものにかかわる機能様式を示している（斎藤，1990）。これらの概念は，しばしば男性性，女性性の概念として分類されることが多く，男性性は「道具性」と「個体維持機能」，女性性は「表出性」と「関係維持機能」が合わさったものとして理解されてきた。

　また近年の性役割に関する研究では，Bem（1974a，1974b）をはじめとして，男性性と女性性を相入れない2極対立的な枠組ではなく，一人の人間の中に両者とも存在するという両性具有性の概念が提唱されている。

　さらに，Gilligan（1979）は，このような人間の存在様式の2面性を幼少時のみならず人間の一生を通じて繰り返し，対位法的に現れる「愛着と分離」としてとらえ，アイデンティティの定義にも，各々に対応する2つのモード，すなわち人間関係の中でかかわりそのものとして定義される「関係的自己」（connected-self) のモードと，関係から分離し他者とは隔たったものとして定義される「分離した自己」(separated-self) のモードがあるとした。彼女によれば，両面はともに人間の本質であり，同等の価値をもつもの，究極的には統合に向かうものであり，男女の違いはその発達的様相の違いとしてとらえられている。

● 2. ライフサイクルにおける「他者との関係性」の発達

　ライフサイクルを通して見たとき，他者との関係性はどのように発達していくのであろうか。また関係性の発達は，個人の成長・発達にどのような意味をもつのであろうか。

(1) 乳幼児期・児童期

　乳児期・幼児期など発達早期については，男児，女児とも他者，特に母親をはじめとする養育者や家族とのよい関係性を体験することは，人格発達の基盤ととらえられてきた。例えば，第3節で紹介した Erikson は，精神分析的個体発達分化の図式（Table 2–1，p. 22）において，その第Ⅰ段階乳児期の心理－社会的課題は「基本的信頼感の獲得」であると述べている。これは世話してくれる母親と母親を通じての世界に対する信頼感と，自己の存在そのものに対する信頼感を獲得することが，人生の最もはじめの時期の課題であり，これが後の心の発達の基盤となることを意味している。

　また Mahler (1975) は，出生から生後6カ月頃までを「正常な共生期」(Normal Symbiotic Period) とし，発達のごく早期のこの時期に母子一体感，つまり安定した母子の共生関係を体験することが，次に続く「分離－個体化」の達成の基盤となるとしている。さらに Bowlby (1969) による一連の愛着理論も，後の研究者によっていくつかの批判や修正が行われているとはいえ，乳幼児期の母親との愛着関係が，後の発達に決定的な意味をもつことを実証したものである。

　また，社会心理学の領域における愛他行動の研究も，関係性発達の視点から見ると示唆的である。生後1～2歳頃からすでに，子どもには愛他行動らしきものが見られはじめ，思春期頃までに愛他行動の行動・認知・情緒の各側面は，いくつかの特徴的な段階を経て発達する。しかし，愛他行動は，質的にも年齢

とともに発達するとは限らず，愛他動機が活性化されているかどうかにかかっているといわれている（松井，1992）。

　このように乳幼児期の関係性研究は，母子関係に焦点化したものが圧倒的に多いが，そのいずれも関係性を後の人格発達，自我の発達の基盤としてとらえていることは共通している。

(2)青年期・成人初期

　さて，関係性の発達と個としての発達が分岐し，その関連性や性差が俄かに重要視されてくるのが青年期である。この問題の多くは，アイデンティティ形成との関連で論じられることが多い。すでに述べてきたように，青年期はアイデンティティ確立の時期である。青年は，さまざまな自己探求や模索を経て，独自の自己のあり方，生き方を主体的に選択する。青年期のアイデンティティ確立には，この主体的に選択した自己のあり方が，他者や社会から受け入れられること，つまり社会の中に自己の位置が与えられることはもちろん重要であるが，それは主体性をもった自己が確立されていることが前提である。また，Erikson によれば，成人初期の心理－社会的課題は，「親密性」である。親密性とは，特定の異性と深く長い親密な関係を維持する力を意味し，これは個としてのアイデンティティの確立の後に到来する心理－社会的課題である。

　それに対して，このような他者から分離した個としての自己確立を強調した青年期のアイデンティティ理論の多くは，男性をモデルにしたものであり，女性には必ずしもあてはまらないことが指摘されている。Chodorow (1979) は，女性は自分自身を人とつながっているものとして定義し経験するところ，つまり世界と結び合っているという基本的な自己感覚をもつことを指摘している。この自己感覚は，男性の他者と分離した自己感覚とは異なる特徴をもつものである。Chodorow は，この男女の相違は，乳幼児の世話が普遍的に母親，つまり女性の手によって行われていることに由来すると考察している。つまり，女児にとっては，同一化の対象となる母親が自分と同性であるために，母親と娘の結びつき，原初的な同一化の関係は，成長過程を通じて損なわれることがないためであるという。

　さらに，女性のアイデンティティ形成は男性とは異なる特質やプロセスをも

つことが，Josselson（1973），O'Connel（1976），Hodgson & Fisher（1979）ら，女性のアイデンティティ研究者によって指摘されている。これらの実証的研究によって得られた主要な知見は，次のようなものである。

①男性の場合は，アイデンティティ確立の後に親密性のテーマが問題となるのに対して，女性の場合は両者が並行して進行する。つまり女性は，親密な関係をもつことでアイデンティティがより確かなものとなる（Josselson，1973）。

②女性の場合は，職業やイデオロギーの領域での自己探求や主体的選択という男性型経路によるアイデンティティ形成のみでなく，性や結婚など関係性に直接かかわる領域での模索や決断という女性型経路，あるいは両方の領域を通じての両性型経路のいずれによっても，アイデンティティ形成が行われる（Hodgson & Fisher，1979）。

③女性の場合は，伝統型（結婚，出産後は専業主婦になるタイプ），新伝統型（結婚，出産後は専業主婦になるが，子育て後再び職業をもつタイプ），非伝統型（結婚，出産にかかわらず職業をもち続けるタイプ）というライフスタイルによって，ライフサイクルの各時期におけるアイデンティティの感覚が異なっている（O'Connel，1976）。

　これらの研究を総合すると，青年期以降のアイデンティティ発達にとって，他者との関係性は，個の確立と同様の重要な意味をもっている。特に女性においては，乳児期という発達早期にまで由来する根源的な意味を内包しているようである。しかしその一方で，すべての女性が関係性を中核においてアイデンティティ形成を行うわけではなく，ライフスタイルなど個人内外の要因によって，男性と同様のアイデンティティ形成プロセスをたどる女性もまた多い。この女性の発達プロセスの多様さに関する問題は，今後の重要な課題であろう。またこれまで，Erikson をはじめとするアイデンティティ理論にもとづいて個の確立を強調して理解されてきた男性のアイデンティティ発達は，果たして本当に成熟したアイデンティティ達成といえるのかという問題も改めて問い直す必要があろう。

　1980年代まで，アイデンティティ形成と親密性の獲得の問題は，男性にとっては深刻な葛藤を引き起こす問題としてはとらえられていなかった。それは一

つには，社会的に見て男性にとっては，アイデンティティの確立と男性役割の取得・男性アイデンティティの獲得は，矛盾なく進展するものであること，第2に，発達的に見て，青年期のアイデンティティ形成，成人初期の親密性の獲得，成人期の世代性の達成という心理−社会的課題の流れは，一般の健康な男性にとっては非常に明瞭なプロセスとしてとらえられてきたからである。

　男性が成熟した親密性を獲得するためには，男性役割の確立と親からの自立が不可欠の要件である。しかし，現代社会では，この2つの要件が必ずしもうまく達成されていないことが指摘されている。我が国においては，現在，男性の平均初婚年齢は次第に上昇しつつあり，男性の未婚率もまた年々，増加しつつある。このことは，我が国の青年期・成人初期の男性にとって，職業への積極的関与は比較的早く達成されるのに対して，家庭生活における親密性の形成は遅延される傾向があることを示している。

　また，第1章で述べたように既婚女性も職業をもつことが一般化している現代社会においては，男性もまた，家庭生活の維持に責任をもち，積極的に関与することが期待される時代になった。「職業と家庭の両立」は，男性にとっても重要なテーマになっているはずであるが，今日においてもなお，家庭生活やケア役割への積極的な関与という問題は，多くの男性にとっては，自己のアイデンティティにとって重要な問題として主体的に受けとめられていないのが実状ではなかろうか。

　こうして社会的，職業的アイデンティティの達成のみで，家族をはじめとする重要な他者との関係性を棚上げにして長い生涯を過ごしてしまう男性が多いことは事実であろう。会社人間と呼ばれる人々はその典型的な例である。このような成人のアイデンティティのあり方は，成熟したアイデンティティとは考えにくく，生活レベルにおいてはさまざまな弊害や問題の背景となっている。今日，パートナーとの関係性を深めること，親になること，子どもを世話し育てること，家庭を維持することの重みと，それが自己の成熟にとって重要な意味をもつことの自覚が，男性の側にも一層，求められているのではないだろうか。

(3)中年期・高齢期

　成人中期における関係性に関する重要な視点は，Erikson の個体発達分化の図式の中に示された相互性（mutuality）の概念に読み取ることができる。Erikson は，「与えると同時に得る」という相互作用を精神発達の中にとらえようとした。幼児と母親は「育てられる者」と「育てる者」という一方向的な関係ではなく，「育てられると同時に育てる」存在として，発達的観点から人間関係をとらえようとしたのである。つまり，母親が幼児期の心理－社会的課題の達成を援助することが，とりもなおさず自分自身の課題である世代性を達成することになるのである。

　この段階に至って私たちのライフサイクルは，次の世代と交差することになる。次世代への深い関心なしに行われる生活や社会的行動は，単なる「自己陶酔」にすぎないと Erikson は述べているように，アイデンティティの成熟は，他者への深い関心を通じて獲得されていくのではないであろうか。すなわち自己の獲得したアイデンティティでもって，他者を生かし育てて初めて，成人としてアイデンティティを達成したといえる。ここに，アイデンティティは新たな広がりと深まりを獲得する。

　一方，Franz & White（1985）は，Erikson の個体発達分化の図式について，次のような非常に意義深い提案をしている。彼女らは，成人期の心理－社会的課題である親密性や世代性の発達にとって本質的であると思われる愛着の先駆的プロセスについて，これまでのアイデンティティ研究ではほとんど注目されていないことを指摘し，成人期のアイデンティティ発達にとって重要な側面である愛着についての精緻化が必要であると主張している。

　彼女らは，人間の生涯発達を個体化の発達と愛着の発達という2つの経路で理解しようと試み，Table 2-6 のような「生涯発達に関する複線モデル」を提唱した。このモデルにおいては，Erikson の図式の第Ⅵ段階「親密性 対 孤立」と第Ⅶ段階「世代性 対 自己陶酔」は，愛着の発達経路の方に組み入れられている。個の発達と関係性の発達を同等の価値をもつものととらえ，両者が相互に影響を及ぼしつつ，アイデンティティが発達していくものととらえた彼女らの試みは，極めて示唆的なものである。

　また，個の確立と関係性の発達というこの2つの人格的特徴を生涯発達的視

Table 2-6　Erikson理論を応用した生涯発達に関する複線（two-path）モデル

(Franz & White, 1985)

	乳児期	幼児前期	幼児後期	学童期	青年期	成人初期	成人中期	高齢期
個体化経路	信頼 対 不信	自律性 対 恥・疑惑	自発性 対 罪悪感	勤勉性 対 劣等感	アイデンティティ 対 アイデンティティ拡散	職業及びライフスタイルの摸索 対 漂流	ライフスタイルの確立 対 空虚	統合性 対 絶望
愛着経路	信頼 対 不信	対象及び自己の恒常性 対 孤独・無力感	遊戯性 対 受身性または攻撃性	共感と協力 対 過度の警戒または権力	相互性・相互依存 対 疎外	親密性 対 孤立	世代性 対 自己陶酔	統合性 対 絶望

野のもとでとらえようとした実証的研究が行われるようになった。山本(1989)は，人格の2面性を次のような「関係的自己」（connected-self）と「分離した自己」（separated-self）の2つの概念でとらえ，加齢とともに両者がともに発達していくことを明らかにしている。

「関係的自己」

1．愛着と共感性の発達に基礎づけられ，
2．他者の欲求・願望を感じ，その満足をめざす反応的行動（思いやり，世話）として現れ，
3．自己と他者とは互いの具体的な関係の中に埋没し，拘束され，責任を負う存在として把握される。

「分離した自己」

1．分離−個体化の発達に基礎づけられ，
2．他者の反応や外的統制によらない，自律的行動（積極的自己実現・力の発揮）として現れ，
3．他者は自己と同等の互いの不可侵の権利をもった存在として，抽象的一般的に把握される。

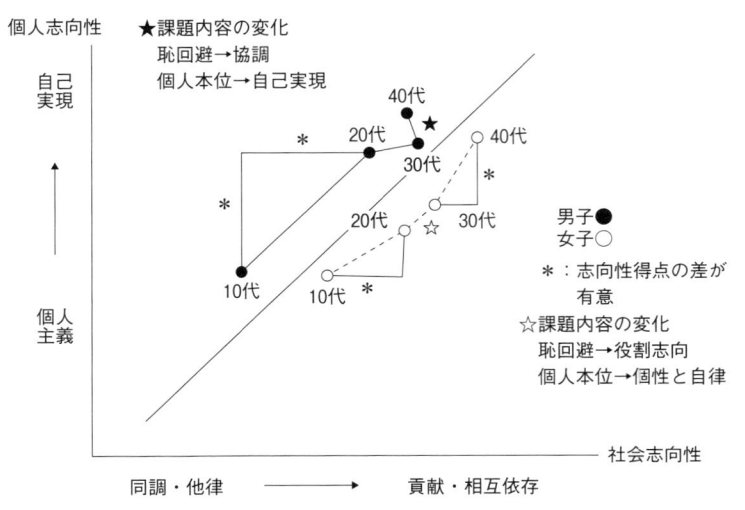

Fig. 2-4　2 次元的図式から見た志向性の変化過程 (伊藤, 1992)

　また伊藤 (1992) は, 「個人志向性」「社会志向性」という概念を用いて, 人格の 2 面性の発達的変化を検討し, Fig. 2-4 に示したように年齢とともに両者が上昇していくことを見出している。

　これらの研究は, いずれも個の確立と関係性の達成は生涯を通じて進み, 両者がともに達成された, つまり両者が統合された状態が成熟した人間の様態であるという認識のもとに, それを実証的に明らかにした点で共通している。これらの研究は, 生涯発達における関係性の成熟の重要性を示唆した点で, 評価することができるであろう。

● 3. 大人のアイデンティティをとらえる 2 つの軸
―個の発達と他者とのかかわりによる発達―

　これまで見てきたように, 関係性の発達・成熟は, 個の確立と同様, 心の発達にとって重要な意味をもち, 個と関係性の両者が達成され, 統合された状態が成熟した人格であるととらえられるようである。大人のアイデンティティの発達と成熟性は, Table 2-7 に示したように, 2 つの軸でとらえられるのではないであろうか。

Table 2-7　成人期のアイデンティティをとらえる2つの軸

	個としてのアイデンティティ	関係性にもとづくアイデンティティ
中心的テーマ	自分は何者であるか 自分は何になるのか	自分は誰のために存在するのか 自分は他者の役に立つのか
発達の方向性	積極的な自己実現の達成	他者の成長・自己実現への援助
特徴 （山本，1989による）	1．分離－個体化の発達 2．他者の反応や外的統制によらない自律的行動（力の発揮） 3．他者は自己と同等の不可侵の権利をもった存在	1．愛着と共感の発達 2．他者の欲求・願望を感じとり，その満足をめざす反応的行動（世話・思いやり） 3．自己と他者は互いの具体的な関係の中に埋没し，拘束され，責任を負う
相互の関連性・影響	①個としてのアイデンティティ⇒関係性にもとづくアイデンティティ ・他者の成長や自己実現への援助ができるためには，個としてのアイデンティティが達成されていることが前提となる。 ・他者の成長や自己実現への援助ができるためには，常に個としてのアイデンティティも成長・発達し続けていることが重要である。 ②関係性にもとづくアイデンティティ⇒個としてのアイデンティティ ・他者の役に立つことにもとづく自己確信と自信。 ・関係性にもとづくアイデンティティの達成により，生活や人生のさまざまな局面に対応できる力，危機対応力，自我の柔軟性・しなやかさが獲得される。	

　第1の軸は，個としてのアイデンティティの発達である。これは改めて述べるまでもなく，「自分とは何者であるか」「自分は何になっていくのか」という個の自立・確立が中心的テーマである。個としてのアイデンティティの発達は，積極的な自己実現の達成へと方向づけられる。もう一つの軸は，これまでのアイデンティティ研究において重視されることが少なかった関係性にもとづくアイデンティティの発達である。この中心的テーマは，「自分は誰のために存在するのか」「自分は他者の役に立つのか」という問題である。関係性にもとづくアイデンティティは，他者の成長や自己実現への援助へと方向づけられる。両者の特質としては，山本（1989）が指摘した「分離した自己」と「関係的自己」の特質が適用できるであろう。大人のアイデンティティの発達には，この両者が等しく重みをもち，両者が統合された状態が本当に成熟した大人のアイデンティティといえるのではないであろうか。

　個としてのアイデンティティと関係性にもとづくアイデンティティは，相互に影響を及ぼし合い，深い関連性をもっている。例えば，他者の成長や自己実現への援助ができるためには，個としてのアイデンティティが達成されていることが前提である。これは，親が子どもを育てること，教師が生徒を教育すること，専門家として後進を育てることなど，さまざまな領域においていえることであろう。また，本当に他者に対してよい成長への援助ができるためには，常に個としても成長・発達をし続けていることが重要であろう。

　それに対して，関係性にもとづくアイデンティティが，個としてのアイデンティティの発達にどのように貢献するかという問題は，これまで注目されることがあまり多くなかったと思われる。それは，アイデンティティの発達にとって関係性にもとづくアイデンティティのもつ意味そのものが重視されてこなかったためであろう。しかしながら，他者に役に立っているということによる自信や自己確信ばかりでなく，他者を世話する営みを通して養われる生活や人生のさまざまな局面に対応できる力，——これは危機対応力と呼ぶことができるであろう——，自我の柔軟性やしなやかさの獲得などは，他者への深い関心や関与を通じて得られた，個としてのアイデンティティの成熟性といえるのではないであろうか。この問題は，本書の第2のテーマでもある。他者との関係性の中で発達するアイデンティティについても，具体的なデータや事例をもとに考えていきたい。

　これまでずいぶん，硬い話が続いてきたが，これからいよいよ大人のアイデンティティの危機と発達の具体的な姿を見ていくことにしたい。Fig. 2−5 は，本書の内容を鳥瞰図的に示したものである。ライフサイクルを通じて，個としてのアイデンティティがどのような発達プロセスをたどるのか，そして他者との関係性，つまり他者への深い関心と関与がアイデンティティの発達にどのように影響するのか，という2つのテーマを軸に，ライフサイクルのより若い時期から順に述べていくことにしたい。次章以降は，私自身の研究から得られた実証的なデータや事例にもとづいて，できる限り具体的に中年期・高齢期の発達について論じていきたい。

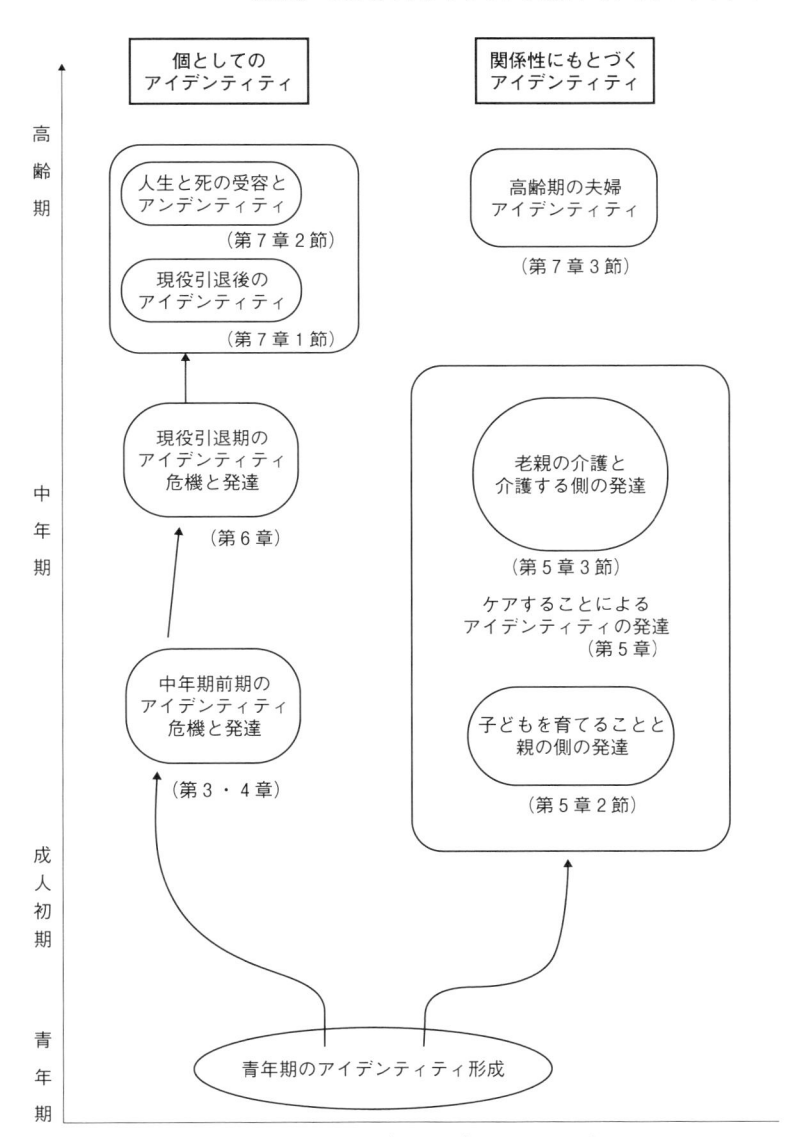

Fig. 2-5　本書で取り上げるアイデンティティ発達の局面

第3章

人生の峠を越える心理
―中年期のアイデンティティの危機―

◆ **第1節　中年期は熟年か，惑年か**

> 人生の旅路半ばに　私は暗い森の中にさまよいこみ
> まっすぐな道を見失った。
> あの野蛮な　苛酷な密林のことを語るのは何とむつかしいことだろう。
> そのことを考えるだけでも私の恐れはよみがえる。
> 死の方がましと思えるほどひどいものだった。
>
> 　　　　　　　　　　　　　　　（Dante『神曲』　野上素一（訳））

　Dante（1265〜1313）は，その不朽の長詩『神曲』（1308）のこの有名な書き出しの句の中で，自分が35歳のときに「暗い森に迷った」と述べている。Danteは，若い頃から詩を書くことを覚え，実際に詩作もしたが，30歳から30代後半までは政治活動に熱中して過ごした。そのあげく，故郷から追放され，イタリアの各地を流浪して困窮の日々を過ごし，その間にこの不朽の長詩『神曲』が記されていったのである。それは，彼が中年を迎えた40代のことであった。

　また，第2章でも紹介した精神分析家Jungは，38歳の年に，師であったFreudと袂を分かち，以後数年間，外部との接触をほとんど断ったいわば神経症ともいえる状態の中で歳月を過ごしたといわれている。彼の業績の多くが，この心の危機の後に生み出されたことを考えると，中年期の入り口という時期は，心の発達にとって深い意味をもっていることがうかがわれる。

　現代社会においても，中年期の生き方や心の変容が注目されている。中年期は「熟年」と呼ばれることが多いように，大人の分別をふまえた働きざかり，人生の最盛期と考えられる。また，その一方で「中年期危機」という言葉が示すように，内的には相当，深刻な問題が潜在しているように思われる。

　さて，中年期をどのように定義するのかという問題は，かなり困難な問題である。心理学の研究においては，単に年齢だけでなく，社会生活への適応の仕方や社会学的な必要行動の観点をふまえて考えなければならない。本書では，中年期をほぼ30代後半から60歳頃までととらえ，この時期に見られる心の発達を考えていくことにしたい。

◆　第2節　中年期の心と体の変化―中年期平穏説と危機説―

　第1章で述べたように，中年期が発達的研究の対象となったのは，1970年代以降のことである。しかし，心理学の研究においては，中年期に対するとらえ方には，この時期を比較的ストレスの少ない平穏な時期であるとする見方と，人生における危機的な転換期であるというとらえ方の，一見，相矛盾するように思われる2つの立場が見られる。

1.　平穏期としての中年期

　1960年代までは，「危機期としての中年期」という見方は存在していなかったようである。事実，私たちの周囲を見ても，中年期にある人々のほとんどは，健康な生活を享受している。歴史的に見ても成人の健康度は著しく改善されている。また，生活の享受，自立性，身分の保障といった観点から見ると，中年期はまさに黄金時代であるようにも見える。

　心理学の研究においても，例えばLowenthal & Chiriboga（1972）は，中年期はライフサイクルの中で特に危機的な時期ではないという考えを示している。彼らの研究の対象者である中年期の人々は，さまざまな問題を抱えていたが，それらは過去の問題が継続しているのであって，中年期に新たに出てきたものではなかった。また，これまでの自分の人生の中で重要な転換期を尋ねると，多くの調査対象者は，卒業，就職，転職，結婚，子どもの誕生など，青年

期や成人初期にあたる節目をあげていた。女性の対象者の幾人かは，病気や死，転居，離婚などによる重要な他者との別れや，子どもが独立して家を離れたことをあげていたが，男性ではこのような内容を答えたものは見られなかった。さらに，半生のうちで最も幸福だった時期と不幸だった時期については，比較的幸福感，満足感の低い時期としてあげられた青年期，成人初期に比べて，中年期はより高い得点を示していた。そして調査対象者たちは，子どもたちが巣立っていった後の「空の巣」の現在を，「非常に幸福である」と述べたという。

　また，Costa & McCrae（1980）も，中年期に苦悩のピークを見出すことはできなかったとして，中年の危機を否定している。彼らによれば，中年期に危機を体験している人は，他の時期にも同様に危機に見舞われやすい人であって，危機は中年期だけにあるのではないというのである。さらに，パーソナリティの変化に関する縦断的研究がいくつか行われているが，その結果の多くも中年期においては，パーソナリティの安定性は高まることを示唆している（下仲・佐藤，1992）。

● 2. 危機期としての中年期

　このようなデータがある反面，今日，中年期をライフサイクルの中で大きな転換期であるとする見方が注目されてきた。実際，中年期は，生物学的にも，社会的，心理学的にも，また家族発達の側面から見ても，変化の多い時期である。身体的には体力の衰えを感じ始め，職業的には自分の能力や地位の拡大に限界が見え始める時であり，さらにまた，若い頃に設定した自分の「人生の夢」とその達成度について，改めて問い直される時でもある。多くの家庭では，子どもたちは青年期に達し，自立しようとしている。

(1)医学的データに見る中年の危機

　中年期はストレスの多い危機的な時期であることを示唆した医学的，心理学的研究は多く，中年期は，多様な精神障害が多発する年代として注目されてきた。例えば，30歳代から40歳代にかけて，神経症性障害の患者数は約40％を占めている（Fig. 3−1）。医学的に見れば，心身症や心気症的訴えは，中年期に急増し，胃潰瘍の発症率は40歳代が最高であり，過剰緊張や心臓発作もまた，

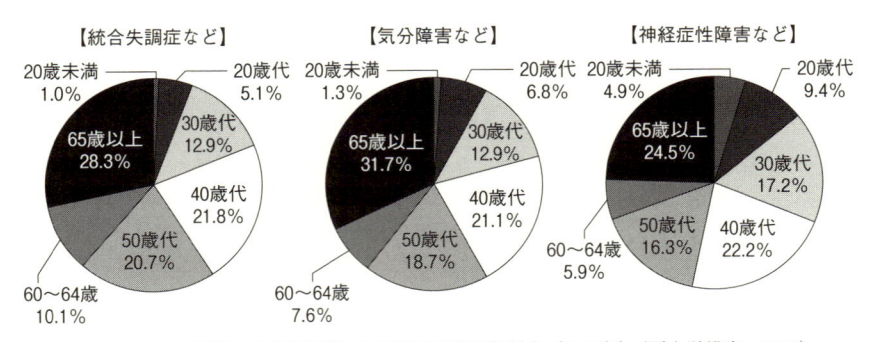

Fig. 3-1　症例別・年齢階級別 心の病気の患者数割合（2017年）（厚生労働省，2018）

資料：厚生労働省政策統括官付保健統計室「患者調査」

(注) 患者数（総患者数）は，調査日現在において，継続的に医療を受けている者（調査日には医療施設で受療していない者をむ。）の数を次の算式により推計したものである。

　　　総患者数＝入院患者数＋初診外来患者数＋（再来外来患者数×平均診療間隔×調整係数（6／7））

中年期に急増している。

　また，Fig. 3-2，Fig. 3-3 は，年齢階層別自殺死亡率の戦後の推移を示したものである。ここに示されているように，昭和30年代までは，男女とも青年期と高齢期の自殺率が高く，2 つの山を形成していた。ところが，その青年期のピークは，昭和40年代以降消失し，1998年以降，中年男性の自殺率が急増した。さらに，我が国では，60歳代以上の高齢者の自殺率が高いことが注目されてきた。2010年代以降，どの年齢層においても，自殺者は漸減している。

　Fig. 3-4-1 〜 3 は，その後平成元（1989）年から令和元（2019）年までの年齢階層別自殺死亡率の推移を示したものである。平成10（1998）年の自殺死亡率の急増の背景には，平成の経済不況があると思われるが，2010年代より自殺死亡率は，男女とも減少の傾向にある。

(2) 職業人としての危機

　現代社会における先端技術や情報化の急速な変革は，私たちの職業生活に大きな変化をもたらした。また，1973（昭和48）年のオイルショック以来，中高年のポスト不足が叫ばれ，平成時代以降は，転職やリストラ（restruction）は至るところで行われている。これらは，昭和時代，終身雇用制，年功序列制に象徴されてきた成人期の職業人生の安定性を大きく揺るがすことになった。こ

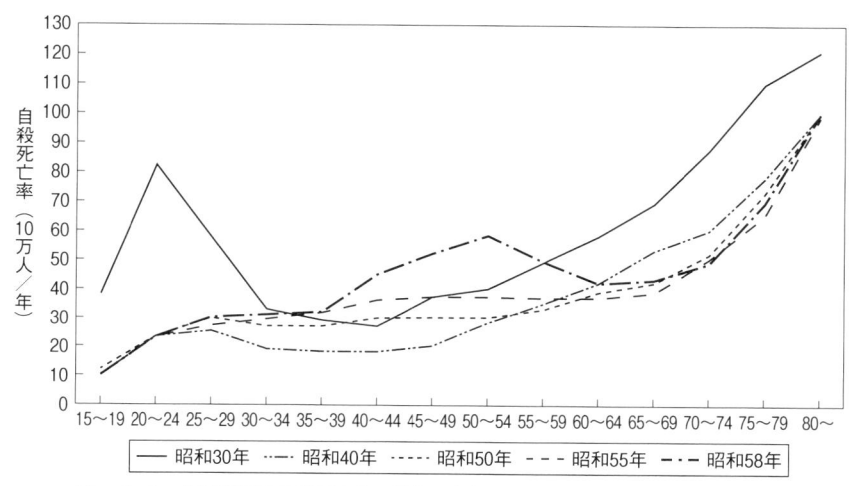

Fig. 3-2　年齢階層別自殺死亡率の戦後の変化─男性（厚生省人口動態統計より）

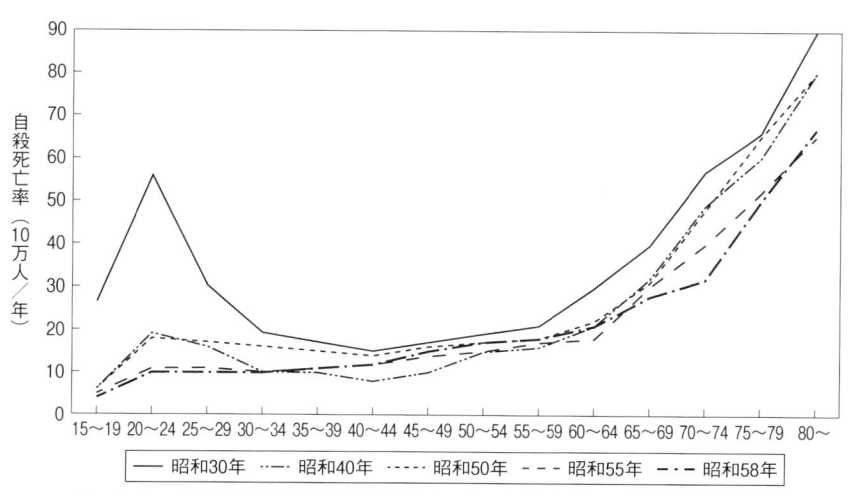

Fig. 3-3　年齢階層別自殺死亡率の戦後の変化─女性（厚生省人口動態統計より）

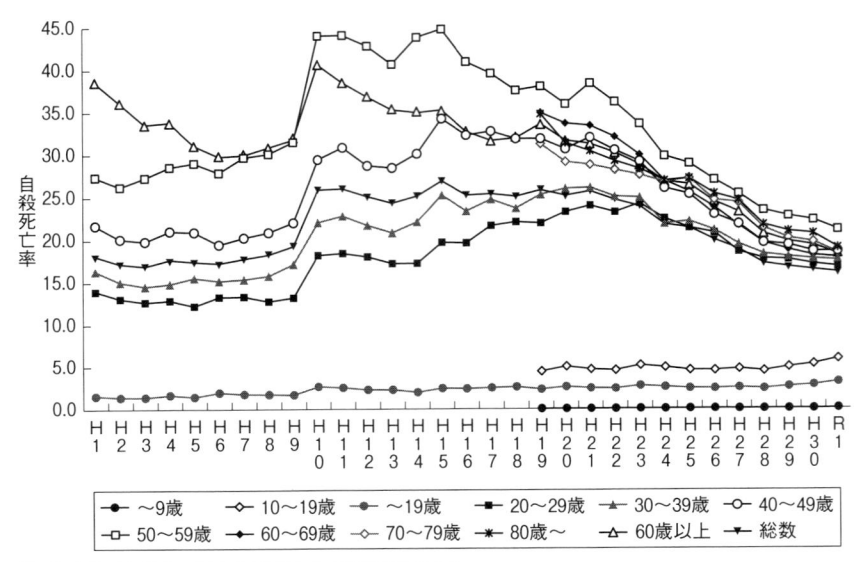

注1）自殺死亡率は，人口10万人当たりの自殺者数である。
注2）平成18年までは「60歳以上」だが，19年の自殺統計原票改正以降は「60〜69歳」「70〜79歳」「80歳以上」に細分化された。
資料：警察庁「自殺統計」，総務省「人口推計」（国勢調査実施年は国勢調査人口による）より厚生労働省自殺対策推進室作成

Fig. 3-4-1　年齢階層別の自殺死亡率の推移（厚生労働省，2019）

れらの職場環境の急激な変化は，その後，中年世代を中心とした職業人にも，さまざまなストレスと職場不適応をもたらすことになった。

　これらの職場適応障害は，中高年の職業人の出社拒否やテクノストレス，OA恐怖症など，さまざまな形をとって現れている。その中で，中年期の発達的な問題に関連して，少なからず見られる心理状態として，「上昇停止症候群」があげられる。これには，神経性障害的症状を示すもの，抑うつ，心身症的症状を呈するものなど，さまざまであり，アルコール依存症の背景にこれが隠れている場合もある。これは，青年期から努力を重ねることで社会的地位や収入も上がり，それが自分や家族の幸福につながると考えてがんばってきた人々が，中年期になんらかの挫折体験により破綻することを示している。その挫折体験の多くは，体力・気力の衰え，職業の上での出世や能力の限界感の認識など，後述するような中年期のアイデンティティ危機の契機となる体験であることが多い。

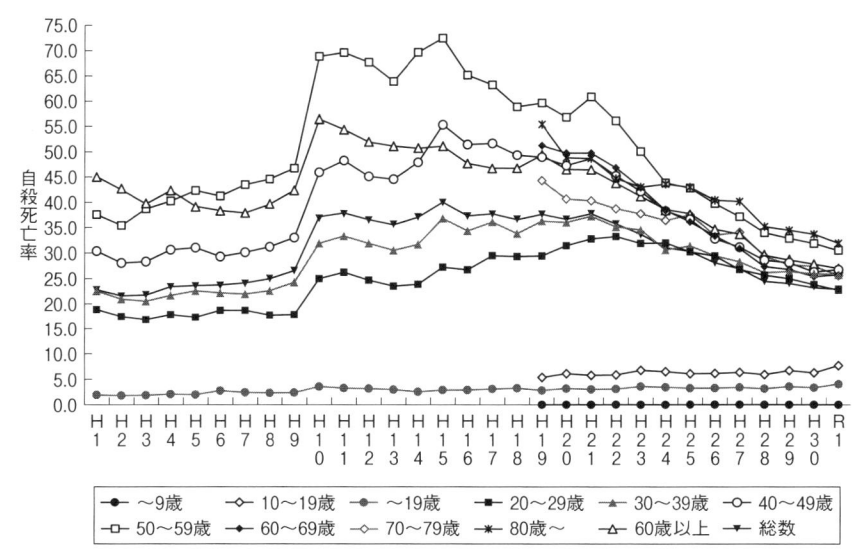

注1）自殺死亡率は，人口10万人当たりの自殺者数である。
注2）平成18年までは「60歳以上」だが，19年の自殺統計原票改正以降は「60〜69歳」「70〜79歳」「80歳以上」に細分化された。
資料：警察庁「自殺統計」，総務省「人口推計」（国勢調査実施年は国勢調査人口による）より厚生労働省自殺対策推進室作成

Fig. 3-4-2　年齢階層別の自殺死亡率の推移（男性）（厚生労働省，2019）

(3)子どもとの関係の危機

　中年期の，特に女性に多く見られる臨床的問題は，子どもの親離れにともなうものが多い。この時期，多くの夫は職場で中間管理職的立場につき，中心的働きをするように期待されている。これまで以上に，家庭外での活動が多くなり，妻との交流は少なくなりがちである。子育てが一段落し，自分の時間をもち始めた妻は，この時期に一つの危機を迎える。これまで多くのエネルギーを注ぎこんできた子どもは，母親である自分よりも外の世界に関心をもち始める。また，仕事の上で自己実現をしている夫を見ると，妻は自分だけとり残されたように感じる。この時妻は，「自分の人生はいったい何だったのか」「私の人生はこれでよかったのか」という思いが増大してくることが多い。また，「最近，疲れやすくなった」「気力がなくなった」など，体力や活力にも衰えが感じられ，老いの兆しも自覚され始める。

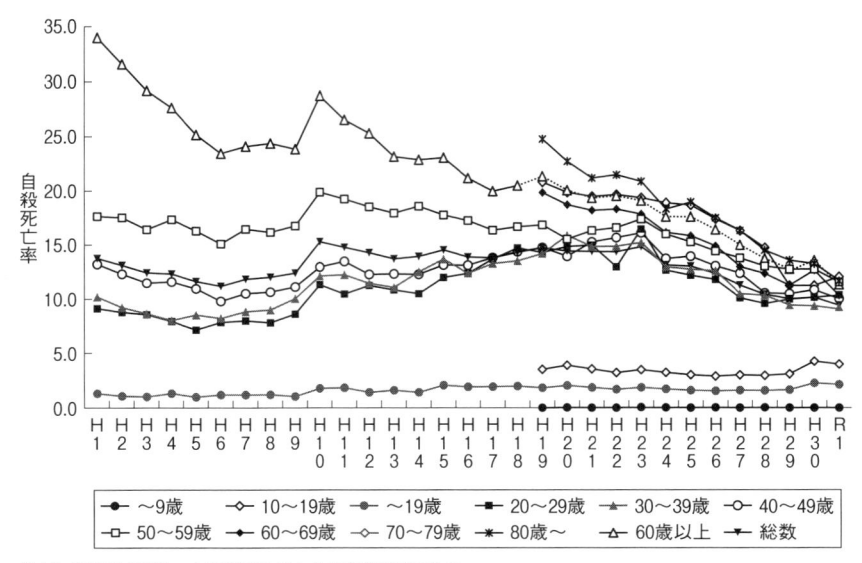

注1）自殺死亡率は，人口10万人当たりの自殺者数である。
注2）平成18年までは「60歳以上」だが，19年の自殺統計原票改正以降は「60〜69歳」「70〜79歳」「80歳以上」に細分化された。
資料：警察庁「自殺統計」，総務省「人口推計」（国勢調査実施年は国勢調査人口による）より厚生労働省自殺対策推進室作成

Fig. 3-4-3　年齢階層別の自殺死亡率の推移（女性）（厚生労働省，2019）

（4）夫婦関係の危機

　中年期は，夫婦関係にとってもまた，危機をはらんだ時期である。Table 3
-1 は，家族発達プロセスに見られる課題と危機を示したものである。これに
よると，中年夫婦は，Ⅳ充実期にあたる。この時期には，多くの家庭では子ど
もは思春期，青年期に達し，親からの自立を試み始める。夫婦関係においても，
それまで子どもの世話に追われていたⅢ拡大期とは，かなり異なる特質が加
わってくる。子育てに追われていた時期の夫婦は，互いにその父親／母親役割
によって結びつき，安定していた側面が強かったが，子どもの自立期を迎えた
夫婦においては，精神的交流そのものが求められてくるといってもよい。つま
り，他の者では代替できない関係，夫にとって自分は一体何だったのかという，
夫婦関係の再確認の欲求が高まってくる。
　多くの場合，このような欲求は女性，つまり妻の側から発せられることが多

Table 3-1　家族発達プロセスに見られる課題と危機 （岡堂，1978より再構成）

発達段階	主要な心理的課題	顕在しやすい夫婦間の危機
Ⅰ新婚期 〔結婚から第1子誕生まで〕	1．夫婦双方がそれぞれの出生家族から，物理的・心理的に分離し1つの統合体としての夫婦システムを構築する。 2．性関係を通じて，夫婦間の親密性を深めるとともに，家族計画の面で，合意に達する。 3．経済的に自立し，収支の責任を分担する。	・自立と依存，権利と義務の葛藤。 （性的不適応，家庭内の不適応，職業的不適応など）
Ⅱ出産・育児期 〔第1子の誕生から第1子の就学まで〕	1．夫婦の2者関係から子どもを含めた3者関係へ家族システムを再編する。 2．増大する経済的負担の調整。 3．育児によって増大した家庭内の役割分担。 4．親役割の受容。	・親役割への不適応。 ・「思春期」的目標と現実目標との葛藤。
Ⅲ拡大期 〔子どもが学童期の時期〕	1．子どもの自立性と家族への所属感・忠誠心とのバランスが適切であるようにつとめる。 2．子どもに期待し過ぎて重荷を感じさせることがないように，また何も期待しないことで悲しませることがないように，親子間のバランスを維持する。 3．親として子どもとの心理的な分離にともなう不安や心配に対応する。 4．家族システムにおける親子間の境界や親子のまわりの境界の変化に適応する。	・個々人の目標と家族目標の不一致と葛藤。 ・妻の生活領域の拡大にともなう葛藤。
Ⅳ充実期 〔子どもが10代の時期〕	1．親子関係における自立と責任と制御の面で，基本的信頼感を損なわずに，親子関係を再規定する。 2．夫婦がそれぞれのアイデンティティを見直し，高齢期へ向けての心理的な準備を始める。	・夫婦関係の再確認にともなう葛藤。 ・さまざまな次元での対象喪失にともなう不適応と葛藤。 ・更年期の混乱にともなう葛藤。 ・夫の「自己価値」の認識にともなう葛藤。
Ⅴ子どもの巣立ち期 〔第1子の自立から末子の自立まで〕	1．親子の絆を断つことなく，親と子が分離する。 2．2人だけの夫婦システムの再構成。	・対象喪失にともなう葛藤。 ・衰退への不安。 ・老後の生活安定への志向をめぐる葛藤。
Ⅵ加齢と配偶者の死の時期	1．これまでの生活体験を総括し，自分たちの生涯を意味深いものとして受容する。 2．いったん分離した子ども家族との再統合。	・子どもの家族との再統合をめぐる葛藤。

い。結婚当初から，心理的にかけがえのないパートナーとしての夫婦の親密な関係性を育ててこなかった夫婦は，子育てが一段落着いた中年期に至って，夫婦共通の目標を失うことになる。中高年の離婚は1980年代以降，増加の一途をたどっているが，その申し立ては圧倒的多数が妻の側から行われている。中年期の夫は，仕事で忙しく，妻の欲求に対して関心をもつだけの余裕がない場合が多い。中年期の離婚は，このような知らぬ間に広がっていた夫婦のギャップの現れにほかならない。

　また中年の夫婦は，どちらかの親の死に遭遇したり，介護を必要とする老親を引き取ることになることも少なくない。ここで再び，家族構造の再編成が求められることになる。高齢者の介護に対して社会的援助の乏しい我が国では，老親の介護はこれまで長い間，家族内の女性，つまり妻，嫁，娘にかかってきた。生涯にわたって働く女性が増加した今日，ようやく介護サービスや介護保険制度が整いつつあるが，多くの課題が山積みである。

　自分自身の老い，すなわち身体的な衰えや自分の人生の将来展望のせばまりを感じ始めている中年期の女性にとっては，このような老親を抱えた切迫した状況の中で，残された人生をいかに生きるかという問題は，ことさら重大な問題として考えさせられる。このような老親の介護にともなうストレスに対する，介護者への心理的援助も，今日注目されている重要な問題である。また，老親の看取りという家族の危機によって，それまで潜在していた夫婦関係の問題が表面化してくる場合も多い。

　このような中年期に対する2つの見方は，どのように理解できるであろうか。また，中年期は人生の中で平穏な時期であることを示す実証的なデータがあるにもかかわらず，今日，中年の危機が注目されているのはなぜであろうか。中年期という時期は，単に心身の健康度というレベルの問題ではなく，心の発達，深化という視点から見た場合に重要な意味をもっていることに，私たちは注目すべきであろう。

　ここで，「危機」（Crisis）という言葉について，述べておきたい。今日，「危機」あるいは「クライシス」という言葉は，どうすることもできない破局的な意味合いで用いられることが多い。しかし，本来危機とは，あれかこれかの分かれ目，決定的転換の時期という意味である。心の発達において見れば，心が

さらに成長，発達していくか，逆に後戻り，退行していくかの岐路ということを示している。その意味で見れば，中年期に私たちが体験するさまざまな変化は，まさにこの発達の分かれ目を示唆しているといってもよいであろう。

　このような「岐路としての中年期」の見方が注目されるようになったのは，1970年代以降のことであるが，中年期そのものが，相反する見方のできる時期であるともいえよう。中年期は，人格のさまざまな側面において，成熟性と貧困さが顕著に現れてくる時でもある。第2章で紹介したLevinson（1978）は，40〜45歳は人生半ばの過渡期であるとしているが，彼が中年期の課題としてあげたものは，①若さと老い，②破壊と創造，③男らしさと女らしさ，④愛着と分離という対極的なものの解決である。これらは，相対立する概念のように見えて，実は人間の一生を通じて心の中に共存しているものである。人生半ばの峠に立った時，この対極的なもののどちらもが体験され，意味を増してきて，心の中で拮抗する。例えば，若さと老いの拮抗は，まだまだ若いと思っている反面，体力の衰えなどによって，もう年だといやでも年齢を意識させられるなど，多くの中年の人々が日常的に体験していることであろう。

第3節　自己の有限性の自覚
―中年期に体験される否定的変化と肯定的変化―

　これまで見てきたように中年期は，ライフサイクルにおける大きな転換期である。生涯にわたって続く心の発達プロセスの中で，中年期は，自己のあり方が根底から問い直される時であるともいえよう。中年期に，私たちはどのような心の変化を体験するのであろうか。その心の変化の体験は，私たちのアイデンティティにどのようなインパクトを与えるのであろうか。

　これから第3章，第4章で紹介する事例や生のデータは，私が中年期の人々を対象に行った「中年期危機面接」に応じてくださった人々から得られたものである。この中年期危機面接では，各対象者に，生育歴と中年期に至るまでのおおまかな経歴を尋ねた後，40代の意識の変化をEriksonの個体発達分化の図式に示された8つの心理–社会的テーマについて，着眼点をそえて質問し，自由に語ってもらった。その質問は，次のような内容である。

1．40代の意識について
　　①40歳になった時の感情。
　　②40代になって，以前の自分との間に変化を感じるか。また，これまでの自分と比べてここ4～5年の間に自分や自分のものの見方が変わりつつある感じがするか。
　　③厄年について意識したか。
2．Erikson の心理－社会的課題について
　　①時間体験（時間感覚），時間的展望について。
　　　・毎日どんなふうに時間が過ぎていくか。もう間に合わないとか，もう遅すぎるといった感じがあるか。あるいはゆとりをもっているか。これらの時間感覚は，年を追って変化してきたところがあるか。
　　　・若い頃にやっておくことをやり残しているという感じがあるか。
　　　・将来の自分の見通しについて。10年後，あるいは退職後の自分について，どのように，またどの程度考えているか。
　　②自分自身，および自分のしていることに確信がもてているか。
　　　・職場や家庭で自分の思い通りにやれていると感じるか。それとも外部やまわりの力によって動かされ，圧迫されていると感じるか。
　　　・何かを行う時，自分を過剰に意識するか。人にどう思われているか，体面などが気になるか。
　　　・何かを決めるとき，迷わずに決断できるか。あるいは優柔不断か。
　　③自分自身や自分のしていることの目的がはっきりしているか。
　　　・いつ頃から，今の目的がはっきりしてきたか。
　　　・目的が実現してきているような感じがもてるか。
　　④自分のしていることについて，うまくやっていけそうな感じがあるか。また，自分自身や自分のしていることに自信があるか。思うようにできなくて行き詰まったことがあるか。
　　⑤夫婦生活にどの程度，満足しているか。夫（妻）に対する見方がどのように変わってきたか。特に，40代における変化について。
　　⑥子どもを育てることについて，どんな感じをもっているか。
　　⑦同僚やまわりの人々との関係のもち方について。
　　　・うまく協調してやっていけるか。競争的になりやすいか。自分一人で仕事をする方がやりやすいか。
　　⑧自分の理想とする，あるいは信奉，共鳴する考え（思想，宗教，政治，人生観）について。
　　　・自分の傾倒する考え方や価値観があるか。それはいつ頃から出てきたか。
　　　・自分の興味や関心は，どのように変化してきたか。
　　⑨これまでの諸点をふまえて，どのように「自分」が確立されてきたか。

Table 3-2　中年期の心理的変化の特徴（岡本，1985）

	内　容	反　応　例	人数	％
否定的変化	1．身体感覚の変化（体力の衰え・体調の変化）	・体力に限界を感じるようになった。 ・運動をしたあとの疲労回復が遅くなった。 ・血圧が高くなって，気分的にもイライラすることが多い。 ・健康に対する関心が増した。	22	100.0
否定的変化	2．時間的展望のせばまりと逆転	・何かをやり始めるにはもう遅すぎると常に感じる。 ・残り時間が少ないという限界感は徐々に深まっている。 ・近親者や友人の死によって，自分があとどれだけ生きられるかを考えるようになった。	15	68.2
否定的変化	3．生産性における限界感の認識	・以前のように仕事がはかどらないし，自分はこのへんまでしかできないのかという気になった。 ・若い頃の理想はうすれて，現実的，消極的になってきた。考えることも，仕事も，すべて，それにあわせている。もうどうにもならないというあせりを感じる。 ・40になってもう自分の人生は終わったという気になった。もう，このままでいいやという感じ。	14	63.6
否定的変化	4．老いと死への不安	・40をすぎると，死はぐっと自分に近づいてくる。40をすぎて自分の死もやはりさけることができないのだと感じるようになった。 ・いつ死んでもよいように身辺整理をするようになった。 ・閉経によって，老いてゆくさびしさや老化した感じがぐんと強まった。	12	54.5
肯定的変化	5．自己確立感・安定感の増大	・これまでは学ぶ時期だったが，40代になってようやく教えることができると感じるようになった。 ・私に対する会社での評価は，ベテランということになってきた。 ・自分は自分でしかない。まわりの条件によって自分が動かされない。 ・40をすぎて，過去の自分の生いたちから，独立した気がする。	14	63.6

　さて，40歳前後の中年期の入り口に，私たちはどのような心身の変化を体験するのであろうか。Table 3-2は，上記のような中年期危機面接において，40代に体験された変化として報告されたものをまとめたものである。自分が中年期に入ったことへの気づき，すなわちもうそれほど若くはないという意識は，さまざまな面で自分の心身の調子が変化してきたことと，それによる限界感の認識から始まっていた。Table 3-2に示したとおり，中年期の否定的変化には以下の4つの側面が特徴的であった。

● 1. 体力の衰え―もう私は若くない―

　中年期の否定的変化を最も如実に認識させるのは，体力の衰えである。自分の身体に関する感覚や感情は，自己イメージを形成する大きな要であり，身体イメージはアイデンティティの感覚とも深く関連している。したがって体力の低下をはじめとする身体感覚の変化は，アイデンティティの基盤を脅かし，再認識させるものであろう。中年期にある人々の生の声を聞くことによって，その心の世界を理解していきたい。

> 「厄年は信じなかったが，40歳の頃から自分では気づかなかったが，医者に血圧が高いと言われました。考えてみれば，体が青年から老年に入る時期だと感じました。昔は運動していても，一晩寝たら回復した。が，今は時間がかかるし，気分的な回復も遅い。それにここ1年位前から気分的にイライラすることが多い。血圧が高いとなんとなく重苦しいし，疲れがとれない。」
> （42歳，男性，公務員）

> 「精神的な意味では，まだ自己拡大の機会は多いと思うが，有限性も感じます。特に，体力的には明らかに限界を感じている。あまりいい感じではないし，情けなくなるが，もう年だからという諦めもある。そして，体力の変化にともなって考え方も変わってきました。」（44歳，男性，会社員）

● 2. 時間的展望のせばまりと逆転―元気な時間はもうそれほど長くない―

　中年期に体験される否定的変化の第2の特徴は，将来に対する時間的展望に関するものである。

> 「もうどうにもならないという気持ちではないが，30代の終わり頃から焦燥感が出てきた。残り時間が少ないという限界感は徐々に深まってきている感じがします。これから，50代，60代となれば，前途に対して成果をあげる余地はせばまっていくような気がします。」（47歳，男性，大学教授）

　この男性が述べているような，「残り時間が少ないという限界感の深まり」や「何かをやり始めるにはもう遅すぎる」という感覚は，時間的展望のせばまりと考えられる。

　中年期に見られるもう一つの特徴は，「時間的展望の逆転」という現象である。

> 「おととし父が亡くなった。自分の恩師や母もその前に亡くなったが，父が死んだことは相当こたえた。父が死んだ時に初めて，人間には寿命があるなと思いました。そのことで，自分があとどれだけ生きられるかを考えました。」
> （42歳，男性，会社員）

　この男性が述べているように，近親者や友人の死，中でも父親の死は，自分の寿命を意識する大きなきっかけとなり，多くの人々は，親の死によって「自分があとどれだけ生きられるか」と，自分に残された寿命を考える。これらは，今まで生きて来た年齢ではなく，これから生きられる年数の方がより重要になり，死の側から自分の年齢を考えるようになったことを意味していると思われる。この「死すべき存在としての自己」の自覚は，単に悲壮感や諦め，抑うつ感をもたらすだけでなく，心の発達，特に独創的な仕事をなしとげていく上で大きな意味をもつことは，第2章で紹介したJaques（1965）によっても指摘されている。

● 3．生産性における限界感の認識―人生の夢は達成できるだろうか―

　中年期の入り口で体験される第3の否定的変化は，仕事における限界感の認識である。中年期にある職業人にとって，体力の衰えと時間的展望のせばまりによる自己の限界感を最も痛切に感じるのは，職業や仕事においてである場合が多い。それは，次のような言葉からうかがわれる。

> 「若い頃の感受性は，今はもうないし理想も薄れてくる。自分の気持ちの上で現実的，消極的になってきました。考えることや行動がすべてそれに合わせている。もうどうにもならないというあせりを感じます。30代まではまだいくらでもできるという感じがあったが，30代の終わり頃から焦燥感が出てきた。大きな壁にぶちあたるという感じでした。体力の低下もある。」
> （47歳，男性，大学教授）

> 「ここ4〜5年，40代の半ば頃から，自分の限界を感じ出した。自分はやっと

この辺までしかできんからダメだなと弱気になっている。人が本を書いているのを見て，よく勉強しとると思う。自分はやれんなと思う。やってみたい気もするが，何か刺激がないとやらんしね，それをのりきってやるというだけの意欲が年齢的に沸いてこない。昔，やっていたようには仕事がはかどらない。さっと単刀直入に入れない。」（51歳，男性，大学教授）

また，限界感の認識によるあせりに加えて，停滞感も現れる。

「40代は割合仕事ができる時期だと言われますが，わりとだれる。私は早熟なのか，皆が40代になってパァーッとこれからが自分の人生だという時に，私はもう人生は終わったという気になった。もうこのままでいいやという感じ。私は，この位の能力のこの位のところだなという諦めが，もうその前からありました。40をすぎる頃から，つくづく自分はうつだと感じるようになりました。40を過ぎて，うつが深まっていく感じ……。これから先，どうなるのだろうと。それにやたらと，未来がないという感じがしますね。30代までは，何かこう，先が楽しいと思っていた。ところが今や全くそれがなくなって，朝起きても，やれやれまた会社に行くのかと。何の計画もない。これをしようということもない……。」（48歳，女性，会社員）

「30代までは，今日の仕事は明日にのばしたらいけないという観念があったが，今頃は，今日できることは明日にしようと考えてしまう。どんどんくたびれてくるからそうなるのかもしれない。仕事をよりよくしようという考え方が，だんだん少なくなってきた。自分はもうこの位しかできない，できることをやればいいというようになってきました。」（44歳，男性，公務員）

● 4. 老いと死の不安——自分も死すべき人間である——

中年期の否定的変化の第4の特徴は，老いと死の不安である。40歳をすぎると，自分が老いていくことや，死へ近づきつつあることへの関心や不安は高まり，老いと死は現実味をもって感じられるようになる。例えば，ある女性は次のように述べている。

「39歳の時，初めてお寺へ行きました。宗教に対する関心がぐっと深まったのは老いていくこと，だんだん死へ近づいていくことへの怖さからだったと思います。40を過ぎると，死はぐっと自分に近づいてくる。30代の頃は，自分

の死はほとんど意識しなかったし，考えたこともなかった。自分の死もやはり避けることができないのだと感じるようになったのは，40歳を過ぎてからのことでした。…まわりの友人の中にも死んだ人がいる。それに42歳は男の厄年だと聞く。自分もそろそろ厄年にかかる。悪い病気をするのではないかという不安を感じました。」(45歳，女性，会社員)

　これまで紹介してきた自己に対する否定的変化は30代までは，ほとんど意識されなかったものである。人は，自分の生命，人生に与えられたよく働ける時間，体力，能力などは無限ではないことは，頭では理解しているつもりでも，30代まではなかなかそれを身をもって実感することは難しい。しかし，中年期の入り口において体験されるこのような変化は，そのことを痛切に思い知らしめる。それはいわば自己の有限性の自覚である。中年期の入り口において体験されるこのような否定的な自己意識は，私たちに，自分の人生はこれでよかったのか。本当に自分のやりたいことは何なのかという自己の生き方，あり方そのものについての内省と問い直しを迫るものである。それは，今までのアイデンティティではもはや自分を支えきれないという自覚であり，アイデンティティそのものの危機であると考えられる。

● 5.　肯定的変化─私はやっと自分らしい自分になった─
　中年期へ入ったことは上で述べたような否定的な変化への気づきによって意識化されたが，中年期の主観的意識の中には，肯定的変化も同時に存在している。

　　「私の人生は今からだという気持ちがしています。今まで積み上げてきたものを今後，残していく。これまでは『学ぶ』時期だったが，──我々は一生学ばねばならないが，──学生に教えていくということは，やっと今からできることだと思います。」(42歳，男性，大学教授)

　　「これまで出会ってきた人のことをよく考えます。そして，どこにいてもやはり私は私だと思うようになりました。家族や友人があっても，結局自分の体験だけが自分のものだと思う。人が何と言おうと自分は自分でしかない。まわりの条件によって自分が動かされない。40歳頃から自分らしさや個性が出

　　て来た感じがします。」（45歳，女性，会社員）

　この他にも，仕事の上でのベテランの意識や地域社会の中で認められて根づいてきたという意識，定住による安定感などは，多くの中年期の人々に体験されることである。これらは多くの場合，40代のはじめに意識されており，40代になってアイデンティティの確立感，安定感が増大してきたことを示している。また，次に紹介するＡさんは，中年期により深いレベルで自己の安定感，確立感を獲得した人である。

　Ａさんは，現在48歳の高校教師である。この人は，大学を卒業後，ある高校で社会科を教えている。30歳の時，肺結核を患い，長期療養を余儀なくされた。その頃から禅やカウンセリングなど，心の内面的なものに関心をもち始めたということである。42歳の時，勤務先の高校から派遣されて，某大学へ内地留学し，1年間心理学を学んだ。以後，勤務先の高校で，生徒の心理教育相談，カウンセリングを担当している。Ａさんは，40代の心の変化について次のように述べている。

　　「42歳の時，1年間，内地留学で単身で東京へ行ったが，あの頃は精神的にガ
　　タガタしていた。今考えても転換期だったと思います。その頃までは，過去
　　の自分の環境や育ち，性格で気になることがずいぶんありました。が，5～
　　6年前から，それは育ちのせいだという気がしなくなった。過去の自分の生
　　い立ちから独立した気がします。」

　Ａさんは，自分を肯定的に見ることができるようになったことが，自分の転換の基盤になったと語っている。この人は，青年期から内省的な性格であったが，常に自分に対して否定的な見方がまさっていたという。40代に上のような内的な転換を体験したが，禅やカウンセリングなど，30代に始めたことが，その頃に実ってきたという実感も体験されていた。Ａさんの場合，外面的には青年期に教師になった時期にアイデンティティは達成されている。しかし，精神的には，それ以降の30代を通じて，真に肯定できる自分を求めて模索が続いていたのである。

　中年期に，本当に自分らしい自分，つまり自己のアイデンティティがよりあざやかに意識化されることは，思想家の書き物などからも認識されるところである。例えば，森有正(1972)は，自分の半生の自己形成過程を回想してつづった「暗く広い流れ」の中に，次のように記している。

　　「私は，大学を出て1，2年した時，自分のやっていることが疑問になってきた。私は，仏文学科を出て，そこの助手のようなことをやっていたが，ある時，そういう大学の研究の意味がわからなくなってしまったのである。（中略）しかし私がフランス文学研究の学科へ入ったのには，かなりの程度，私に責任があったのである。すなわち私は元来歴史が好きで，私自身は大学で西洋史を専攻するつもりであったが，入学願書を出そうとする時に，ある先輩から，私がせっかく小学校の時からフランス語をやったのだから，仏文をやるといいと言われ，ついその気になって，仏文に入ってしまったのである。そういうわけで，選択を誤ったとしても，かなりの程度，自業自得であった。散々煩悶した末，医科へでもかわろうかとさえ考えたが，年齢のことも考え，また一家に対する責任を考えて，そのまま進むことにし（た）。（中略）
　　　色々曲折を経た上，単に他人の思想を研究するのではなく，自分で自分の思想を確かめねばならない，というところに到着した。それは，フランスへ行ってからのことである。これでやっと私は自分で納得のいく自分の仕事に逢着したわけである。その時私はすでに40をすぎていた。（中略）こうして私はこの年になって，人生というものは，その終局点の方から決定的な照明が与えられるのだということがわかってきた。」(pp. 93-95)

　森有正は哲学者である。この人は，1950年，37歳の時，パリに留学し，そのままパリに26年間居続け，1976年にパリで亡くなっている。幼児期からフランス語や西洋の文化に触れ，東京大学フランス文学科に進み，十分の才能をもって研究者の道を選んだ。卒業後は助手になり，やがて助教授[1]になっていく。傍から見れば，そこには何の破綻もなかった。上に引用したように，彼の自己形成過程を見ると，青年期の進路選択は，自分で納得できるだけの模索と意志

決定を行うことなく，いわば早期完了的に決定してしまったことがうかがわれる。しかし，その後，大学に残り助手となり，仏文学やフランスの哲学・思想の研究に深く関与するようになった後に遭遇したアイデンティティの危機，すなわち自分のしていることの意味の問い直しの旅は，中年期に至るまで続いていたことがわかる。

　この人は，その「自分のしていることの意味とは何か」という根源的問いに対して真に納得できる答えを探求するため，大学の助教授のポストを投げ出して，人生後半期をフランスで過ごすことになったのである。このような視点から見ると，森有正もまた，若い頃からの長い内的モラトリアムが中年期に至って初めて終結し，本当の自分を獲得した人であるといえよう。そして彼が述べている，終局点（＝死）の方から見ると，人生というものは決定的に理解されるということは，2．で述べた時間的展望の逆転によるアイデンティティの再認識に通ずるものがある。

　私の友人のある心理学者は，40歳になった時，ようやく自由になったと実感したと，私に話してくれた。自由とはどういう意味かと私が尋ねると，仏教で「自己に由る」というところの自由，つまり自己に由って立つ自己，他者に惑わされない自己を40代になってやっと獲得できたような気がするということであった。

　私自身も，40代を迎えたここ1〜2年[2)]，私の中年期危機面接に応じてくださった方々の言葉が切実に実感されるようになった。まさに，40代の地平は30代とはかなり異なる。成長と衰退，自己内部の上昇と下降の際立った相剋，若い学生や大学院生を育てるという全く新たな課題をはじめとして，公私共々にわたる責任の重さなど，自己と他者に対するものの見え方がかなり深い次元で違ってくるようである。

　私自身の実感からすると，30代はまだ，研究者としてのアイデンティティ形成という山登りの途中であった。道は険しく，背中の荷物もかなり重いもので

1）　大学など高等教育機関の教員のうち，教授に次ぐ職階。優れた知識，能力および実績を有する者であって，学生を教授し，その研究を指導し，研究に従事することを職務とする。2007（平成19）年4月の改正学校教育法施行にともない，現在では，「准教授」という職名となっている。

あったが，目標は明らかであり，しっかりやればきっと山の頂きに立つことができるであろうという自己信頼と活力，そして自分を越えた何か大きな力に励まされているという感覚があった。私が最初の山の尾根に立ったと感じたのは，36～37歳の頃であろうか。次の尾根はまたすぐそこに見えている。これから再び，ステップアップしていこうという気持ちであった。

それは，42歳になった現在[3]とて変わっていない。しかし，「自己の限界感の認識」は，私にとってもかなり深刻なものである。体力の衰え，私の面接調査の中で，ある研究者が言われた「どんどんくたびれてくる」という感覚が，私にも非常にあざやかに実感される。そして，時間の過ぎる速さはまさに脅威的である。しかしながら，研究についての発想や問題意識は，次々と心の中に生まれてくる。これは，一応のところ研究者としてのアイデンティティが獲得されたことからくるのであろう。上昇カーブを描く内的発想と，それを実現しようとするときに直面する体力と時間の限界感，——自己内部でのこの矛盾は，心の中でかなり深刻なものである。

人間存在には，肉体的次元，心理的次元，社会的次元など，いくつもの次元がある。その中には，年をとってもなお上昇し続ける領域と，ある時期から下降に転じる領域とがある。そのギャップ，もしくは乖離が意識されるのが中年期なのであろう。そして，このギャップを無理して埋めようとするところに，中年の焦燥や抑うつ感などが生じてくるのかもしれない。

このような自己の存在に深くかかわる心身の変化に対して，私たちはどのように折り合いをつけていくのであろうか。そして，中年期の入り口において体験された自己の有限性の自覚によって，中年の人々のアイデンティティは，どのように変容していくのであろうか。中年期に体験される意識変化を時間軸にそって分析してみると，その問いに対する一つの手がかりが得られるようである。次の第4章において，中年期のアイデンティティ危機と変容のプロセスを見ていきたい。

---

2)3)　本書の初版は，1997年，著者が43歳の時に刊行された。

第4章

中年の危機を乗り越える

─自分らしさの再確認─

◆ 第1節　中年期の危機とアイデンティティの組み替え

● 1. 中年の危機はどのように訪れるのか

　これまで私たちは，中年期の入り口で体験されるさまざまな心の内面の変化を見てきた。その変化は，私たちのアイデンティティにどのようなインパクトを与えるのであろうか。中年期のアイデンティティ危機は，どのように訪れ，どのように解決されていくのであろうか。この問題を幾人かの人々の実際の体験をもとに考えてみたい。次に紹介するBさんは，現在43歳，住宅関係の会社を経営している。この人の青年期以来の生き方と中年期の転換は，私たちに中年期危機の意味について多くのことを教えてくれる。

　Bさんは，大学卒業後，知人の紹介である建設会社に就職した。この人は，その後若冠30歳で某市支店長となり，以後各地の支店長を歴任し，有能なビジネスマンとして30代を送った。「30代は仕事ばっかりだった。全身を打ちこんでいたし，仕事では誰にも負けんという気であった」とこの人は述懐しているが，まさに会社人間を地でいくような生き方をしていたわけである。

　ところがBさんのエリート人生は，41歳の時，突如大きな危機に見舞われることになった。Bさんは突然の大病で入院を余儀なくされ，今まで味わったことのないみじめさと空虚感を体験した。「力いっぱい仕事をした結果，大病をした。病名さえはっきりせず，家族もガサガサしている。その時なんと人生ははかないものかと思った」とこの人は述べている。

　この大病を契機として B さんは，病院のベッドの上で，これまでの自分の生き方を問い直すこととなった。「これまで自分は，いったい何をしてきたのだろう。仕事はやり甲斐があり，それなりにがんばりは認められてきた。しかし，その業績は，今の自分にとっては何の支えにもなっていない。本当の自分とは何だろうか」——この問いに対して，「誰も自分の生き方を教えてくれない。だから自分の道は自分で決断せねばならないと思った」と B さんは語っている。

　こうして，内面的にも納得できる生き方を模索した結果，B さんは将来の会社幹部を嘱望されていたにもかかわらず，会社を退き自分の会社を設立することを決断した。「これからは，自分の考えと行動が一致する生き方がしたいと思いました。だから会社がいやでやめたのではなく，生きてきた道の方向転換をはかったということです」。その時の気持ちを「今から自分の会社をやっていると，サラリーマンがあと14〜5年後に定年を迎える時には，絶対に精神的な差がつくという希望のようなものがありました」と B さんは述べている。

　それから 2 年後，「まだ会社の経営は安定しているとはいえない」状況であったが，B さんは現在の自分の生き方について，「自分としては，今までよりもはるかに納得できる生き方をしている」と評価していた。

　次は，女性の例を紹介してみたい。C さんは，56歳のある病院の看護師長である。彼女は，30代後半から40代初期の体験について，次のように語っている。

　C さんは，青年期に幼い頃から憧れだった看護師の資格を取ったが，就職しないままに結婚して家庭に入り，30代は 3 人の子育てにエネルギーを注いだ。40歳の時，末子が高校へ入学し，下宿して親元を離れることになった。この時 C さんは，痛切に母親役割の喪失感を体験した。「38〜9歳までは子どものことで一生懸命でした。子どもに手がかからなくなって，私は一人ぼっちになるのではないか。自分も何か生きがいを見つけておかないと，子どものお荷物になるのではないかと思いました」と，C さんは述べている。この気持ちが C さんを人生後半期の生き方の模索，彼女の場合は再就職探しにかりたてることとなった。「何か仕事があれば，寂しさを切り抜けられるのではないかと思いました。それまでは自分の考えというものはなかったと思います。その頃からどうしてももう一度，看護師として働いてみたいと思うようになりました。そ

うしなければ何のために生まれて来たのかわからないような気がしました。」

　こうしてＣさんは，　手を尽くして就職先として自宅から通える病院を探し，42歳で就職した。「その頃は，こんな田舎では女で働きに出る人はほとんどない時だったが，どうしてももう一度，努力してみたいと思い，夫を説得して就職させてもらった」ということであった。現在の自分の生き方については，「看護師の仕事は適職で自分に合っている。就職後，15年間自分のペースで生きてきました。日々の生活にとてもはりがあります」と語っている。

　もう一例，　今度は高校教師Ａさんの中年期の心の変容について見てみたい。このＡさんは，第３章でも紹介した男性である。Ａさんが中年期に体験した自己意識の肯定的な変化については第３章ですでに述べたが，この中年期の心の転換のプロセスを，もう少し詳しく見てみよう。

　Ａさんは現在，48歳である。この人は，幼児期に父親を亡くし，母ひとり子ひとりで育った。このことが，自分の性格形成や進路選択にもかなり影響していると，Ａさんは語っている。Ａさんもまた，40代になって，体力の衰え，関心のせばまりなど，心身の否定的変化を味わい，多くの人と同様，中年期の心身の否定的な変化を体験している。Ａさんは，「42歳頃は精神的な不安定感や自己否定感が強く，転換期だったと思う」と述べている。「その頃，過去の自分の環境，育ち，性格などがしきりに気になった」ということである。そして，自分のこれまでの半生をふりかえり，じっくり考えた結果として，「今から職業や生活様式を変える気はないが，価値観が大きく変わった」という。その変化について，Ａさんは次のように述べている。

> 「45歳を過ぎて，自分を肯定的に見られるようになったことが転換の基盤になりました。過去の自分の生い立ちから独立したような気がします。周囲の者も肯定的に見られるようになり，対人関係も協調的になりました。」

　Ａさんの場合，中年期の入り口で自分のこれまでの道行きに対して，改めてじっくりと深く考えてみることにより，自分に対する見方や対人関係のあり方が大きく変化し，以前の自分に比べて自己安定感・達成感が増大している。

● 2. 中年期のアイデンティティの組み替え

　この3名の人々が中年期の入り口で体験した内的変化のプロセスを見てみると，そこには次のような共通の特質が見出される。

　Bさんは突然の大病，Cさんは末子の巣立ちという役割喪失感，Aさんは前述の2人に比べると穏やかではあるが，心身の否定的な変化と，いずれも40代のはじめに，今まで味わったことのない心身の否定的な変化を体験している。そしてそれがきっかけとなって，これまでの自己の生き方やこれからの将来の生き方への模索が行われている。その結果，自分の生き方の軌道修正・軌道転換が行われ，中年期以前よりももっと安定した肯定できるアイデンティティが獲得されている。特にBさんとCさんの場合は，内的変化にとどまらず，ライフスタイルまで変化する大きな転換であった。

　その中身は三者三様であるが，この3名が中年期の入り口において体験した内的変化のプロセスは，Table 4-1のように表すことができる。上に紹介した3名は，私が行った中年期のアイデンティティ危機に関する面接調査に応じてくださった人々である。この面接調査への協力者全員に共通したプロセスとして，Table 4-1のような4つの特徴的な段階が認められた。このような内的変化は，程度の差はあれ，私たち一般の人々に共通して見られる事象であろう。私は，このプロセスを「中年期のアイデンティティ再体制化のプロセス」と呼んでいる。

　このプロセスについて，もう少し詳しく述べてみよう。

【第1段階　身体感覚の変化の認識にともなう危機期】

　アイデンティティ再体制化プロセスの最初の段階であるこの時期は「もう若くはない」という自分の内的な変化を認識する気づきの段階である。それらの変化は，第3章で紹介したような体力の衰え，自分の人生に残された時間はそれほど長くないという時間的展望のせばまり，老いと死への不安など，さまざまな自己の有限性の自覚である。多くの人々は，このような気づきによって，あせりや無力感，抑うつ感などを体験する。

Table 4-1　中年期のアイデンティティ再体制化のプロセス（岡本，1985）

段階	内　　容
Ⅰ	身体感覚の変化の認識にともなう危機期 ・体力の衰え，体調の変化への気づき ・バイタリティの衰えの認識 ⇩
Ⅱ	自分の再吟味と再方向づけへの摸索期 ・自分の半生への問い直し ・将来への再方向づけの試み ⇩
Ⅲ	軌道修正・軌道転換期 ・将来へむけての生活，価値観などの修正 ・自分と対象との関係の変化
Ⅳ	アイデンティティ再確立期 （・自己安定感・肯定感の増大）

【第2段階　自分の再吟味と再方向づけへの摸索期】

　これらの否定的変化への認識が引き金となって，「自分はこれでよかったのか」「本当の自分は何なのか」という自分自身のあり方，生き方に対する問い直しが起こる。この時期は，改めて自分の人生をふり返り，その意味の問い直しが行われることが特徴であり，それはこれから半生の方向づけを決めるものである。この時期は，定年退職，老後，自分自身の死という人生の総決算が迫ってきているという意識が強く，「もう遅すぎる」「もう間に合わない」という気持ちを強く感じるが，その一方で「まだやれる」という意識も大きい。このようにこの時期は，自分自身に対する不安定感やアンビバレントな意識が体験されることが多い。

【第3段階　軌道修正・軌道転換期】

　次に訪れる「軌道修正・軌道転換期」は，第2段階での「問い直し」と摸索の結果，今後の自分の生き方に新たな方向づけや自己のあり方の再確認が行われ，自分の生き方や生活が変化していく時期である。この時期に，子どもの巣立ち，親や友人の死，役割喪失などによって変化が見られた自分と他者との間に，再び適応した関係が得られるようになる。

【第 4 段階　アイデンティティ再確立期】

　最終段階は，軌道修正の結果，再び安定したアイデンティティが獲得される時期である。中年期転換期の始まりに意識されたさまざまな心身の変化にも慣れ，軌道修正期に得られた新たな方向づけや対象関係にもなじみこみ，それを基盤に内的統合が進んでいく時期である。多くの人々はここで，第 1 段階の否定的変化の認識による危機期よりも，より安定し，自分を肯定できるようになる。

　このように中年期のアイデンティティの組み替え，つまりアイデンティティの再体制化は，4 つの特徴的な段階を経て，行われていく。この 4 つの段階は，中年期以前に獲得されたアイデンティティが，崩壊あるいは動揺し，再び組み直されて安定していくプロセスを示している。

　1970 年代初頭まで多くの人々は，青年期に獲得したアイデンティティでもって，その後の長い人生を送っていける，他の人もそうやっているはずだと考えてきた。成人期にはもはや，大きなアイデンティティ変容など起こらないと考えてきたのである。しかしながら，実際に中年期の人々に面接し，その心の世界を見てみると，上に述べたように多くの人々が，相当深刻な内的変化を体験しているのである。中年期はまさに，青年期に獲得したアイデンティティが再吟味され，組み替えられる，心の発達にとっての転換期であろう。

 ## 第 2 節　ライフサイクルのテーマは繰り返される
―幼児期・青年期・中年期―

　ところで，上に述べた中年期のアイデンティティ再体制化のプロセスは，Fig. 4-1 のようなプロセスとしても理解することができる。

　このように見ると，中年期のアイデンティティの組み替えは，青年期のアイデンティティ形成プロセスと非常によく似た特質をもっているのではないであろうか。私たちの人生には，自己のあり方，自己と他者との関係が心の深いところで変化する時期がいくつかある。いわゆる「発達的危機期」と呼ばれる時期である。これまで，その発達的危機期と考えられてきたのが，乳幼児期と青

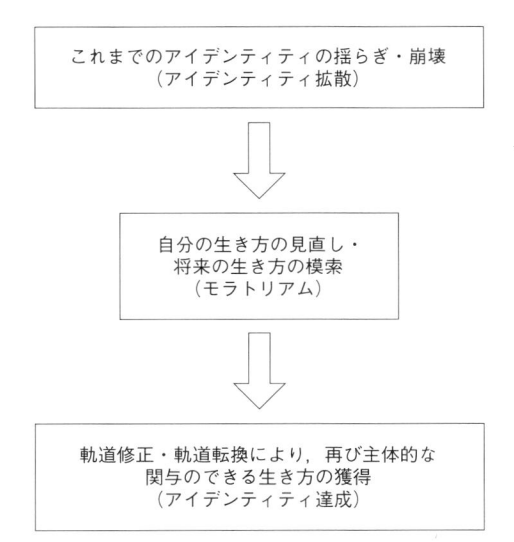

Fig. 4-1　中年期のアイデンティティの揺らぎと再達成

年期である。この2つの時期については，発達心理学や精神分析学において，すでに膨大な数の研究が行われている。その中で，乳幼児期と青年期に見られる発達変化の類似性を指摘したのが，Blos（1967）である。Blos が提唱した，「青年期は，第2の分離－個体化の時期である」という考え方は，ライフサイクルにおける心の発達的テーマは繰り返し訪れるという視点からみると非常に興味深いものである。

　ここで，Mahler（1976）の乳幼児期の「分離－個体化の理論」と，青年期の発達に関する Blos の見解を簡単に紹介しておくことにしたい。「分離－個体化」の理論は，アメリカの心理学者 Mahler によって，乳幼児の母親との関係の綿密な観察にもとづく研究の結果，導き出されたものである。Blos は，この乳幼児期の母子関係の発達変化の特質が，アイデンティティ形成期にあたる青年期にも見られると指摘したのである。

　Mahler は，生後5～6カ月から3歳頃までの時期を，「分離－個体化の時期」と名付け，子どもが母親とは別個の存在として自分を認知し，母親を内在化して母親と最適な距離を保つことができるようになり，最初のアイデンティティの感覚を獲得する時期であるとした。それは，Table 4-2 に示したようなプ

Table 4-2　Mahler, M. S. による乳幼児期の分離−個体化（前田，1985）

年　齢	発　達　期			状　　　態	他　の　概　念
1〜2月	正常な自閉期			自己と外界の区別がない	未分化段階（Hartmann, H.）
4〜5月	正常な共生期			自己の内界（あいまいなもの）へ注意 ↓ 緊張状態では外界へ関心を払う	欲求充足的依存期（Freud, A.） 前対象期（Spitz, R. A.） 3カ月無差別微笑
8月	分離−個体化期	分化期		母の顔，衣服，アクセサリーなどへの手さぐり（外界へ興味） 受身的な〈いない　いない　バー〉	一次的自律自我 移行対象（Winnicott, D. W.）
10〜12月		練習期	早期練習期	母親の特定化 はいはい，おもちゃへの関心 一時的に母から離れる─触れる	8カ月不安（Spitz, R. A.） 情緒的補給
15〜18月			固有の練習期	気分の高揚─自分の世界に熱中 ・積極的な〈いないいないバァー〉 ・母を忘れるが，時折，母に接近し活力を補給する。よちよち歩き 気分のおちこみ，分離不安	母を離れての世界との浮気 　　　　　　（Greenacre, P.） イメージすること
		再接近期		積極的に母に接近─後追い 　（まとわりつき） 飛び出し（母は自分を追いかけてくれるという確信） 言語による象徴的接近 　（象徴的プレイ） 〈世界の征服〉	肛門期（Freud, S.） 快感原則から現実原則へ 記憶想起能力（Piaget, J.）
25月		個体化期		現実吟味・時間の概念 空想と言語の交流 建設的あそび─他の子どもへ関心 反抗	対象表象の内在化
36月 ＋ α 月	情緒的対象恒常性			対象恒常性の萌芽 対象と自己の統合 ↓ 全体対象へ	

ロセスを経て達成される。

【第1段階　身体（の変化）への気づき】

　Mahler の分離−個体化のプロセスの最初の段階は，「分化期」と呼ばれている。この段階は，子どもが「母親」と「自分の体」に気づくことから始まる。

それまで母子一体感の中に生きてきた子どもは母親の顔や姿を積極的に探すようになる。そして，まだ「自分ではないもの」と，完全に気づいてはいないが，「母親」を認知するとともに，子どもは「自分自身の体」に気づくようになる。

一方，青年期もまた，身体的，性的な成熟の始まりとともに訪れる。思春期における月経の始まりや変声など，第二次性徴の発現は，子どもの身体と大人の身体をはっきり区別するものである。幼児期と青年期のいずれの発達的危機期も，身体の変化によって自己イメージが修正されることから始まっているということは興味深いことである。

【第2段階　自己探求と模索】

Mahler による第2段階は，「練習期」と呼ばれ，この時期は身体的な自律性が増大してくることや，這ったり立ったりする動きによって特徴づけられる。分化期に始まった認知の上での分離は，この時期には物理的な分離をともなってきている。子どもは，這い這いやよちよち歩きによって自分が自由に動けるようになり，得意気に自分の新しい世界の探索に熱中しているように見える。母親を忘れているかのように，新しい世界を探索するが，ふと我にかえって，母親の懐に飛び込んでくる。これは，子どもにとってエネルギー補給であり，母親は子どもが遊びや探索を続ける際に，情緒的な供給を得に帰るホームベースの役割を果しているのである。

青年期をこれと比較した場合，青年期における心理−社会的モラトリアムは，Mahler の「練習期」に非常に類似している。モラトリアムは，自分の役割を自由に試みる時期で，この時期に青年は，社会の中に適切な自分の位置を見出す。青年も幼児も，この一時期に自分をとりまく外界のより広い部分を探索して知るようになり，新しい自由感を体験するのである。

【第3段階　自分と対象との関係の変化】

Mahler による第3の段階は，「再接近期」であり，この時期には，子どもの母親からの分離不安や母親への親密さの欲求が増加してくる。それまで，母親から離れていることや自分で動けるようになった自由を楽しんでいた子どもは，この時期に複雑な状況に出会う。子どもは一方では，母親と再び和合する

ことを望み，他方では，母親に再び巻き込まれることを恐れている。子どもは，母親の後を追いかけ，まとわりついたかと思うと，急に母親の膝から飛び出したりする。ただしこの飛び出しは，母親が必ず自分の後を追いかけてきてくれるものと確信してのことである。この時期は，母子の距離のとり方が不安定で難しい時期であるが，このアンビバレンツの解決は，子どもが最初のアイデンティティの感覚を獲得する上で非常に重要なことである。このアンビバレンツは，子どもが最もうまく機能できるような母親との最適な距離をつかむことで解決されていく。

　青年期のアイデンティティの獲得にとっても，青年が自分の属する社会や歴史的な時代の中に受け入れられ，適応できることは重要な一側面である。青年期のアイデンティティ達成も，青年が両親という権威的存在から独立し，自分自身の積極的な活動が可能となる適切な対象関係を獲得することによるところが大きい。

【第4段階　アイデンティティの獲得】

　Mahler による分離−個体化のプロセスの最終段階は，はっきりとした「個体化」の確立の時期である。この段階に達した子どもは，母親と安定した恒常的な関係を獲得する。子どもの心の中には，母親が内在化された存在としてあり，子どもはもはや母親の姿の見えないところでも，安心して自分の世界を楽しむことができるようになる。青年期においても，両親との新しい関係の達成はアイデンティティ形成にとって重要である。

　このように見てくると，乳幼児期の分離−個体化の達成と，青年期のアイデンティティの達成は，非常によく似た特徴をもっていることがわかる。

　さて，話を中年期のアイデンティティの再体制化にもどすことにしよう。本節のはじめに述べたように，中年期のアイデンティティ再体制化のプロセスを分析してみると，これもまた，青年期のアイデンティティ形成プロセス，乳幼児期の分離−個体化プロセスと類似した特質を有している。それは，次のようなことである。

　1．アイデンティティ再体制化プロセスの第1段階は，「身体感覚の変化の認識にともなう危機期」である。中年期における自己イメージの変化も，

自分の「身体の老い」の自覚に深く影響を受けている。中年期危機の始まり，すなわち，中年期のアイデンティティ再体制化のプロセスの第1段階には，さまざまの身体感覚の変化が認識されている。

2．また，第2段階「自分の再吟味と再方向づけへの模索期」に行われる心の作業は，自分の半生の生き方を見直し，これから将来の生き方の再方向づけを模索することである。これは，青年がモラトリアム期に，これまでさまざまな同一化を通して作り上げてきた自己像や，自分の育ちを見直し，試行錯誤しながら，主体的に自己のあり方，生き方を獲得していく体験に非常によく類似している。

3．Mahler および Blos の第3段階のテーマは，自分と対象との関係の変化であった。この自分と対象との関係は，中年期において再び重要な問題となる。多くの中年期の人々にとって，自分の子どもは，思春期，青年期にある。青年期までは，自分と親との関係が重要な問題であったが，今や中年期の人々にとって重要な問題となるのは，自分と子どもとの関係である。子どもが成長するにしたがって，親を必要としなくなることに対する親の悲哀は，子どもたちが青年中期，後期に達し，親に対して距離をおき始める頃に，より現実的に生々しく感じられる。これはまた，子どもが巣立っていくことへの悲哀や不安をも予期させるものである。このことは親の側にも心理的自立と個性化を促すが，そのためには，中年の親はここで自分と子どもとの関係をもう一度，組み立て直さなければならない。

　　また，中年の人々にとって，自分と親との関係も変化してくる。実際，親の死に遭遇したり，本格的に介護が必要になってくると，自分と老親との関係もまた，見直しと立て直しが求められる。

　　中年期のアイデンティティ再体制化プロセスの第三段階「軌道修正・軌道転換期」には，このような中年期に変化が見られた自己と対象との関係に，再び適応的な関係が再獲得されている。

4．そして，第4段階「アイデンティティの再確立期」に，再び安定したアイデンティティが獲得されることである。

以上のことをまとめると，乳幼児期，青年期，中年期の入り口には，次のよ

うな共通の特徴が見られることが理解されるであろう。すなわち，これらのプロセスは，

1．心身共に健康な一般の人々が共通して体験する発達的に正常なプロセスである。
2．身体の変化への気づきによって始まっている。
3．自己探求や生き方の模索などを試みる一時期がある。
4．自分と対象との関係に変化が起こり，
5．その結果，アイデンティティがより確固としたものに再確立される，

ことである。中年期は，乳幼児期・青年期と並んで，ライフサイクルにおける重要な発達的危機期であり，この危機は，アイデンティティの真の確立や成熟にとって大きな意味をもっている。

　こうして見ると，心の発達的テーマはライフサイクルの中で何度か繰り返されるのではないであろうか。Erikson は，「精神分析的個体発達分化の図式」において，人生にはそれぞれ異なる8つの基本的な心理−社会的課題と危機があるとした。もちろんこれは，Erikson の卓見である。しかし，ライフサイクルを通しての心の発達を少し，見方を変えてみると，「アイデンティティの獲得⇨アイデンティティの揺らぎ⇨アイデンティティの再達成」という同じテーマが，ライフサイクルにおける発達的危機期に繰り返し訪れるという見方もできるのではないであろうか。

◆　第3節　多様な中年期の生きざまとアイデンティティ

●　1．中年期の生きざまの多様性をどうとらえるか
―中年の人々は，必ずしもアイデンティティ達成者ではない―

　これまで多くの人々は，青年期に職業や人生観が確立し，自分なりの生き方の方向づけができれば，つまりアイデンティティが達成されれば，その後の成人期はそれを基盤にして，安定した成人期の歳月が続くものと考えてきた。しかし，人生の最盛期を生きる中年の人々は，本当にみんなアイデンティティを達成しているのであろうか。多くの人々は，一定の職業と家庭をもち，少なくとも外から見る限り，社会人としての責任は果たしているように思われる。し

Table 4-3　ライフサイクルにおける3つの発達的危機期のプロセス（岡本，1994）

ライフステージ	乳・幼児期	青　年　期	中　年　期
研究者 プロセス	Mahler, M. S. (1975)	Brandt, D. E. (1977)	岡　本 (1985, 1994)
I	■分化期 （Differentiation） ・自分でないもの （not me）の認識 ・自分の身体への気づき	■身体の変化の認識 ・第1次・第2次性徴の発現 （子どもの体から大人の体への変化）	■身体感覚の変化の認識 ・体力の衰え・体調の変化の認識 ・閉経 ・バイタリティの衰えの認識
II	■練習期 （Practicing） ・母親を情緒的ホームベースとして母子の物理的分離 ・自律感の増大	■モラトリアム ・自分の役割の試み ・社会の中への自分の位置づけの試み ・将来展望の確立の試み	■自分の再吟味と再方向づけへの摸索 ・自分の半生への問い直し ・将来への再方向づけの試み
III	■再接近期 （Rapprochement） ・分離不安の増加 ・母親との親密さの欲求 ⇩ ・母親との最適距離をつかむことによって解決	■自分と対象との関係の変化 ・親からの自立 ・社会への位置づけと社会からの承認の獲得 ・能動的な活動が可能な適切な対象関係の獲得	■軌道修正・軌道転換（自分と対象との関係の変化） ・子どもの独立による親の自立 ・社会との関係，親や友人の死，役割喪失・対象喪失などの変化に対して，適応的な関係の再獲得
IV	■個体化（Individuation）の確立期 ・最初のアイデンティティの感覚を獲得	■アイデンティティの確立	■アイデンティティの再確立

かしながら，内的な心の世界を見た場合，中年の人々は，本当に自分の役割や仕事に主体的にかかわり，自分らしい生き方として納得しているのであろうか。

　実際に，中年の人々に面接してみると，中年期のさまざまな心身の変化を体験して，長く不安定な状態にとどまっている人や，これまでの自分の生き方やこれから人生後半期の将来展望について納得できないまま，その自己探求を放棄してしまった人々も少なからず見られた。このような中年の人々のさまざまなアイデンティティの様態は，どのように理解できるのであろうか。それは，

これまで心理学において長い間，さも当然のように考えられてきた個人差，つまり大人の人生コースや生活状況の多様さからくる個人差として片付けられる問題ではない。中年の人々に見られるこのようなさまざまな状態像の違いは，アイデンティティの発達や達成レベルの相違として見ると，ここに新しい中年像が生まれてくる。

　ここでもう一度，第2章で紹介した Marcia（1964）のアイデンティティ・ステイタス論を思い出していただきたい。Marcia は，青年がどの程度しっかりとした，つまり少々の危機的状況にも揺らぐことのないアイデンティティを獲得しているかどうかの基準として，危機・主体的な模索体験と積極的関与の有無をとりあげ，アイデンティティ達成，モラトリアム，早期完了，アイデンティティ拡散という4つのアイデンティティ・ステイタスを設定した。この4つのステイタスを設けたことによって，アイデンティティ達成のレベルが問題にできるようになったのである。つまり，青年後期にすべての青年が，必ずしもしっかりと自分の育ちを見直し，将来の自分のあり方を熟考して，自分の生き方を確立している訳ではないことを具体的にとらえることが容易になったわけである。

　中年期の人々のアイデンティティ様態は，Marcia の青年期のアイデンティティ・ステイタス論を応用した，中年期のアイデンティティ・ステイタス論によって分析してみると，その特徴を明確に理解することができる。Table 4-4 は，私が定義した中年期のアイデンティティ・ステイタスである。Table 4-4 に示した「I 危機の体験」は Marcia の「危機・意志決定期間」に，「IV 危機後の安定」は Marcia の「積極的関与」に対応する。このような視点から中年期のアイデンティティの様態を見てみると，中年期にも青年期と同様の特質をもつアイデンティティ・ステイタスが存在することがわかる。また，Table 4-5 は，これらの各タイプがアイデンティティ再体制化のどこに位置づけられるかを示したものである。これらの中年期のアイデンティティの各ステイタスの特徴について，もう少し詳しく見ていきたい。

● 2. 中年期のアイデンティティ達成──「本当の自分」の発見──

　このステイタスは，中年期のアイデンティティの再体制化がすでに完了して，

Table 4-4　中年期のアイデンティティ・ステイタスとその状態像（岡本，1985）

アイデンティティ・ステイタス	中年期のアイデンティティ再体制化プロセス				タイプ	人数	状態像
	I 危機の体験	II 自分の再吟味と再方向づけへの摸索	III 危機の解決〔軌道修正・転換〕	IV 危機後の安定（積極的関与）			
アイデンティティ達成	すでに体験した	すでに体験した	すでにしている	している	A再生アイデンティティ達成型	3	中年期に急激な否定的変化を体験し，それを契機に本当の自分の行き方を問い直し，新しいアイデンティティを獲得したタイプ。新しいアイデンティティの獲得によって生活様式や社会的役割に大きな変化が見られ，中年期以前に比べてより深い自己安定感・肯定感が得られた。
					B積極的自己受容型	3	否定的変化は体験されているが，中年期に精神的安定感が増したことが顕著に自覚され，肯定的側面での変化が著しいタイプ。生活様式や社会的役割での変化はないが，中年期に価値観や自分に対する見方の転換があり，内的には，再生アイデンティティ達成型と考えられる。
					C安定マイペース型	5	否定的変化による危機と，それにともなう自分の問い直しや将来の再方向づけの時期を経験しているが，青年期に獲得されたアイデンティティが，そのまま中年期のアイデンティティとして受け入れられている。上記の2タイプほど大きな変化は見られない。

モラトリアム	現在体験中	現在体験中	しようとしている	していない	D模索最中型	2	自分の再吟味と再方向づけへの摸索期の現象が，強く現れているタイプ。子どもの自立などによる「つとめを終えた感じ」や空虚感が強く，人生後半期の生き方を摸索しつつも，未だはっきりとした方向づけが得られていない。
早期完了	あいまいである	あいまいである	あいまいである	している	E軌道内安定志向型	4	否定的変化はさまざまな面で感じているが，受動的に受けとめており，自分の問い直しが少ない。内的には安定しており，現在の生活へもコミットしているが，将来の方向づけは妥協的であるか，あいまいにすまされている。
					F停滞・妥協型	2	否定的変化は意識しているが，中年期に入って，「もうこのままでいい」という気持ちが強く，消極性・停滞感が特徴的である。したがって，自分の問い直しはあいまいであり，将来の方向づけも消極的である。
危機後アイデンティティ拡散	すでに体験した	できない／しようとしていない	できない	していない	G不安防衛型（青年期のアイデンティティ未確立型）	2	青年期の課題を未達成のまま中年期を迎えている。中年期に入り，否定的変化の認識とともに，精神的動揺や不安・空虚感が強く，内的な危機が大きいタイプ。外的圧迫感や無力感が強く，社会的な適応は，一応できているが防衛的である。
危機前アイデンティティ拡散	あいまいである	できない／しようとしていない	できない	していない	H現実逃避型（永遠の青年型）	1	中年期の否定的変化に対して無関心や否認がめだち，これが，自分の問い直しに結びついていない。現在の状況把握にも歪曲が見られ，現実逃避的である。

Table 4-5　中年期のアイデンティティ様態

アイデンティティ再体制化プロセス	I 心身の変化の認識にともなう危機期	⇒II 自分の再吟味と再方向づけへの摸索期	⇒III 軌道修正・軌道転換期	⇒IV アイデンティティ再確立期
心理的安定のレベル	不安定　→　→	→　→　→　→	→　　　→　　　→	安定
否定的変化の認知レベル　深	G不安防衛型			A再生アイデンティティ達成型
中		D摸索最中型		C安定マイペース型
			E軌道内安定志向型 F停滞妥協型	
浅	H現実否認型			
肯定的変化				B積極的自己受容型

再度安定したアイデンティティを獲得している人々である。中年期のアイデンティティ達成型の人々が体験したアイデンティティ再体制化プロセスの中身を詳しく見てみると、次のような3つの特徴的なサブタイプが見出された。

【A　再生アイデンティティ達成型】

　第1のタイプは、中年期の急激な否定的変化を体験し、それを契機に本当に自分らしい生き方を問い直し、新たなアイデンティティを獲得したタイプである。この新しいアイデンティティの獲得によって生活様式や社会的役割に大きな変化が見られ、中年期以前に比べてより深い自己安定感や肯定感が得られたタイプである。第1節で紹介したBさんやCさんは、まさにこのタイプである。

【B　積極的自己受容型】

　第2のタイプは,「積極的自己受容型」と呼ばれるタイプである。このタイプの人々も否定的変化は体験しているが,中年期に精神的成長感や安定感が増したことが顕著に自覚され,肯定的側面での変化が著しいタイプである。Aさんは,このタイプに相当する。このタイプに属する人々は,青年期以来,自分の生き方やあり方に対して納得できる答えが得られず,中年期に至るまで,心の中で長い模索を続けてきた人が多い。そして,中年期に至ってようやく肯定的に受容できる自分が得られた人々である。例えば,次に紹介するDさんもまた,そのような人である。

　Dさんは,現在,43歳の会社員である。この人は,青年期に大学進学をめざしたが,受験に失敗したのを機に進路を変更し,大阪へ出た。大阪で某会社を経営していた義兄について,商売を見習い,将来は自分も経営者になることを志した。30歳の時,郷里へ帰り,ある会社に就職したが,その会社が倒産,転職を余儀なくされた。30代前半の不安定な時期を経て,現在の住宅販売関係の会社に就職して9年になる。会社勤めのかたわら,新聞販売店を経営するなど,今日まで仕事一途に働いてきたという。曲折ながらも商売という点では,若い頃から一本の道を歩んできていると,Dさんは自覚している。家族は,妻と子ども2人がいる。

　Dさんによると,20代は,「兄弟に対する意地もあって」立身出世のみを求めていたが,30代には,より現実的に利益追求をするようになった。40代に入り,外に名利を求める気持ちがなくなり,内面的に安定してきたという。この人は,立身出世や一流の実業家になることを志していた30代までは,常に自分に対して精神的な不安定感があった。40代になって「外へ求めること」をやめてから心は安定し,バランスが保てるようになったということである。彼は,40代初期のこの心の変容の体験を,次のように語っている。

　　「20代は立身出世,30代は一流の実業家として成功することと,若い頃から志ははっきりもっていたつもりですが,自分のものがつかめなくて模索したり,迷ったりした時期は,つい最近までありました。ものの考え方はこれからも変わっていくだろうと思いますが,本当に安定できるものを,今ようやく見

つけた感じがします。外から見た名利ではなく，平凡でよいから，道に志す
ということを考えるようになりました。自分の外に求めることをやめてから，
心は安定してバランスがとれている。そして，仕事にしても陽明学の勉強に
しても，今やっていることに深く打ち込んでやれています。」

　Dさんもまた，現在，自分の老いの自覚など，中年期の否定的な変化を体験
している。しかし，上に述べたような精神的な安定感が体験されるようになっ
たことの方が，その否定的変化を大きく上回っている。将来に対しても，「こ
れから先も，その年に応じた味わいがあるし，それぞれに楽しいだろう」と肯
定的に受けとめており，「やれる範囲で，自分の志をまとめたい」と意欲的で
ある。
　「積極的自己受容型」の人々は，生活様式や社会的役割での変化は見られな
いが，中年期に価値観や自分に対する見方の転換があり，内面的には「再生ア
イデンティティ達成型」であると考えられる。

【C　安定マイペース型】

　第3のタイプとして「安定マイペース型」がある。このタイプは，上に述べ
た「再生アイデンティティ達成型」や「積極的自己受容型」に比べると，中年
期の変容は，穏やかなプロセスとして体験されている。中年期の入り口で，心
身の否定的変化による危機とそれにともなう自分の生き方，あり方，将来の再
方向づけの時期は経験しているが，青年期に獲得されたアイデンティティ，つ
まり生活様式や社会的役割，価値観などはそれほど大きく組み替えられること
なく，中年期のアイデンティティとして受け入れられているタイプである。例
えば次に紹介するEさんは，そのタイプであろう。
　Eさんは，現在48歳，ある大学で心理学を教えている。この人は，かなり大
きな農家の長男として生まれたが，家業や土地などは弟に譲り，自分は大学院
に進学して研究者の道を選んだ。大学院修了後，公務員として役所に勤務した
あと，30代半ばで大学に戻っている。この人は，40代の心の変容について次の
ように語っている。

「40代はじめまでは，転勤をよくしました。それが，自分が変わる節目になってきたような気がします。が，少なくともそれは，衰退の方への節目ではない。そのつど，もっと新しい仕事をやってやろうという気持ちになりました。この大学にずっとおれば，定年は63歳だが，私はむしろ，今でもできれば変わりたいという気持ちがある。椅子一つでも，また新しいのが手に入るし（笑）……。新しい人間関係ができるし。そういう意味では，転勤は私自身の新しい部分にチャレンジできました。

　私は，若い頃は心理学の中でもこの分野をやる気はなかった。その意味では夢はずれだが，私はそれをあまりがっかりしていない。自分の生き方というのは，こんなもんだろうと思っているから。その時の事態に応じて生きていこうという人生になっている。というのは，自分の生い立ちも影響している。私は，兄弟のうちであまりできがよくなかった。できのいい人なら，自分でレールを作って走れるが，ぼくくらいの成績となると，カメレオン的になるんです。40代になって思うに，ぼくの生き方は，そんなものだった。しかし，あまり挫折している感じはしない。新しいものを求めて右往左往している感じでしょうか。」

　Eさんの人の言葉からも明らかなように，この人は，非常に積極的なエネルギッシュな人で，職場を変わることが自分自身の新しい能力や人間関係を開拓する節目になってきた。中年期の体験として，体力の衰えなどは自覚されているが，それがネガティブな方向への転換であるという意識はない。

● 3. 中年期のモラトリアム―自分らしい生き方の模索―

　次に，中年期のモラトリアム型の人々について考えてみよう。中年期の入り口は，アイデンティティの組み替えが起こりやすい時期であることからすると，中年期にも，これまでの生き方を見直し，将来展望を模索するモラトリアム的な状況が体験されることは多い。次に紹介する「D 模索最中型」は，まさに現在，その状況の最中にいる人々である。

【D　模索最中型】

　このタイプは，自分のこれまでの生き方の見直しと将来へ向けての再方向づけへの模索の最中にある人々である。子どもの自立などによる「つとめを終えた感じ」や空虚感が強く，人生後半期の生き方を模索しつつも，未だはっきり

とした方向づけが得られていない。このタイプは，アイデンティティ再体制化プロセスの第2段階にある。したがって，これから将来の生き方の模索がうまく進めば，アイデンティティ達成型に移行していくであろう。例えば，Fさんは，このタイプである。

　Fさんは，現在42歳の専業主婦である。Fさんは，3人姉妹の末子として育った。両親とも教師をしており，かなりきびしい祖母に育てられた。Fさんによると，「母親が家庭的でなかったため，母親のようにはなりたくない」と思い，高校を卒業後，洋裁を習い，まもなく結婚した。その後，3人の子どもに恵まれ，末子が小学校入学後，一時期，パートで勤めに出たほかは，専業主婦として生活してきた。Fさんは，「家庭中心の生活を心がけてきたことは，今でも誇りにしている」と述べ，40代になった現在についても，「結婚後10年くらいは，夫も自分も病気がちだった上に，子育てで苦労したが，ようやく落ち着いてきた感じがする。子どもに手がかからなくなり，さびしい気持ちよりもほっとした感じの方が強い」と語っている。「結婚後はただ，目の前のことをやってきただけだったが，ようやく自分をふり返る時間ができ，自分を大切にした生き方をしたいと考えるようになってきている」という。

　彼女は，40代における心の変化について，次のように述べている。

　　「40歳の年に，パートでしたが，1年間，小学校の事務へ勤めに出ました。そこでいろんな人に会って，すごく変わりました。このままではいけないとその前から思っていましたが。私の場合，次々お産をして，そんなに考える暇がなかったんです。1番下の子どもがお腹にいるときに，この家を建てたんです。それに，主人も長い間，病気をしていたので，自分のことなど考える暇などありませんでした。……やっとここまで来て，ふり返ってみて自分は何のために生きてきたのかわからないような気がしたんですね。これまでの生活は，看病と子育てだけだったと。みんな，このくらいのことはしているのでしょうが，これは浮かばれないなと………（笑）。で，何かできることはないかと思っていますが，それがわからない。時間ができたのは，今なので。何かしたいと思っているのですが……。」

　Fさんのこの言葉には，中年期における自分のこれまでの半生の生き方への問い直しが見事に表現されている。Fさんの場合，現在，まさにこれからの生

き方の模索が始まったことを示しており，中年期のモラトリアムの典型であろう。そしてこのタイプは，これから将来の生き方の模索がうまく進めば，アイデンティティ達成型に移行する可能性も高い。

●　4.　中年期の早期完了―私の生き方はもうこのままでいい―

　中年期の早期完了型は，現在の生活への積極的関与はしっかりと行われているが，これまでの自分の生き方の見直しと将来へむけて納得できる生き方の模索があいまいにすまされているタイプである。このステイタスは，状態像によって，次の2つが見られる。

【E　軌道内安定志向型】

　このタイプは，中年期の否定的変化はさまざまな面で感じているが，受動的に受けとめており，その心身の変化の体験が自分への問い直しに結びついていない人々である。内的には安定しており，現在の生活へもしっかりとコミットしており，社会的，家庭的な責任は果たしているが，生き方の見直しや将来の方向づけは妥協的であるか，あいまいにすまされている。

【F　停滞・妥協型】

　このタイプも，E軌道内安定志向型と同様，中年期の否定的変化の体験が自己の問い直しに結びついていない人々である。このタイプの人々は，中年期に入って，E軌道内安定志向型の人々よりももっと，「もうこのままでいい」という気持ちが強く，消極性と停滞感が特徴的である。例えば，次に紹介するGさんは，その一例である。

　Gさんは，現在，48歳の女性新聞記者である。この人は青年期以来，紆余曲折の人生行路を歩んで来ている。Gさんは，大学を卒業後，教師になったが，半年で退職し，20代は適職を求めて転職を繰り返した。20代半ばに結婚し，女児をもうけたが，夫と「相性が悪くて」離婚した。30歳で，記者として現在の新聞社に就職し，「ようやく自分に合った仕事が得られたような気がした」という。現在は，娘は大学生になり，自宅外から大学に通っている。Gさんにとって，20代は転職を繰り返し，自分らしい生き方と適職を求めての模索期であっ

た。この間に結婚と離婚も経験しており，彼女は，20代は「適職は見つからず，両親は不仲で，しきりと自殺を考えた」ほどの苦難の時期であったという。彼女は，30歳で納得できる仕事を得た後，35歳頃，ようやく内的な模索が終わり，精神的な安定感が増大してきたと述べている。

40代になった時の気持ちを，Gさんは次のように語っている。

「年とともに成長してきている感じがします。20代は，ひとりでアパート暮らしをしていて，家庭をもっていない自分がすごく頼りない不安な感じがしていました。ここ4〜5年，そういう劣等感は感じなくなりました。これが私だというものはまだ説明できない。そういう意味ではまだ自己確立ができていない不確実感はあります。でも，若い頃からみると，自分がかたまってきている。若い頃の模索が終わったのは，34〜5歳頃で，妙に落ち着いてきました。」

一方，この人は，中年期の心身の変化として，体力や意欲の低下や，新しいものへの関心のせばまり，仕事がはかどらないことや，仕事の上での限界感の認識，自分の中の「老人性」と馴れ合ってきているという感じなど，否定的な変化を鋭く認識している。Gさんは，青年期以来，常に自分を見つめ，自分の生き方をはっきりと意識してきた人であった。しかし，中年期に至って「もうこのままでいい」という気持ちが次第に強くなり，消極性や「老い」と馴れ合って生きている感じが自覚されている。次のGさんの言葉は，彼女の現在の気持ちを実にうまく表現している。

「私の一生のうちで今は，ヨットハーバーで停泊中のような感じがします。何か，自分がそういうことができたらいいなという気持ちもある。ヨットで沖をつっぱしることはしたくない。いつもハーバーでつながれて，ゆらゆらしているのがいい。ゆりかごで眠っているものへの郷愁でしょうか。保護されていてあぶなくない。しかも誰からも邪魔されない。今，なんとなく消極的に生きている。逃げの姿勢でいるような気がします。だから，忙しくてもなくても，木陰におりたいと思う。」

● 5.　中年期のアイデンティティ拡散
—私の人生はもうとりかえしがつかない—

　最後に，中年期のアイデンティティ拡散について述べてみたい。このタイプは，少なくとも心理的レベルでは現在の自分の生活にしっかりとコミットできず，自分の生き方に安定感が得られていない人々である。中年期のアイデンティティ拡散型も，その状態像によって，次の2つの特徴的なタイプが見られる。

【G　不安防衛型】

　このタイプは，青年期の課題を未達成のまま，中年期を迎えている。中年期に入り，否定的変化の認識とともに，精神的動揺や不安・空虚感が強く，内的な危機が大きいタイプである。外的圧迫感や無力感が強く，社会的役割は一応果たせているが，防衛的である。例えば，次に紹介するHさんはこのタイプにあてはまる。

　Hさんは，47歳の大学教授である。Hさんは，ある地方都市郊外の農村で生まれ，高校卒業までそこで育った。中学時代に父親を亡くし，その後，勉強を続けるために大きな苦労をした。本当は，大学院に進学して研究を続けたかったが，家庭の経済的な事情で断念し，大学卒業と同時に郷里へ帰り，高校教員をするかたわら，家業である農業に従事した。しかし，変化のない生活に対する充足感のなさと，もっと勉強したいという気持ちをおさえることができず，高校を退職して，大学院に進学した。その時，すでに家庭があったため，大学院時代は別居生活が多く，苦労したという。大学院修了後，助手[1]を経て，41歳のとき，現在の大学に助教授[2]として赴任した。この頃から，家族と同居できるようになり，ようやく家庭的にも落ち着いてきた。

　Hさんは，青年期以来の自分の道行きについて，次のように語っている。

　　「私は，中学3年の時，父親が亡くなり，自分をとりまく状況が急激に変わりました。中学・高校では，みじめな思いを重ねました。友達は順調に進学していくのに，自分は行けない。満足に勉強できなかった。自分を卑下してい

---

1)　現在は，「助手」の職名は「助教」となっている。
2)　現在は，「助教授」の職名は「准教授」となっている。

ました。例えば，大学を卒業した時点で，本当は大学院へ進みたかった。が，勉強を続けようと思っても，なかなか事情が許さず，そういううまい調子にはいかなかった。だからやむなく就職しましたが，いつか機会を得たら，という気持ちがあり，それがずっと消えなかったのです。

　中学・高校時代，不幸な目に会っているものですから，悲しい思いや無常感みたいなものを身近に感じてね。人生とか，人間の死とか，恵まれないこととか，不足のめぐりあわせなどを深刻に考えました。年足らずだったものですから，なおさら……。それがずっと尾を引いている。今のようにいくぶん，地位や経済的に恵まれても，そういう暗い面も残っている。私の場合は，高校，大学，大学院と終えてきているが，その時期がふつうの人よりもずれている。その意味では，自分で世界を開いて来たという思いもありますが，その反面，不足の思いの方を，もっと強く感じます。」

　Hさんは，父親を早く亡くし，自分が早くから一家を支えていかねばならなかったという事情のため，青年期にモラトリアムの時期をもつことができず，早期自立を強制された。しかし，アイデンティティの確立感を得られず，転職や大学院進学など，アイデンティティ確立の試みは，30代前半まで続いている。30代半ば，大学院を終えて助手のポストを得，研究職についた頃には，一応，アイデンティティは達成されたように見える。しかし，これまでずっと無理をしてきているという思いや，外からの圧迫感や自己不全感は，ずっとこの人の心の基底にある。自分の力の及ばないところの事情で，自分の生き方や可能性が随分曲げられ，せばめられたという意識は，今日まで解消されずに残っている。そして，中年期にある現在，自分の志にかなうポストや家族とともに郷里に定住するという安定は得られたが，内面的には，周囲のペースに乗れなかったという思い，時を逃してしまったという取り返しのつかない思いに支配されており，内的な安定感は乏しい。

　Hさんは，第3章で紹介した，中年期のさまざまな否定的変化を強く体験しており，不安定感は中年期になって，さらに増大しているようである。Hさんは，現在の気持ちを次のように語っている。

　「30代までは，職場のことでも家庭のことでも，不測の事態の繰り返しで，そういう不安と動揺を断ち切りたいという思いは，いつもありました。そうい

　　う人生につきまとう悩みは，いつか遠ざかりたい，40歳になったら，もう悠々
　　とできるのではないかという思いは昔からありました。ところが，全然好転
　　しない。ますます憂いが深くなる。今，やっと一息つけるようでも，またい
　　つか，周期的に，例えば病気や事故などいろんなできごとがまた繰り返され
　　るのではないか。今は，短い安息のひとときで，また先に対してかまえをし
　　ておかなければ，という気持ちがあります。私の心は，確たるものがないの
　　で動揺しています……。」

　このように，Hさんは，将来に対しても不安定な状態や不幸な事態が繰り返さ
れるのではないかという不安や，それに対処しきれないのではないかという思
いが強い。
　この事例は，中年期以前の発達的危機がうまく解決されていないことによっ
て，中年期の危機がさらに増幅されて体験されている不安防衛型の典型的な事
例である。不安防衛型にあたる事例は，社会的適応は一応できているが，内的
には非常に不安定であり，中年期のアイデンティティ再体制化プロセスにおい
ては，第1段階の「否定的変化の認識にともなう危機期」にある。
　これまで紹介して来た「A再生アイデンティティ達成型」から「F停滞妥協
型」までのタイプは，この第1段階の危機期は一応，すでに通過している。特
にA，B，C型は，アイデンティティ再体制化のプロセスが完了し，安定した
中年期のアイデンティティを再獲得している。また，D，E，F型も，一応危
機期は脱し，第2段階の「自分の再吟味と再方向づけへの模索期」，あるいは，
第3段階の「軌道修正・軌道転換期」を通過しようとしている。しかし，この
「G不安防衛型」は，現在，中年期の危機の激しい嵐の中にあり，しかも，他
のタイプに比べて，その危機の時期が非常に長いことが特徴的である。そして，
中年期以前の危機をうまく乗り越えていない体験があるために，中年期の危機
もうまく解決されずに，現役引退期や高齢期へ持ち越される可能性も大きい。
その意味で，このタイプは，臨床的にも注意する必要があろう。
　中年期のアイデンティティ・ステイタスとして見出されたタイプのうち，最
も不適応タイプと考えられるのが，最後に紹介する「H現実否認型」である。

【H　現実否認型】

　このタイプは，中年期の否定的変化に対して無関心であるか，その心身の変化の体験を否認，つまり気づかないふりをしている。したがって中年期の変化の体験は，全くアイデンティティの問い直しに結びつかない人々である。このタイプの人々は，現在の自分の状況把握にも歪曲が見られ，現実逃避的である。次に紹介するＩさんは，このタイプにあてはまる。

　Ｉさんは，現在，43歳。地方のある田舎町で生まれ育った。若い頃は，画家になりたいと考えた時期もあったが，「才能がないために断念」した。大学では，特にこれといった理由もなく，歴史を専攻した。しかし，両親は，勉強することに対して理解がなく，学生時代はみじめであったという。大学を卒業後，ある大学に事務職として就職し，まもなく結婚した。今日まで同じ職場へ勤めている。

　この人は，大学時代を回想して，「学生時代は仕送りも少なくみじめで，人付き合いもあまりできなかった」と述べている。Ｉさんは，「心理的に，これまでの半生の中で最も大きなできごと」であるという大学時代のある心理的外傷体験以来，ずっと否定的，消極的な人生観をもち続けてきた。この人は，それについて，次のように述べている。「それ以来，コンプレックスが強くなり，どんどん研究や仕事をやっていく気にもならなくなった。考え方もネガティブな方向へ向いてしまい，どちらかというと補助的な仕事しかできなくなった。自信がなくなって，圧迫感も強く感じました。」

　Ｉさんは，今日まで同じ職場に勤めているが，中年期までの人生は，「惰性で続いてきた」という。彼は，自分の仕事に対して次のように述べている。

　　　「世間並に仕事に熱中できない。何かしらける。一応，生活できるし，これ以
　　　上，生活をよくしてどうこうなど全く考えない。一時的に仕事熱心のように
　　　見せかけることはあるが……。事務の仕事のナンセンスさは，何か人をバカ
　　　にしたような感じがします。」

　この人の社会的な適応を辛うじて支えているのは，仕事や生活への慣れによる消極的な安定感であろうか。この人の唯一の楽しみは「（酒を飲んで）酔うこと」であるという。

　これまで紹介してきた4つのアイデンティティ・ステイタスの8つのタイプは，いずれも普通の社会生活を送っている一般の中年男女への面接調査から導き出されたものである。したがって外面的にはみんな，社会的役割と責任を果たし，安定した大人の人生を生きているように見える。しかし，その心の内面では，必ずしもアイデンティティ達成とはいえない人々も数多く存在していることが理解されるであろう。

● 6.　中年期の危機が解決できないタイプ

　これまで見てきたように，中年期の入り口はライフサイクルの中で大きな転換期である。そして，ここで体験される心身の変化によって，アイデンティティは揺らぎ，組み替えられていく。そのアイデンティティの再体制化の進み方によって，中年の人々の心の世界は大きく異なってくるのである。

　また中年期は，それ自体，内的な転換期であることも重要なポイントであろう。私の面接調査に応じてくださった人々がすべて，アイデンティティの再体制化が完了して，再び安定したアイデンティティを獲得していたわけではない。それはすでに見てきたとおりである。D 模索最中型は，現在その再体制化プロセスの途上にある。また，E 軌道内安定志向型，F 停滞妥協型，G 不安防衛型，H 現実否認型は，中年期の課題を未達成のまま，中年期を通過してしまう可能性も高い。この E～H 型にあてはまるような人々については，これまで一応，社会的な適応はできているため，このような内面的な問題については，あまり目を向けられることなく見過ごされてきた。しかし，これらのタイプは，発達的に見ると，重大な問題を内包しているのではないだろうか。

　まず E 軌道内安定志向型，もしくは F 停滞妥協型について考えてみたい。このタイプの人々は，社会の中に少なからず存在している。このタイプの人は，青年期以降の人生を，青年期に獲得したアイデンティティの枠組の中だけで生き，それを確認するだけで中年期の危機を乗り越えようとするタイプである。中年期にさしかかり，今まで味わったことのない心身の変化を体験することによって，私たちは若い頃とは違った心の姿勢を求められる。つまり，中年期を乗り切るためには，これまでの自分の価値観や関心のもち方を少し方向転換する必要がある。例えば，体力の衰えを感じ，自分はもうそれほど若くないと自

覚した時，がむしゃらにがんばるだけが価値があるのではない，あるいは出世や金もうけだけが人生の目的ではないといった考え方の転換ができればよい。しかしながら，このタイプの人々は，別の価値観や人生の楽しみ方へ思いをめぐらすことができず，今までどおりの生き方を貫こうとする。おそらくこのタイプの人々は，現役からの引退を余儀なくされる定年退職期——この時期も第6章で述べるように，人生後半期の重要な発達的危機期であるが——に，ことさら大きなアイデンティティ危機に遭遇する可能性が高いであろう。

　次に，G不安防衛型について。このタイプは，中年期以前の発達的課題が未達成であり，「青年期のアイデンティティの未確立型」とも呼ぶことができよう。このタイプの人々は，職業への主体的な関与，自分の支えとなる人生観・価値観の獲得など，青年期の課題が未達成のまま，中年期を迎えてしまったタイプである。これまでは親の援助や若さのゆえに何とか問題が表面化せずにやってこられたが，中年期の否定的変化を体験して，自分と家族を支えきれないことから，問題が顕在化してくる。

　最後に，I現実否認型について考えてみよう。このタイプの人々は，年齢相応の心の成熟性が達成されておらず，中年期に至っても，自分の実際の年齢や心身の否定的変化を否認している。中年期に無理に若づくりをして若く見せようとしたり，むきになって若い人とはりあう人を時々見かけるが，彼らはこの典型である。このような人々は，自分の本来の姿に直面するのを避けているため，年齢に応じた成熟性を獲得することができず，若い人々を導くというErikson の「世代性」の課題を達成することも困難であろう。

　このように見てみると，中年期のアイデンティティ危機の体験の仕方は，青年期のアイデンティティ形成と深い関連性をもち，また人生後半期のアイデンティティにも影響を及ぼしていることがわかる。次の第4節では，中年期のアイデンティティ危機と発達にとって，青年期のアイデンティティ形成がどのように影響しているのかという問題について考えてみたい。

第4節　青年期のアイデンティティ形成は中年期の危機に どのように影響するか

　第3節で見てきたように，中年期のアイデンティティは，それまでの人生行路のあり方に大きく影響されている。それは，特に，青年期のアイデンティティ形成のあり方に深く関連している。ここでは，中年期のアイデンティティ発達における青年期の意味について考えていきたい。

1.　中年期から回想された青年期のアイデンティティ形成

　中年期のアイデンティティ危機は，青年期のアイデンティティ形成とどのようにかかわり合っているのであろうか。また，青年期に獲得されたアイデンティティは，以後の成人期にどのように発達・変容していくのであろうか。この問題について考察するために，私は，中年期の人々に半構造化面接を行い，青年期のアイデンティティ形成から中年期の今日に至るまでのアイデンティティ変容のプロセスについて語ってもらった。

　青年期のアイデンティティについては，中年期にある現在，ほぼ15〜25年前を回想してもらい，次のような内容について，それぞれいくつかの着眼点を添えて質問した。

　1.　青年期に人生観，価値観，生き方についての迷いや試行錯誤，模索を体験したことがあるか。

　2.　定職につく，結婚する，人生観が定まるなど，自分が安定したのはいつ頃か。どのようにその生き方に打ち込んだのか。

　3.　青年期以降，これまでの生涯の中で，人生の節目になったこと，自己意識や自分をとりまく状況に大きな変化があった時期があるか。もしあれば，その内容について。

　Table 4-6は，青年期のアイデンティティ・ステイタスから中年期のステイタスへの変化経路を示したものである。これは，上のような内容の半構造化面接から得られたデータを，青年期から中年期の現在に至るまでのアイデンティティ・ステイタスの変化として分析したものである。Table 4-6の中の青年期のアイデンティティ・ステイタスは，これらの中年期の人々の青年期の

Table 4-6　青年期のアイデンティティ・ステイタスから中年期のステイタスへの変化経路

(岡本, 1986)

青年期のステイタス	中年期のステイタス	概　　　要
アイデンティティ達成(8)*	アイデンティティ達成(5)	中年期の新たな危機もうまく解決して，再びアイデンティティを達成した。
	早期完了(3)	中年期に至って次第に活力がなくなり，中年期の新たな危機に際して，それほど真剣にアイデンティティの問い直しを行わない。
モラトリアム(5)	アイデンティティ達成(3)	青年期以来のアイデンティティの探求が初めて終結し，アイデンティティを達成した。
	危機後アイデンティティ拡散(2)	青年期以来のアイデンティティの探求の努力にもかかわらず，アイデンティティが達成できない。中年期に至って次第に活力がなくなり，積極的に関与する生き方が見出せないまま，アイデンティティの探求を放棄しつつある。
早期完了(6)	アイデンティティ達成(2)	中年期の危機を契機に，初めて真剣なアイデンティティ探求を行い，主体的な生き方を選択してアイデンティティを達成した。
	モラトリアム(2)	中年期の危機を契機に，初めて真剣なアイデンティティ探求を行っている最中である。
	早期完了(2)	中年期危機もあいまいに受けとめ，真剣なアイデンティティの問い直しに結びつかない。青年期以来のパターンが持続している。
危機前アイデンティティ拡散(3)	アイデンティティ達成(1)	中年期危機を契機に，初めて真剣なアイデンティティ探求を行い，主体的な生き方を選択してアイデンティティを達成した。
	早期完了(1)	中年期の危機もあいまいに受けとめ，真剣なアイデンティティ探求に結びつかない。
	危機前アイデンティティ拡散(1)	中年期の危機に無関心。成り行きまかせ。青年期以来のパターンが持続している。

*　（　）内は人数を示す。

時点でのアイデンティティ様態を正確に表しているとはいえないかもしれない。それは，中年期にある現在，人々の心の中に記憶として刻み込まれている青年期の自己像である。しかしながら，その回想によって得られた青年期のステイタスは，次に述べるように各ステイタスによって非常に異なる特徴を示していた。そのうちわけは，Table 4-6 に示したとおりである。

　アイデンティティ達成型に分類された人々は，20代のほとんどを費やして，真剣な生き方の模索を行っており，職業や生き方の方向づけがほぼ定まるのは，30歳前後であった。一般の人々に比べると，自己の安定感が得られた年齢は遅いが，方向づけが得られた後の充実感や安定感は大きく，自分の選択した職業や生き方に深く打ち込んでいた。

　モラトリアム型の人々は，アイデンティティ達成型と同様に，20代はさまざまな役割や仕事に挑戦し，適職や納得できる生き方を求めての模索を体験していた。このステイタスの人々も遅くとも，30歳前後には定職を得て，外面的には生活は安定していたが，アイデンティティ達成型と異なって自己確立感は乏しく，以後も内面的には真に自我関与できるものや納得できる生き方を求めての模索や自己探求が続いていた。

　早期完了型は，自分らしい生き方を求めての模索体験はほとんどなく，20代前半ですでに自分の職業や家庭を得て，それにしっかりと関与していた。「会社は自分の分身とまで感じた」，「仕事がおもしろく，自分の生き方など考えたこともなかった」という語りのように，このタイプの人々は，職業に対する関与は深い反面，人生観・価値観に関しては，ほとんど意識したことがないか，あるいは自分の所属するものの価値観をそのまま自分のものとして疑問をもつことなく受け継いでいることが特徴的であった。

　危機前アイデンティティ拡散型の人々は，青年期に模索体験をほとんどもたず，職業や生き方が決定されており，その後も意欲的に自分の仕事や生活に取り組む姿勢は薄く，自分の生き方に対する関心の乏しいことが特徴的であった。

● 2. 青年期以降のアイデンティティの発達変化の道すじ

　これらの人々は，以後の成人期にどのようなライフコースをたどったのであろうか。

(1) アイデンティティ達成型のその後

　青年期にアイデンティティ達成型であった8名は，30代には，青年期に獲得されたアイデンティティがほぼ維持されていた。この時期には，職業生活は安定し，自己安定感も増大しており，これらの人々にとって30代は，青年期のアイデンティティが自分になじみこみ，定着していく時期であった。

　中年期には，この8名のうち5名は，同じくアイデンティティ達成型であり，3名は早期完了型に変化していた。前者の5名は，第3章で述べたような中年期の入り口で体験される心身の変化という新たな危機に主体的に取り組み，自分の生き方の問い直しと将来の再方向づけへの模索を行って，再びアイデンティティの再確立に達した人々である。一方，早期完了型に変化した3名は，中年期の新たな危機に際して，主体的に自分を問い直すことが少なく，中途半端な安易な解決ですませていた。

(2) モラトリアム型のその後

　青年期にモラトリアム型であった人々は，青年期以降も内的安定感は乏しく，30代を通じて生き方の模索を継続していることが特徴であった。これらの人々は，青年後期・成人初期に定職につき，家庭をもって，外面的には青年期にアイデンティティは獲得されているにもかかわらず，真に傾倒できる価値観・思想や真の自己像を求めての精神的な模索は，その後も長く続いていた。

　この5名の人々はすべて，中年期にステイタスが変化しており，そのうち3名はアイデンティティ達成型，2名は危機後アイデンティティ拡散型に変化していた。アイデンティティ達成型に変化した3名は，青年期以来の長いアイデンティティ探求の旅が中年期にようやく終わりを告げ，初めて自己確立感や内的安定感が獲得された人々である。このタイプにあてはまるAさん，Dさんの中年期のアイデンティティ変容については，私たちはすでに詳しく見てきた。ここでは，Dさんの青年期から中年期に至るプロセスをもう一度，簡単に振り返ってみたい。

> **【事例】Dさん（43歳，男性，会社員）**
>
> 　青年期に大学進学か，両親の生き方を引き継いで商人になるか，かなり深刻に迷った。結局，商人の道を選び，20代は義兄について商売を覚えた。30歳の時，郷里へ帰り，ある建設会社に就職した。30代は仕事一筋に働き，真に納得できる価値観を求めて努力したが，自己安定感は乏しかったという。「20代は立身出世，30代は一流の実業家として成功することを夢見てがんばった。が，自分のものがつかめなくて，模索したり迷ったりした期間は，40歳頃まで続いていた」「40代になって，外に名利を求めることをやめ，平凡でよいから本当に道に志すことを考えるようになって以来，心は安定しバランスが保てるようになった」という。中年期の現在，体力の低下，残り時間の少なさは感じるが，内的な自己確立感の方がまさっており，安定している。

　このタイプの人々は，青年期以来の長いアイデンティティ探求の旅が，中年期に至って初めて終わりを告げたのである。

　一方，モラトリアム型から危機後アイデンティティ拡散型へ変化した2名は，上の3名とは対照的に，20代，30代を通じて自己確立をめざして模索し，努力してきたにもかかわらず，それが成就せず，中年期の心身の変化の体験にともなって，次第に活力がなくなり，これまでのアイデンティティ探求を放棄してしまったタイプである。このタイプとしては，第3節で紹介したHさんがあてはまる。

> **【事例】Hさん（47歳，男性，大学教授）**
>
> 　中学時代に父親を亡くし，苦学した。大学卒業後，家庭の事情で大学院への進学を断念し，郷里で高校教員のかたわら農業に従事した。しかし，変化のない生活の空虚感と，20代からの学問への志向があきらめきれず，30歳を過ぎて大学院へ進学した。当時，すでに家庭があり，大学院生，助手の30代は別居生活が長く，苦労した。41歳で現在の大学へ転勤し，ようやく生活が安定した。しかし，志をとげ，職業や生活の充実をはかろうとする思いよりも，「周囲のペースにのれなかった」という意識，「時を逃してしまったというとりかえしのつかない思い」に支配されており，内的安定感は非常に乏しい。今後，業績を上げられる余地は非常に少ないと感じている。

　危機後アイデンティティ拡散型の人々は，諸々の事情により，青年期に納得できるアイデンティティ探求が許されなかったため，それが30代までひきのばされていること，進学や結婚など，人生における重要な意志決定が，なされる

べき時になされなかったため，「のり遅れ意識」や「とり返しのつかない思い」を強く感じていることが共通している。

(3)早期完了型のその後

　青年期に早期完了型であった6名は，20代，30代を通じて，20代前半に得た職業や専業主婦としての結婚生活に深く関与しており，自分の生き方に対する疑問や不安をほとんど意識しないほど，生活に没頭していた。

　このタイプは，中年期には，心身の変化の体験という新たな危機を主体的に受けとめ，対処するか否かによって，アイデンティティ達成型，モラトリアム型，早期完了型という3つの方向に分かれていく。アイデンティティ達成型に変化した3名は，青年期には真剣な模索体験なく獲得したアイデンティティを，中年期に至って初めて主体的に問い直し，これからの生き方を模索した末に，新しい生活様式や社会的役割を選択してアイデンティティを再確立したパターンである。BさんやCさんは，その典型的な事例であるが，その道行きをここで，もう一度ふり返ってみたい。

【事例】Bさん（43歳，男性，会社経営）

　Bさんは，大学卒業後，知人の紹介で某建設会社に就職した。30歳で某市支店長となり，以後各地の支店長を歴任し，有能なビジネスマンとして30代を送った。ところが，Bさんのエリート人生は41歳の時，突如大きな危機に見舞われることになる。Bさんは，突然の大病で入院を余儀なくされ，今まで味わったことのないみじめさと空虚感を体験する。この大病を契機としてBさんは，これまでの自分の生き方を問い直すこととなった。こうして外面のみならず，内面的にも納得できる生き方を模索した結果，Bさんは将来の会社幹部を嘱望されていたにもかかわらず，会社を退き自分の会社を設立した。それから2年後，「まだ会社の経営は安定しているとはいえない」状況であったが，Bさんは現在の自分の生き方について，「自分としては，今までよりもはるかに納得できる生き方をしている」と評価している。

【事例】Cさん（56歳，女性，看護師）

　Cさんは，青年期に幼い頃から憧れだった看護師の資格を取ったが，就職しないままに結婚して家庭に入り，30代は3人の子育てにエネルギーを注いだ。40歳の時，末子が高校へ入学，下宿して親元を離れることになった。この時Cさんは，痛切に母親役割の喪失感を体験した。このことがCさんを，人生後半期の生き方の模索，彼女の場合は再就職探しにかりたてることとなった。「何か仕事があれば，寂しさを

> 切り抜けられるのではないかと思った。それまでは自分の考えというものはなかったと思う。その頃からどうしても，もう一度看護師として働いてみたいと思うようになった。そうしなければ何のために生まれてきたのかわからないような気がした」と彼女は述べている。
>
> 　こうしてCさんは，42歳で就職した。「その頃は女で働きに出る人はほとんどない時だったが，どうしてももう一度，努力してみたいと思い，夫を説得して就職させてもらった」ということであった。現在の自分の生き方については，「看護師の仕事は適職で自分に合っている。就職後，15年間自分のペースで生きてきた。日々の生活にはりがある」と語っている。

　これらの人々は，中年期に至って初めて，自分の生き方に対する主体的な模索と意志決定を行ったと考えられる。

(4)アイデンティティ拡散型のその後

　青年期に危機前アイデンティティ拡散型であった3名は，そもそも自分の生き方に対する関心が乏しいことが特徴であった。中年期には，このうち2名はアイデンティティ達成型と早期完了型にそれぞれ変化していた。アイデンティティ達成型に変化した1名は，中年期に至って初めて真剣なアイデンティティ探求を行った結果，アイデンティティを達成した人である。また，最後の1名は，中年期にも危機前アイデンティティ拡散型にとどまっていた。これは，第3節で紹介したⅠさんである。このタイプは，青年期以来，一貫して，自分の生き方に対する関心や意欲が乏しく，アイデンティティ探求に取り組んだことがないことが特徴的であった。

　このように見てみると，青年期のアイデンティティ形成のあり方は，後の人生に大きな影響を及ぼしていることが理解される。それは単に，青年期以降の人生行路の方向を決定するだけでなく，その意志決定が主体的に，しっかりと納得できる形で行われているかどうかが，その人の後の生き方にとって極めて重要な意味をもっていることがわかる。

　中でも，早期完了型の人々は，青年期の模索と意志決定にあたっての主体性のレベルが浅いことが特徴的である。このタイプの人々は，青年期に主体的な模索体験と意志決定を行わず，成人期を迎えている。しかし中年期を迎えて，それまでのアイデンティティでは自分を支えきれず，より深いレベルで本当に

自分らしい生き方や自己のあり方が問い直されることになる。上に紹介した B さん，C さんは，その結果，中年期に至って初めて主体的な模索体験と意志決定を行ったわけである。その意味では，この人たちは，中年期に初めてアイデンティティを達成したといえよう。

　一方，モラトリアム型の D さんのようなタイプは，青年期に一応，定職を得るか，家庭をもって，外面的にはアイデンティティを達成したにもかかわらず，内面的には，30代を通じて自己探求が続いている。このような「内的モラトリアム」型の人々は，自己の依拠する深い意志決定を保留している。さらに H さんのように，青年期に自分の志望する方向へむけての進路選択が許されなかった人，もしくは自己の境遇を受容するという形で意志決定ができなかった人は，内面的にはアイデンティティ拡散型であったといえよう。

　このような青年期から中年期にかけてのアイデンティティの発達・変容プロセスを検討した研究は，1990年代に入っていくつか試みられるようになった。例えば，Josselson（1987），Hart（1990），Kroger & Haslett（1991）による研究は，いずれもアイデンティティ・ステイタス論をもとに，青年期以降のアイデンティティ・ステイタスの発達過程を分析したものである。

　Josselson は，青年期から中年期までの女性のアイデンティティ・ステイタスの発達プロセスを検討している。彼女の研究は，『自分自身の発見（“Finding Herself”）』という単行本として1987年に出版されているが，この研究では次のような非常に興味深い知見が得られている。

　Josselson は，20〜22歳の女子大生60名に Marcia のアイデンティティ・ステイタス面接を行い，10〜12年後に同窓会名簿を頼りにフォローアップ面接を行うという精力的な縦断研究を行っている。その結果，女性の場合には，早期完了型と達成型が多かったが，前者の場合は，「心理的に家を出る」ことをほとんどせずに，親への強い愛着がそのまま保持される形での人間関係様式の中に身を置き，そこで安定を得るという特徴が見られた。達成型には，もう少し自分独自の選択をしたり，変化に向けて開かれているところが見られたが，両者とも不安が少なく，可能性に向けての探求を制限する保護的環境のもとで，むしろ快適に適応した生活を送っていた。拡散型は，親密な人間関係を作りにくく不安が高く，心理的な問題を多く抱えていたが，10年の間に幸運な外的な力

によってよい方向に転じている者も見られた。モラトリアム型は，最もリスクの大きい不安定さを抱えてドラマチックな様相を呈し，葛藤や苦労を多く背負っていたりして，他のステイタスとは異なった特徴を示していた。

　また，Hart（1990）は，Q技法を用いて，女性の大学生時代と中年期におけるアイデンティティ・ステイタスの変化を縦断的に検討している。その結果，大学4年生時にアイデンティティ達成型であった女性は，43歳の中年期に最もよく成長し，肯定的な人生評価をしていた。大学時代に早期完了型であった者は，伝統的な女性のライフスタイルを疑問なしに受け入れていた。モラトリアム型であった者は，早期に労働組合に入るなど，43歳の時点では最も非伝統的な生活を送っていた。またこのタイプの人々は，不満のレベルが最も高かった。約半数の女性は，21歳の大学時代と43歳の中年期に，同じステイタスに分類された。なお，拡散型の女性は対象者が少なかったため，分析できなかったということである。

　さらにKrogerら（1991）は，40〜63歳の男女100名に，Marciaの面接法に性役割領域を加えたアイデンティティ・ステイタス面接を実施し，青年期から中年期までのアイデンティティ・ステイタスの発達プロセスについて検討している。学歴およびライフスタイルによって8つのサブグループを設定した結果，それぞれのステイタスの変化経路には著しい相違が見られた。全体的には，アイデンティティ・ステイタスの変化経路は，「アイデンティティ拡散⇨モラトリアム⇨アイデンティティ達成」のプロセスが最も多かった。また，パーソナリティとライフスタイルは，アイデンティティ・ステイタスの変化に大きくかかわる要因であることを見出している。

　これらの研究は，本章で述べた私の青年期から中年期までのアイデンティティ・ステイタスの発達経路の分析の結果を，おおむね支持するものである。成人期をも発達期としてとらえる成人発達観は，今日，広く認められるようになった。さらに今日では，成人期の心の発達を，人生の岐路に遭遇するごとに，これまでの自己のあり方や生活構造の破綻や破れに直面し，一時的な混乱を経て，再び安定した自己のあり方が形成されていくという「危機⇨再体制化⇨再生」の繰り返しのプロセスとしてとらえる見方が注目されている。

　これらの研究は，アイデンティティ・ステイタス論が成人期の発達的研究の

理論的枠組として有効であることを示唆するものであろう。成人発達研究の進展にともなって，成人期の心の発達の様態が明らかにされつつある。成人期の心の発達的変化は，どの次元でとらえられるのであろうか。それは，自我の構造にまで至る本質的な発達変化なのであろうか。それとも，より表層的な社会的なレベルのものなのであろうか。この，成人期の発達は，どのレベルでとらえられるのかという問題は，アイデンティティの生涯発達にとって，今後の重要な課題であろう。

　さらにまた，Hart の成人期のアイデンティティ・ステイタスの発達経路に関する研究によると，中年期には青年期のアイデンティティ・ステイタスの半数は他のステイタスに変化している。これは私の研究の結果も同様である。これらの変化プロセスや，そこにかかわっている要因の分析も，成人期にアイデンティティが発達・成熟していくための要因や条件を考察する上で，今後の重要な課題である。

第 5 章

中年期の世代性とアイデンティティ

—ケアすることを通じたアイデンティティの発達—

 第 1 節　ケアすることの意味

　第 3 章，第 4 章において私たちは，中年期のアイデンティティの発達と危機について見てきた。中年期の入り口には，相当大きな心の変容が体験され，私たちのアイデンティティにも大きなインパクトが与えられること，だからこそこの時期は，心の発達・成熟について，重要な意味をもつことが理解されたと思う。これまで述べてきたことは，私たちの個としてのアイデンティティが，中年期までにどのように発達変容していくかという問題であった。しかしながら，はじめに述べたように，私たちのアイデンティティは，一個人の内的な心の変容のみでなく，他者とのかかわりの中で発達，深化していく面も少なくない。その理論的な枠組は，第 2 章第 5 節ですでに述べたとおりである。本章では，この関係性にもとづくアイデンティティについて，具体的な問題を通して考えてみたい。

　精神分析学の祖である Freud は，「大人であることはどういうことか」という若き Erikson の問いに答えて，"Work and love"，つまり「働くことと愛することである」と述べたといわれている。この答えは，まことに的を射た卓見である。この Freud の見解を Erikson は，精神分析的個体発達分化の図式（Table 2−1，p. 22）の中に，Ⅵ親密性，Ⅶ世代性として組み込んで，自らのライフサイクル論を発展させたことが読み取れる。

　また，第 2 章ですでに述べたように Erikson の個体発達分化の図式の中には，

相互性（mutuality）という概念を見出すことができる。これは，「与えると同時に得る」という心理的相互作用を人格発達の中に見ようとするものである。例えば，幼児と母親を「育てられるもの」と「育てるもの」という一方向的な関係ではなく，互いに「育てられると同時に育てる」存在としてとらえようとするものである。母親は，幼児の世話をすることによって，幼児期の心理−社会的課題である「自律性」「自主性」の達成を手助けしているわけであるが，このことは同時に，母親自身の心理−社会的課題である「世代性」を達成することにもなるのである。このように見るならば，育児体験は，世代性という成人中期の心理−社会的課題の達成に大きく寄与している。つまり，他者に深く関与し支えることは，すなわち自己のアイデンティティの発達につながることを，Erikson はこの図式の中に示唆しているわけである。

　Freud や Erikson の考えを少し，見方を変えるならば，大人として生きることは，他者の存在に責任をもつということであろう。ほとんどの成人は，社会の中で職業や家庭をもち，それぞれの役割と責任を果たしながら生きている。特に家庭において，子どもや配偶者，老親といった自分にとって「重要な他者」に自分のもてるエネルギーを注ぎ込むことは，大人の人生を生きる上で不可欠の要件ではないであろうか。これは，Erikson がすでに世代継承性という概念でもって指摘したことである。私たちのアイデンティティは，ライフサイクルの重なりの中で，他の世代と深くつながり，他者を世話する，つまり自分の獲得したアイデンティティでもって他者を支え，育てることによって，成長，発達していくのではないであろうか。

　日常生活や社会生活を営むために，「ケア」は重要な媒体である。しかし，私たちの現実の生活を見ると，ケア役割はアイデンティティの支えになりにくいことも多い。私が，ケアすることの意味について関心をもつようになったのは，ある青年とのごく個人的な会話からである。彼は，青年期に高校中退や何度かの精神的不調など，苦労を重ねたが，そこから見事に立ち直り，学校に入り直して介護福祉士の資格をとり，ある老人ホームに就職した。現在は2児の父親であり，公私共々，安定した生活をしている。彼が，老人ホームの介護士というケアする仕事を選択したのは，自分の育ちの中で欠落していた穴を補うという深い意味があり，私は，彼がその職業を選択したことによって，青年期

のアイデンティティが一応のところ，獲得されたことを確信したものであった。

　その彼が，仕事でのストレスがたまると，1年に1，2回，私の研究室を訪ねてきて，あれこれ話していく。彼が言うには，エプロンをかけて，高齢者の排泄の世話をしたり，食事を食べさせたりする仕事は，「本当の自分」らしくない。自分としては，腰に工具をたくさんぶらさげて電柱に上って修理をするような仕事の方が，はるかにスカッとするということであった。「もちろん，お年寄りの世話は大切な仕事だということはわかっているし，職業を変える気はしないが」と，彼は付け加えたが。彼の話からは，世話する仕事がいかにエネルギーを要する仕事であるか，その役割の重要性と労力に比べて，いかに認められない仕事であるか，そして男性がこのような世話する仕事についていることの自己内部での意識の葛藤があることが汲み取れたものである。

　子育てにせよ，高齢者介護にせよ，ケアする仕事や役割は，なぜネガティブな側面が強調される困難な仕事とされるのであろうか。それは，ケアする仕事が次のような特質をもっているからであろう。第1は，長時間労働による疲労，他の活動を制限されることによる欲求不満，生存に関与する緊張感，正答がなく不安要素の大きい労働であることなど，ケアする仕事そのものの特性である。

　第2は，ケアされる側である子どもや高齢者の要因として，体質や病気，扱いにくさなどへの心配や困難さが考えられる。第3は，ケアする側の要因として，母親や介護者の健康状態，神経質や不安を感じやすいなどの性格，対人関係能力，家族関係，育児や介護に関する知識，育児・介護観，人生観などの影響があげられる。第4として，核家族にともなう家族内の潜在的サポート力の低下や，母親ひとり，妻または娘ひとりに負担が集中するなど，社会・文化的要因が考えられる。しかも，育児も介護も，結果の出にくい（したがって評価されにくい），極めてファジィな仕事であるため，生産性を上げることや首尾よく課題や目的を達成することを志向した今日の一般社会の価値観にはそぐわないのかもしれない。

　また生活レベルで見た時，ケア役割がアイデンティティの支えになりにくいこと，さらには一般社会において，ケアすることの意義や価値の認識が浅いことの一因として，心理学研究に「生活」の視点が欠けていたことがあげられるのではないであろうか。生活的自立は，表層的なこととして，心理学的関心の

対象になることは少なく，人間にとってより本質的な主体的自己確立の中に取り込まれ，見逃されてきた。しかし現実には，生活身辺の自立ができない青年や成人，特に男性は数多く，このことが関係性の発達にとって重要な実践的，理念的鍵である「ケア・世話」に対する認識を滞らせてきたと考えられる。

　第1章で述べたようなライフサイクルや社会の変化の見られる今日，私たちは，ケアすることの意味を，もう一度確認しておく必要があるのではないであろうか。そして，ケア役割を担うことによって発達していくアイデンティティの側面もあるはずである。ライフサイクルの中で見られるケア役割の代表的なものが，子どもを育てることと老親の介護・看取りであろう。第2節以降，このような子育てや介護を担うことが，どのようなアイデンティティ葛藤を引き起こし，またアイデンティティの発達にどのように影響しているのかを考えていきたい。

 ## 第2節　子どもを育てることと親の側の発達

　第2節では，まず子どもを育てるということが，今日，アイデンティティにどのような葛藤を引き起こし，また，アイデンティティの発達にどのように影響するのかという問題について考えてみたい。ここでもう一度，第1章で紹介した「現代女性のライフサイクルの木」（Fig. 1-1, p. 8 ）を思い出していただきたい。これは，今日のライフサイクルの変化にともなって，成人期の女性のライフコースが多様化し，どのライフコースにも心の発達の上での危機や困難な問題点があることを示したものである。少子高齢社会の進行が女性の生き方に及ぼす影響を，アイデンティティ論の視点から展望してみると，そこにはいくつかの共通したテーマが浮かび上がってくる。

　その中心的な問題は，成人初期や中期においては，母親役割だけでは自分を支えきれないというアイデンティティ葛藤であり，成人後期においては少ない子どもが親の長い老後を看取ることによって生じる，介護役割が個人のアイデンティティを圧倒してしまうという，もう一つの葛藤がある。いずれもケア役割を担うことが，ともすれば個としてのアイデンティティに大きな脅威を与えかねないという現象であろう。これらの問題について，ライフステージを追っ

て考えてみたい。

● 1. 育児期の女性のアイデンティティ葛藤
——少ない子どもを育てることにともなうストレス——

　1970年代までは，出産から子どもが幼児期までのいわゆる子育て最中期は，これまで長い間，女性の人生の中で比較的安定した時期であると考えられてきた。出産・育児にともなう心身の大変さはあっても，母親役割が自分の生活の中心にあり，母親役割を果たすことで，自己の存在意義をしっかりと確信できたからである。しかしながら，1980年代以降，少子化社会の進行にともなって新たなストレスが生まれつつある。

　第1は，たった一人か二人の子どもしか育てないのだから「よい子」に育てなければならないという母親のある種の「強迫観念」ともいえる問題である。例えば，乳幼児を対象にした過度の早期教育や，私立の幼稚園や小学校の受験などもこうした問題に関連していると思われる。また，母子密着による子どもと母親双方の分離 − 個体化の阻害などが見られるが，これは比較的早くから指摘されている問題である。

　第2に，かつては母親役割を果たすことで育児期の女性のアイデンティティは安定していたものが，今日においては子どもが少ないがゆえに，育児期においてさえも，母親役割だけでは自己を支えきれないという問題がある。子どもが少ないために，若い母親にとって育児に費やす物理的な時間やエネルギーは，ひと昔前ほどは要らなくなった。また，このような物理的な問題に加えて，1980年代以降は情報量の多い時代になった。例えば，SNSなどのメディアには，生き生きと生活している女性が明るく颯爽と登場する。また自分の周囲にも，幼い子どもを育てながら仕事やいろいろな活動をしている人はたくさんいる。そのせいか，今日では，まだ子どもが小さいのに「働かなくてはいけない」と思っている女性，「自分も何か外で活動しなければ」「せめてパートにでも」とやみくもに外へ出る主婦が増加している。また，家事・育児専業の毎日であっても，心ここにあらずで気持ちは子どもにではなく，家庭の外へ向いている主婦も多い。このような状況はメンタルヘルス上，あまりよい状態とはいえない。これらはすべて，母親役割だけでは自己のアイデンティティを支えきれないと

いう現象を示している。

　大日向（1988）は，昭和初期（1926年頃），昭和20〜25（1945〜1950）年，昭和45（1970）年前後の3つの時期に子育てをした女性の育児の意義や育児に対する意識に関する世代間比較を行い，現代女性は，自分の生きがいは母親であることとは別のものと考える傾向にあることを見出している。これは今日，空の巣期にある女性ばかりでなく，育児期の女性においてさえ，母親役割だけでは自己のアイデンティティを支えきれないことを示唆するものであろう。このことは，関係性に根差した「母親アイデンティティ」と個の確立にもとづいた「個としてのアイデンティティ」の相克・葛藤を意味している。

　また今日では，育児ノイローゼや幼児虐待は，特殊な母親だけが体験するものではなく，一般的な普通の母親も「子育てはつらい」「我が子がかわいく思えない」などの気持ちをもつことが，日常茶飯にあることは広く知られるようになってきている（金沢，1993）。

● 2.　母親アイデンティティと個としてのアイデンティティの葛藤と統合

　それでは実際に，育児期の母親はどのようなアイデンティティ葛藤を体験しているのであろうか。また，その葛藤体験に個人差があるならば，それはどのような要因によるのであろうか。私は，育児期の女性のアイデンティティ様態を，①個としてのアイデンティティと②母親アイデンティティという2つの次元からとらえ，子育て期の女性のアイデンティティ葛藤と統合のあり方，および家族関係に見られる特徴の関連性について，調査を行ってみた（岡本，1996a）。

　調査対象者は，幼稚園に通う子どもをもつ母親147名，平均年齢33.2歳，対象者の83％が核家族，77％が専業主婦であった。質問紙調査の内容は，Rasmussen（1964）のアイデンティティ尺度，花沢（1992）の母性理念質問紙，③家庭生活，夫との関係，夫の育児・家事への協力，自分の人生や生きがいなどに関する5ポイント・スケールの質問，および文章完成法（SCT）である。

　この研究では，個としてのアイデンティティと母親としてのアイデンティティが，個々人の中でどのように統合，あるいは葛藤しているかという視点から，育児期の女性のアイデンティティ様態について，Table 5-1のような4

Table 5-1　アイデンティティ様態の4タイプの定義

（岡本，1996a）

タイプ	個としてのアイデンティティ達成度	母性意識の高さ	人　数
Ⅰ　統合型	高	高	47
Ⅱ　伝統的母親型	低	高	35
Ⅲ　独立的母親型	高	低	30
Ⅳ　未熟型	低	低	35

タイプを想定した。これらのタイプは，それぞれⅠ統合型，Ⅱ伝統的母親型，Ⅲ独立的母親型，Ⅳ未熟型と命名した。これらのⅠ～Ⅳタイプは，理論的には質的に異なる次のような特徴をもっている。

　Ⅰ統合型は，個としてのアイデンティティがよく達成されている。しかも母性意識も高いことから，母親役割を反映した母親としてのアイデンティティもよく達成されているタイプである。このタイプの人々は，個としてのアイデンティティの達成の上に母親アイデンティティもよく確立されており，両者をうまく両立させているタイプである。

　Ⅱ伝統的母親型は，個としてのアイデンティティの達成度は低い。しかし，母性意識は高いことから，母親役割を反映した母親アイデンティティはよく達成されている。このタイプの人々は，母親としてのアイデンティティが，自分のアイデンティティ意識の中心を占めているため，個としてのアイデンティティと母親アイデンティティの間の葛藤は少ないと考えられる。

　それに対して，Ⅲ独立的母親型は，個としてのアイデンティティの達成度は高いが，母性意識は低い。このタイプの人々のアイデンティティの中核は，個としてのアイデンティティである。彼女らは，物理的には母親であるが，母親としての意識が乏しく，母親アイデンティティの確立が不十分な人々である。このタイプの人々は，4タイプの中で，個としてのアイデンティティと母親アイデンティティの間に矛盾や葛藤を感じることが最も多いと考えられる。

　Ⅳ未熟型は，アイデンティティ達成度，母性意識ともに低く，個としてのアイデンティティと母親アイデンティティの両方とも確立が不十分なタイプである。このタイプも，両者の間の葛藤を体験することが多いと考えられる。しか

し，個としてのアイデンティティを大切にしたいがために，母親役割の遂行や母性意識が不十分になりがちなⅢ型と異なって，Ⅳ型の葛藤体験は，発達的に未熟であるがゆえのものである。

　文章完成法 SCT の反応内容をもとに，各タイプの特徴を分析したところ，各タイプによって次のような著しい相違が見られた。

　Ⅰ統合型は，自分の人生と育児の両者を意義あるものとして肯定的に受けとめ，主体的，積極的に関与していることが特徴的であった。さらに自分の人生と育児が調和しており，育児によって自分自身が成長してきたことや，育児が生きがいになっていることが明確に意識されていた。また，SCT の各刺激項目に対して，家族に対する記述が多く，夫を信頼し，高く評価していることが推察された。

　Ⅱ伝統的母親型は，自分の人生に対しては肯定的で満足しているが，Ⅰ型と比較すると，現在の生活や将来に対する主体性はそれほど高くない。また，自分の人生に対する明確な意識や展望が乏しいことが特徴的であった。育児に対しては，子どもの気持ちを大切にするよい母親であろうとする姿勢が4タイプの中で最も強く，自己意識の中に占める子どもの存在の大きさがうかがわれた。育児に対してはアンビバレントな反応も多いが，このタイプのアンビバレントな感情は，「大変だけれど楽しいもの」「夢いっぱいだが悩むことも多い」などの反応に示されているように，子育てにしっかりと関与し，積極的に取り組んでいることから体験されていた。これは，Ⅲ独立的母親型の，「子育ては苦楽に満ちているが生きがいではない」というような，育児への関与の浅さからくる気持ちの揺れとは異なるものであろう。Ⅱ伝統的母親型の夫に対する意識は肯定的であるが，子どもの父親あるいは，いることがあたりまえの家族員としてとらえており，一人の人間としての受けとめ方は見られなかった。

　Ⅲ独立的母親型は，上記のⅠ・Ⅱ型とは異なり，個としての生き方が前面に出ていることが特徴的であった。母親である自分は「不思議」という反応が象徴的に示しているように，母親としてのアイデンティティが自己にしっかりと定着し受容されていないことが推察された。夫に対しても対等で，独立した生活者として意識されていた。

　Ⅳ未熟型は，4タイプの中で否定的な意味合いの反応が最も多く見られ，不

適応的タイプであると考えられる。自分の人生に対しても不満や漠然感が強く，将来展望もかなり悲観的であった。育児に対しても否定的，消極的であり，母親としての自分を受容できていない反応が多く見られた。夫に対しても拒否的であったり理解し合えていないことが推察された。

　また，各タイプに見られる家庭生活への満足感や夫婦関係の特徴についてみてみると，Table 5-2に示したような結果が得られた。これらの結果は，Ⅰ統合型は他のタイプに比べて家庭生活への満足感が高いことや，夫からの理解の程度も高いと認知していることを示唆している。つまり，家事・育児に対して夫が実際にどの程度，協力しているかという問題ではなく，自分が夫から人格的によく理解されていると認識できることが，育児期の女性を支えるのである。夫が妻の生き方を理解し，心理的に支えていくことが，育児期の女性にとって個としての自分と母親としての自分の両者を受容し，アイデンティティを統合させていくことにつながるのである。

　この研究によって示唆されたように，子どもをもつすべての女性が母親であ

Table 5-2　各タイプ別に見た家庭生活，夫の理解，家事・育児に対する協力への満足感

(岡本，1996a)

タイプ	人数		家庭生活の満足感	夫の妻への理解の程度	夫の家事・育児の協力度	夫の家事・育児の協力に対する満足感
				項　　目		
Ⅰ統合型	47	M	4.32	4.08	3.80	3.76
		SD	0.70	0.85	1.11	1.07
Ⅱ伝統的母親型	35	M	3.85	3.45	3.40	3.34
		SD	0.77	0.78	1.11	1.05
Ⅲ独立的母親型	30	M	3.93	3.73	3.66	3.66
		SD	1.04	0.98	1.37	1.32
Ⅳ未熟型	35	M	3.74	3.57	3.85	3.34
		SD	1.01	1.03	1.16	1.23
Total	147	M	3.99	3.74	3.69	3.54
		SD	0.89	0.93	1.18	1.16
有意差検定			Ⅰvs. Ⅳ*	Ⅰvs. Ⅱ*	n.s.	n.s.

*$p < 0.05$

ることを受容し，母親である自分を自己の生き方の中に統合しているわけではない。特にⅣ未熟型は，母親であることへの不適格感や母親役割を否定する傾向が強いこと，同時に自分の人生に対する不満や不適応感，漠然感も高いことが示唆された。また，Ⅲ独立的母親型は，育児に対して否定的，消極的であり，母親であることにアンビバレントな感情が強く，葛藤状況にあることが推察された。Ⅰ統合型は，個としての自己と母親としての自己が調和し統合されており，4タイプの中で最も成熟したアイデンティティを達成していると考えられる。このように，個としての自己と母親としての自己の統合のあり方は，育児期にある女性のアイデンティティの状態像を示す重要な視点の一つであると思われる。

　これら4タイプの女性の家族との関係を分析すると，Ⅰ統合型が夫を最も積極的，肯定的に受けとめており，家族に対する積極的な関与がしっかりとできていることが示唆された。Ⅱ伝統的母親型も，家族や夫に対する意識は肯定的であるが，Ⅰ型に比べて主体性の程度は低い。Ⅲ独立的母親型は，夫と対等であることが意識されており，自立性が感じられるが，子どもに対する姿勢は，否定的，消極的な面が多い。またⅣ未熟型は，夫や子どもに対して拒否的であったり，積極的関与が不十分であることが示唆された。

　また，家事，育児に対する夫の実際的な協力度では，Ⅰ～Ⅳタイプに有意差が見られなかったにもかかわらず，統合型の女性は他型に比べて，夫への信頼感が有意に高く，夫からの理解の程度を最も高く認知していた。この結果は，女性のアイデンティティ統合や関係性にもとづくアイデンティティの達成に家族をはじめとする他者の心理的サポートが重要な意味をもつことを示唆するものであろう。

● 3.「空の巣」期のアイデンティティ危機

　次に，ポスト子育て期，いわゆる「空の巣」期のアイデンティティ危機について考えてみたい。「空の巣」期の女性のメンタルヘルスがよくないことは，比較的古くから指摘されてきた。この時期には，台所に立つとめまいや吐き気，頭痛などが起きて炊事が手につかなくなる「台所症候群」，中年期に飲酒を始め急速にアルコールへの傾斜が進むアルコール依存症，空虚感，無力感，抑う

つ感などのような不定愁訴などが好発しやすいが，これらの症状の背景には，子どもの自立への動きにともなう母親役割の喪失感，「空の巣」の状態へおかれたことによる不安定感が存在している。この「空の巣」状態は，少子化の進行によって，これまでよりも早く到来することになった。

　1.，2.でも述べたように，今日，多くの女性にとって，家庭内役割はアイデンティティの基盤として認識されにくくなっている。しかしながら中年女性，特にそれまで専業主婦であった人が，中年期に職業や家庭外活動を得て，アイデンティティを再構築することは，それほど容易なことではない。この問題について，もう少し具体的に述べてみたい。

　中年期の入り口は，男女ともにアイデンティティの見直しが行われやすい時期であることはすでに述べたが，女性の場合には，それに加えてさらに女性特有の難しさが存在する。この問題について，杉村（1993）による次のような興味深い研究がある。杉村は，私の中年期のアイデンティティ危機の研究を発展させて，女性特有のアイデンティティ危機とその再体制化について検討している。Fig. 5-1は，看護師と教員，および専業主婦の3群の女性を対象に得られた空の巣期の女性が体験するアイデンティティ危機とその再体制化のパターンを示したものである。

　【パターンa】有職者は職業を基盤とした職業的アイデンティティ，専業主婦は家庭内役割を基盤とした家庭的アイデンティティの安定の上に，個人的アイデンティティともいうべきアイデンティティが成立した場合である。この個

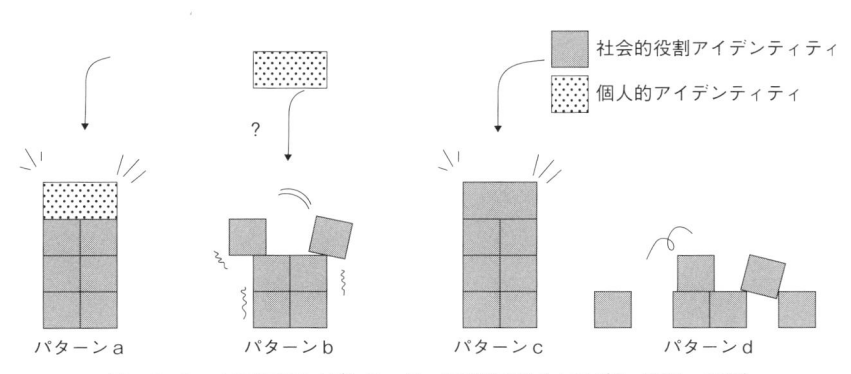

Fig. 5-1　中年期のアイデンティティ再構築の積み木モデル（杉村，1993）

人的アイデンティティとは，社会的役割の反映ではなく，自己定義にもとづいたより個別的なアイデンティティである。このパターンの女性は，「仕事はこのままでいいが，生き方はこのままではいけない。ある部分『看護師』で，ある部分『自分』というように，自分をゆとりある立場で見たい」（41歳，看護師）などの気づきに始まる模索の後，「これから自分がすることの見当がついてから，自信が出てきた」（40歳，専業主婦）などの，後半生への再方向づけが獲得されたことになる。それまでの役割は，個人的アイデンティティの一部として位置づけ直されている。

　【パターンb】中年期において，これまでの生き方に対する否定的な評価がなされて，社会的役割アイデンティティの基盤が動揺し，それに代わる個人的アイデンティティを求める場合である。このパターンの女性は，「これまで仕事と子育てに追われて自分が全くなかった。何もかもなくした時の生きがいを持ちたい」（43歳，看護師），「これまでの自分の存在価値に疑問を感じている。内面から自分を充実させようと模索しているが，このまま一生終わってしまうのだろうか」（46歳，専業主婦）と感じ，新たな生き方を求めるが，それを模索する際の足場となる基盤が揺らいでいるために，個人的アイデンティティを何に求め，どう積み上げていけばよいのかという答えが，なかなか見出せない。特に，専業主婦では，強い焦りをともなっていることが特徴的である。

　【パターンc】中年期に，それまでの社会的役割アイデンティティの安定を再確認した上で，さらにそれを継続させている場合である。これは，単なる継続とは異なる。「これまで好きな仕事で前向きにやってきたので，これからもできるだけその姿勢で行こうという思いを新たにした」（40歳，看護師）などのように，これまでのアイデンティティを吟味した上で，それを包括したアイデンティティの積み上げを行ったものである。

　【パターンd】パターンbと同様に，それまでの社会的役割アイデンティティの基盤が大きく動揺しているのだが，新たなアイデンティティを求めることができずに，とまどっている場合である。彼女たちは，「このままだらだら行っても，何も得るものがないと思う」（41歳，看護師），「今までやってきたことは，駄目だった」（41歳，教師）などと，これまでの生き方を否定的に評価しているが，変化への意欲がなかったり，どうしてよいかわからないなどの理由

で動きがとれない。そして，将来に対する希望を失い，無力感や活力の低下が著しい。

　杉村のこの研究の中で，専業主婦と有職者のアイデンティティ再確立の様相の相違は，多くの示唆を与えてくれる。専業主婦では，49％がパターンa，bに分類されていたが，これまでの家庭内役割が持続できなくなった時に，この人たちは一様に，人生後半期の自己の支えとなる活動を「家庭外」に求めていた。興味深いことに，これまでの生き方を否定的に評価しているパターンbのみでなく，肯定的に評価しているパターンaの専業主婦も，この志向性をもっていた。しかも，この研究の中で，妻・母親役割を通して自己確立感・安定感を得たと報告したのは，59名中わずか3名であることも見出され，私（岡本，1991）の結果と同様，多くの女性にとって，家庭内役割がアイデンティティの基盤として認識されにくいことが示された。

　一方，有職者の86％が，「職業を通して自己確立感・安定感を得たと報告しており，職業はアイデンティティの安定した基盤となり得ているようであった。また，彼女たちは全員，仕事の他に趣味をもつとか，ゆとりを持って仕事をしたいなど，仕事を続ける範囲内で，再方向づけを行っていた。つまり，専業主婦が，これまでとはかなり異なる「外」の世界を求めるのに対して，有職者は，仕事という基盤を大きく崩すことなく，これを足場として，個人的アイデンティティを獲得しようとしている」（杉村，1993）のである。

　また，Table 5-3は，中年女性を対象にしたライフスタイル別に見た生活の諸側面の満足度を示したものである。これによると，中年期に至ると，全体的に職業継続型，つまり職業と家庭を両立させてきた人々が，生活満足感が高いことがうかがわれる。

　青年期・成人初期に職業に就いて以来，結婚・出産後もずっと職業を継続してきた人々は，子どもが小さい間は両立に苦労するが，中年期まで職業を継続してくると，母親役割の喪失にともなう危機にも，仕事を通じて確立されたアイデンティティがあるため，比較的うまく対応できる場合が多いのではないであろうか。

　しかしながら，職業継続型の女性が，常に中年期にアイデンティティの統合性と成熟性を獲得できるとは限らない。職場と家庭の環境，自分や家族の健康

Table 5-3　ライフスタイル別に見た生活の諸側面の満足度得点（岡本，1991）

項　目	得　点	各タイプ間の平均値の差の検定
1. 私の仕事	非常に満足している　どちらでもない　非常に不満である 7　6　5　4　3　2　1	I ＞ II　$t=1.98, df=42, p<.10$
2. 結婚生活（あるいは異性関係）		n.s.
3. 子ども・育児		I ＞ IV　$t=2.64, df=33, p<.05$ II ＞ IV　$t=3.23, df=25, p<.01$ III ＞ IV　$t=2.88, df=54, p<.01$
4. 自分のしている仕事や活動に対する他人からの評価		n.s.
5. 経済状態		I ＞ II　$t=2.76, df=42, p<.01$ I ＞ III　$t=1.95, df=71, p<.10$ I ＞ IV　$t=2.30, df=33, p<.05$
6. 私の健康		n.s.
7. 人間的な成長		I ＞ IV　$t=2.88, df=33, p<.01$ III ＞ II　$t=2.77, df=63, p<.01$ III ＞ IV　$t=2.34, df=54, p<.05$
8. 性生活		n.s.
9. 配偶者（恋人）の生き方		n.s.
10. 友人関係や社会生活		I ＞ II　$t=2.06, df=42, p<.05$
11. 他人や社会に対する貢献度		n.s.
12. 仕事・家庭・レジャー・家族への責任などに費やす時間のバランス		I ＞ II　$t=2.31, df=42, p<.05$ III ＞ IV　$t=2.16, df=54, p<.05$
13. 全体的に見た私の生活		I ＞ II　$t=2.66, df=42, p<.05$ I ＞ IV　$t=3.51, df=33, p<.01$ III ＞ IV　$t=3.37, df=54, p<.01$ III ＞ II　$t=2.66, df=63, p<.01$
14. 宗教や信仰		III ＞ I　$t=1.97, df=71, p<.10$

I　両立型　●———●
II　子育て後両立型　○-----○
III　専業主婦型　▲-・-・-▲
IV　未婚型　□———□

その他の好条件に恵まれて，順調に仕事を続けてきたように見える女性にも，中年期に危機が訪れる場合は少なくない。外面的には，職業と家庭を両立していても，出産・育児期には，心理的に仕事への取り組みが浅くなりがちである場合，そのつけが中年期に顕在化することがある。あるいは，子育てに追われていた時期には見えなかった家族内部の問題が，子どもが自立を始め，家族が不安定になりやすい中年期に表面化する場合もある。このような問題については，安福（1992）によって非常に示唆に富んだ事例分析が行われている。

　1970年代まで女性は，結婚・出産・育児のため，いったん仕事を離れて専業主婦になり，末子が学齢期に達する頃から再び仕事を始める人が多かった。この時代の女性の労働力率（15歳以上人口に占める労働力人口の割合）を年齢別に見ると，30〜34歳の谷をはさんで2つのピークが見られた。これがいわゆる「M字型就労」といわれるものである。「M字型就労」の第2のピークは，35歳頃から上昇し始めた。しかし，新卒者に比べて中高年の就職条件は極めて悪い。正社員の採用には年齢制限を設けている会社が多いため，35歳を過ぎた女性たちが再就職しようとすると，パートタイマーにしかなれない場合が多いからであった。

　Fig. 5-2は，総務省が2022（令和4）年に発表した我が国の女性の年齢階級別労働力率を示したものである（総務省，2022）。これによると，現代の労働力率は，年々上昇し，かつてM字型曲線と言われた労働力率の底である35〜39歳も77.7%と，底はだんだん浅くなっている。

　直井（1989）は，家事と職業について，仕事の性格と関与という両面から興味深い分析を行っている。直井は，仕事の性格を単調性，仕事への圧力，仕事の責任，管理の厳格性の4つの側面から測定した。その結果，妻の職業労働について見ると，専門職・管理職従事者を除いて，家事よりも職業の方に単調さを訴える者が多かった。仕事への関与という面から見ると，妻の家事は，社会的貢献度という点では，夫・妻の職業よりも少ない。しかし，やりがいという点では，妻は職業よりも家事に対して感じる割合が高かった。また，妻の職業別に見ると，専門職・管理職の場合には，社会的貢献感，満足感を感じている者が非常に多く，他の職業と異なった傾向を示していた。

　この結果は，現代の中年女性の現状をよく表している。大半の女性が従事し

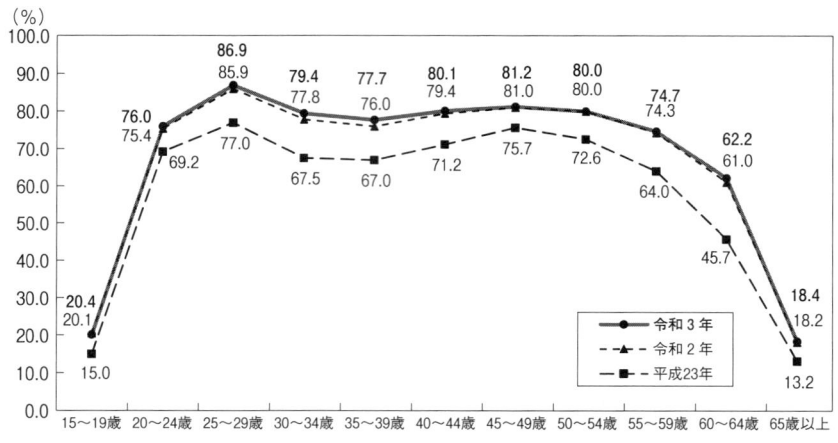

Fig. 5-2　女性の年齢階級別労働力率（総務省，2022）

資料出所：総務省「労働力調査」

ている職業は，家事と比べても単調で，自分の主体性を発揮できない仕事である。中年期を迎えた女性が，自分のアイデンティティの再確立の方策として，家庭外へ自分の「場」を求める傾向は，非常に強い。しかしながら，再就職というパターンは，現代の我が国の社会的状況の中では，必ずしも自己実現には結びつかないことを，これらのデータは示唆している。その意味では，今日，家庭外活動の場は，一昔前に比べると飛躍的に広がったわけであるが，早く訪れるポスト子育て期の生きがいや自己実現という視点からは，まだ必ずしも望ましい現状ではない。

　直井のこの調査研究から30余年が経過した。令和時代を迎えた今日の女性の心的世界はどのように変容しているであろうか。注目すべき課題である。

● 4.　子どもを育てることと親の側の心の発達

　ここまで私たちは，母親役割が自分のアイデンティティの支えになりにくいことや，母親役割を担うことが多くの女性にとって，ある種の葛藤を引き起こしていることについて考えてきた。しかし，育児体験は，自己のアイデンティティの成長，発達にとって寄与する側面もあるはずである。

　育児体験はアイデンティティの成熟にどのように寄与するのかという問題に

ついての実証的なデータは，残念ながらまだ見られない。私自身も，育児への関与の仕方とアイデンティティ達成との関連性を検討してみた。しかし，職業への積極的関与とアイデンティティ達成の関連性は認められたが，育児への積極的関与と，アイデンティティ達成および生活の満足感の間には関連性は見出されなかった（岡本，1991）。また，中年期を迎えた女性が，家庭内アイデンティティのみでは自己を支えきれず，職業の有無にかかわらず，後半生の支えとなる活動を家庭外に求めていることは，すでに見てきたとおりである。これらは，現代社会において母親としての体験からアイデンティティを確認することが，非常に困難であることを示唆するものであろう。

　アイデンティティ論の視点からではないが，子どもを育てることが親の側にどのような発達をもたらすのかという問題について，柏木（1995）による興味深い研究がある。これまで一般に，「育児は育自」といわれるように，子育てによって親も成長するといわれていたが，親がどのように成長・変化するのかについては，かなりあいまいにとらえられてきた。この古くて新しい問題について柏木は，幼児をもつ親との面接および自由記述から具体化して作成した質問紙調査によって，Table 5-4 のような親となることによる成長・発達に関する 6 因子を見出している。これらの中には，柔軟性，自己抑制と同時に，自己の明確さ，強さ，視野の広さなど，これまで人格の発達・成熟の概念でとらえられてきたものが含まれている。「また，日頃人々が『人間ができている』『練れた人』といった言葉で，人格的に優れ，より高い水準にあると判断する時，暗黙の基準としているものが含まれており，『育自』とはこのような人格発達・成熟に至る営みであることが確認された」（柏木，1995）と考えられる。

　この研究も示唆しているように，女性のライフサイクルの中で，決して短い期間とはいえない育児体験を，より積極的な意味で，心の発達の中に位置づけることはできないであろうか。これは，育児体験が，自分の心の発達，あるいはアイデンティティの成熟にどのように役立ってきたのか，十数年にもわたる子育て体験が，どのように錬磨されて，アイデンティティに組み込まれてきたのかという問題でもある。

　また，育児体験によって培われた他者への気配り，人ひとり（あるいは数人を）成人させるという体験によって養われた，あらゆる局面の物事に対応する

Table 5-4　親となることによる成長・発達——次元得点平均 （柏木，1995）

	項目（主なもの）	父　　母	p
第Ⅰ因子 「柔軟さ」	・角が取れて丸くなった ・考え方が柔軟になった ・他人に対して寛大になった ・精神的にタフになった ・度胸がついた	2.40 ＜ 2.83 (0.74)　(0.61)	＊＊＊
第Ⅱ因子 「自己抑制」	・他人の迷惑にならないように心がけるようになった ・自分のほしいものなどが我慢できるようになった ・他人の立場や気持ちを汲み取るようになった ・人との和を大事にするようになった ・自分本位の考えや行動をしなくなった	2.57 ＜ 2.99 (0.72)　(0.62)	＊＊＊
第Ⅲ因子 「視野の広がり」	・日本や世界の将来について関心が増した ・児童福祉や教育問題に関心を持つようになった ・一人一人がかけがいのない存在だと思うようになった ・日本の政治に関心が増した	2.21 ＜ 2.60 (0.67)　(0.63)	＊＊＊
第Ⅳ因子 「運命・信仰・伝統の受容」	・物事を運命だと受け入れるようになった ・運や巡り合わせを考えるようになった ・長幼の序は大切だと思うようになった ・伝統や文化の大切さを思うようになった ・人間の力を超えたものがあることを信じるようになった	2.71 ＜ 3.12 (0.73)　(0.54)	＊＊＊
第Ⅴ因子 「生き甲斐・存在感」	・生きている張りが増した ・長生きしなければと思うようになった ・自分がなくてはならない存在だと思うにようになった ・子どもへの関心が強くなった	2.82 ＜ 2.95 (0.57)　(0.53)	＊＊
第Ⅵ因子 「自己の強さ」	・自分の健康に気をつけるようになった ・多少他の人と摩擦があっても自分の主義は通すようになった ・自分の立場や考えはちゃんと主張しなければならないと思うようになった	2.35 ＜ 2.52 (0.69)　(0.58)	＊＊＊

＊＊$p<0.01$，＊＊＊$p<.001$
（　）は SD を示す。

力は，子育てが終わった後，新たな役割を獲得する上で重要な役割を果たすのではないであろうか。これは，子育ての中で発揮された世代性から，家庭内役割を越えた新しい役割の中での世代性の達成につながることであろう。第2章で述べたように，私はこのような危機対応力や自我の柔軟性，しなやかさこそ，他者への深い関心や関与，世話を通じて獲得されたアイデンティティの成熟性ではないかと考えている。今後，この問題についての実証的なデータの蓄積が望まれるところである。

◆ 第3節　老いの看取りの意味
―介護体験による介護する側の発達―

 1. 高齢者介護のストレスと葛藤

　ライフサイクルの中で，もう一つの重要な世話を通じての関係性が，高齢者，特に老親の介護期に見られる。子どもが自立した後の人生は，夫婦2人だけの生活をイメージしがちであるが，この時期はまた，本格的に親の世話をしなくてはならない事態になってくることも多い。『老いた子が老いた親をみる時代』（林，1995）という書名に象徴されるように，老親の世話をしているのは，自分自身の老後のことを心配している中年，初老の女性であることもまた，事実である。老親の介護について社会的援助の貧しい我が国の現状では，高齢者の介護は多くの場合，家族内の女性，つまり妻，嫁，娘にかかっている。自分自身の老い，すなわち身体的な衰えや自分の将来展望のせばまりを感じ始めている中年期の女性にとっては，このような老親を抱えた切迫した状況の中で，残された人生をいかに生きるかという問題は，ことさら重大なこととして考えさせられるのではないであろうか。

　老親の介護は，これまでは，複数の子どもが協力して親の面倒を見，日常生活の世話ばかりでなく，経済的，心理的な支援も分担することは比較的容易であった。しかしながら，今日の少子高齢社会においては，子どもの介護負担は急速に増大している。Fig. 5−3 は，女性の就業の障害となるものに関する意識調査の結果である。1983（昭和58）年と1989（平成元）年の結果を比べてみると，「育児」と答えた人は，この6年間で6.5ポイント減少したのに対して，

「老人や病人の世話」の項目をあげた人は，13.3ポイントも増加している。また Table 5-5 に示したように，中心的介護者となった人の約4割は，仕事を継続する上での変化を経験している。中でも，23.8%の人々は仕事をやめているのは，注目すべきことであろう。

　このような一人の家族が介護の責任を全面的にまかされるという事態は，と

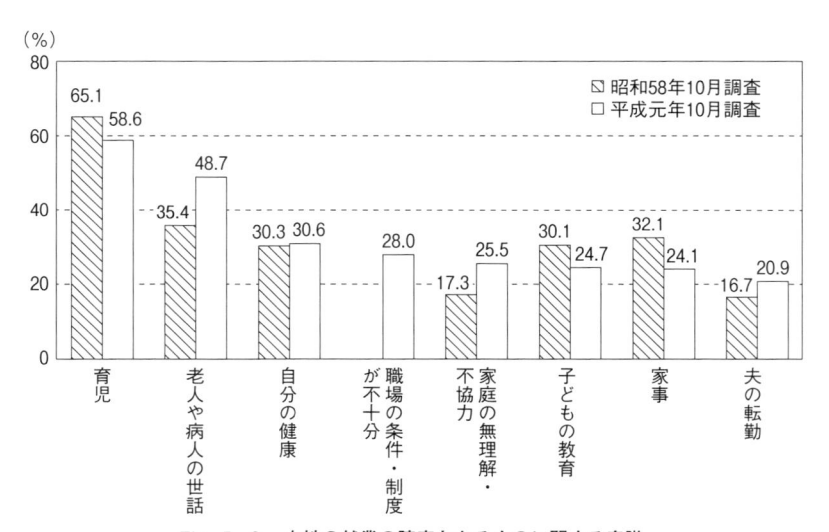

Fig. 5-3　女性の就業の障害となるものに関する意識

資料：総理府「女性の就業に関する世論調査」
(注) 20歳以上60歳未満の女性についての回答である。

Table 5-5　中心的介護者の仕事の継続状況

（単位　%）

計	100.0
仕事をやめた	23.8
仕事（勤務先）を変えた	3.7
勤務時間を短縮・変更して貰った	6.9
仕事の内容を変えて貰った	3.7
勤務上の配慮を受けた	―
休暇をとった（休職した）	3.7
その他	2.1
特にない	57.1

資料：雇用職業総合研究所「老人介護と家族の就労
　　　に関する調査」（平成元年）

もすればアイデンティティの崩壊を生じさせることにもなる。つまり，介護者になったものが，介護役割に自分の全生活を奪われ，社会人としての生活や個としてのアイデンティティが喪失してしまうということである。

　例えば，Skaff & Pearlin（1992）は，介護とストレスの関係を調査し，次のような非常に興味深い分析を行っている。彼らは，介護において，介護者の役割に「封じ込み閉止」（role engulfment）が起こること，また介護者が自己喪失を体験するということを指摘している。介護者は，介護役割を担うと同時に，社会人として社会生活を送っている。しかし徐々にその生活に制限が加えられ，社会的活動をはじめ，知人友人との接触も極度に減少し限定されていく。結局，「介護者であること」が介護活動のみに封じ込まれてしまう結果となり，他の役割を閉止せざるを得なくなる。自己の存在に対して外部からの認知や評価が得られなくなり，だんだん他者から孤立していく。その上，介護体験から受ける衝撃によって，その孤立感が増幅されることになる。このような状態は，介護役割によって個としてのアイデンティティが喪失してしまうことを意味している。

　もっとも，この「封じ込み閉止」は，他者の「思いやり」によることも多い。「あなたは，おばあさんの世話があるから，○○○はしなくていいよ。」「○○○へは私が代わりに行って用をすませてきてあげる。」というように，介護者であるという名目のもとに，介護者は介護以外の社会人としての役割や生活を「免除」されてしまう。このような現象は，「社会的機能の文化的剥奪現象」（Daken ら，1992）と呼ばれている。実際，このような介護による束縛感を感じている介護者は，介護者全体の約半数にも上ることも示唆されている（宇田津，1995）。

● 2．介護体験による介護者の側の成長・発達

　高齢者の介護も，子育てと同様，単に「介護する者」と「介護される者」という一方向的な関係ではなく，高齢者の世話を通じて介護する側も多くを学び，成長・発達していく関係としてとらえることはできないであろうか。第2節で紹介した親となることによる成長・発達に関する因子である「柔軟さ」「自己抑制」「視野の広がり」「運命・信仰・伝統の受容」「生きがい・存在感」「自己

の強さ」（柏木，1995）はいずれも，介護体験を通じても獲得される特質であるように思われる。

　実際に，高齢者の介護や世話をしている人々は，その介護体験をどのように受けとめているのであろうか。介護に携わることによって，人生の実相を学ぶ，他者の喜びを自分の喜びとすることができる，忍耐強くなる，他者に対して思いやり深くなる，物事を現実的にあるいはプラス思考で考えられるようになる，などという，いわゆる人格の成長感を体験するのであろうか。また，もし成長感の体験に個人差があるならば，その個人差は何に由来しているのであろうか。

(1)介護に対する感情，介護による成長感

　私たち（三崎・岡本，1997）は，このような問題意識をもとに介護による成長感の体験について，次のような方法で検討してみた。まず，予備調査をもとに，介護に携わることによって体験されるであろう成長感を，次のように仮定した。

介護体験による成長感
1. 介護し看取ることによって，自分は成長した。
2. 私は，介護し看取ることによって人生の実相が学べた。
3. 私は，介護し看取ることで自分の人生を今までより豊かなものにできた。
4. 私は，他者の喜びを自分の喜びとすることができるようになった。
5. 私は，介護し看取ることによって，以前よりも忍耐強くなった。
6. 私は，介護し看取ることによって，人に対して深い思いやりがもてるようになった。
7. 私は，介護し看取ることによって，以前よりも現実的になった。
8. 私は，以前よりも物事をプラス思考で考えられるようになった。
9. 私は，以前よりも人とのつながりを大切にするようになった。
10. 私は，以前よりもつらいことや苦しいことがあっても，乗り越えていける強さをもった。

　また，介護体験による成長感に影響すると思われる，A 介護に対する感情，B 要介護者への接し方，受けとめ方，C 要介護者の人生の受けとめ方，D 介護者自身のアイデンティティ意識，E 老いに対する感情，のそれぞれについて，

次に例示したのような項目を，各々7～12項目ずつ設定し，それを介護者自身がどのように意識・体験しているかを，5ポイント・スケールで評定してもらった。

A 介護に関する感情
① 介護はつらい。
② 介護は，自分の時間をとられるので腹立たしい。
3 介護はやりがいのある仕事だ。
4 介護をするのは，自分が今までお世話になった分の恩返しである。
⑤ 介護は義務であり，できればしたくない。

B 要介護者との接し方・受けとめ方
1 私は介護している人の身体的，精神的障害を，そのまま受け入れられる。
② 私は介護を受けている人の老いていく姿を見て，やりきれなさを感じる。
3 私は介護を受けている人の話し相手によくなっている。
4 私は介護を受けている人と意志疎通がよくできていると思う。
5 私は介護を受けている人から精神的に支えられていると思う。

C 要介護者の人生の受けとめ方
1 私は介護を受けている人の人生を，かけがえのないものだと思う。
2 私は介護を受けている人を，人生の先輩と思い，尊敬している。
3 私は介護を受けている人が，自分の人生に満足しているように思う。
④ 私は介護を受けている人の人生は，報われないものだと思う。
5 私は介護を受けている人の人生は，私の人生と通じるものがあると思う。

D 介護者自身のアイデンティティ意識
1 私は自分の果たすべき役割がわかっている。
2 私は自分の生きている意味がはっきりわかっている。
3 私は自分の今までの人生を受け入れ，満足している。
4 私は人から認められていると思う。
5 私は，喜びや愛を生み出す力をもっている。

E 老いに関する感情
① 老いていくことはむなしいものである。
2 老いることは，自然なことである。
③ 私は，将来老いていくと役に立たなくなるだろう。
4 年をとることは，若い時に考えていたよりもよいことだと思う。
5 私は年をとっても，若い時と同じように幸せであると思う。

（注：○は，否定的意味をもった項目であり，逆転させて得点化する。）

　調査対象者は，Ⅰ在宅介護者群（在宅で家族を介護している者）79名（男性
6名，女性73名，平均年齢53.1歳，平均介護年数4年3カ月），Ⅱ施設職員群
（老人養護施設，介護老人保健施設の介護職員）23名（男性5名，女性18名，
平均年齢35.4歳），Ⅲ一般群（介護体験のない者）23名（男性5名，女性18名，
平均年齢51.2歳）である。統制群である介護体験のないⅢ一般群の人々に対し
ては，成長感については，「1．今の私は，5年前より成長した。」「2．私は，
5年前より人生の実相がよくわかる」というように，この5年間の成長感につ
いて回答を求めた。また，「介護に関する感情」と「要介護者に対する接し方・
受けとめ方」「要介護者の人生に対する受けとめ方」については，調査対象者
に対して「あなたの親または伴侶が老衰や病気により，日常ベッドの上で過ご
し，排泄や食事などの介護を要するようになり，あなたが自宅で介護しなけれ
ばならなくなった時のことを想定して答えて下さい」と教示して回答しても
らった。
　結果は，Table 5-6に示したとおりである。3群間に有意差が見られたの
は，A介護に関する感情についてのみであった。3群の中でⅡ施設職員群の
得点が最も高く，高齢者の介護に対して肯定的な感情をもっていることが示唆
された。これは，職業として勤務時間の範囲内で，しかも複数名で協力して介
護を行っている施設職員は，ほとんど自分一人で，24時間体制で，自宅で介護
しているⅠ在宅介護者群よりも，介護にともなうストレスや否定的な感情が低
いことを示唆するものであろう。
　私たちが注目した介護による成長感については，3群間に有意差は見られな
かった。しかしながら，Fig. 5-4に示したように，その成長感の得点分布に
は，3群間で大きな相違が見られた。施設職員や一般人は，その成長感得点は，
平均値のあたりに集中しているのに対して，在宅介護者の場合は非常に高い成
長感を感じている人から，ほとんど成長感を感じていない人まで幅広く分布し
ていた。このことは，在宅介護者の介護による成長感の体験には非常に個人差
が大きいことを示唆している。

(2)介護による成長感にかかわる要因

　そこで次に，介護体験のあるⅠ在宅介護者群，Ⅱ施設職員群のみを対象にし

Table 5-6　介護体験による成長感および介護にかかわる感情・態度得点（三崎・岡本, 1997）

調査対象者 項 目 内 容		I 群 在宅介護者 （79名）	II 群 施設職員 （23名）	III 群 一般人 （23名）	有意差検定
A 介護に関する感情	M	23.62	27.59	21.87	II ＞ I *
（7項目）	SD	5.58	5.18	4.07	II ＞ III *
B 要介護者に対する接し方，受けと	M	31.67	32.70	32.35	n.s.
め方（9項目）	SD	5.53	4.80	3.76	
C 要介護者の人生の受けとめ方	M	23.58	23.32	24.91	n.s.
（7項目）	SD	5.09	4.23	3.52	
D アイデンティティ意識	M	35.10	30.70	33.96	I ＞ II *
（9項目）	SD	5.97	4.93	4.09	
E 老いに関する感情	M	38.91	36.91	38.70	n.s.
（12項目）	SD	7.11	5.62	5.98	
F 介護体験による（またはここ5年	M	43.82	43.78	42.13	n.s.
の）成長感（11項目）	SD	7.67	4.64	4.75	

$^{*}p<.05$

　て，介護による成長感にかかわる要因について検討した。つまり，介護することによる成長感は，A～Eのどの要因と関連性があるかどうかを調べてみたわけである。成長感の得点によって，Table 5-7のように，「成長感大」群，「成長感中」群，「成長感小」群の3群に分類し，A～Eの要因の得点の相違を検討してみた。

　結果は Table 5-7 のとおりである。E 老いに対する感情以外はすべて，「成長感大」群が「成長感小」群よりも有意に高い得点を示していた。このことは，介護者が肯定的な気持ちをもって介護にあたっていること，要介護者に対してもよく意志の疎通がとれ，受容的な態度で接していること，また要介護者の人生を尊重して肯定的に受けとめていること，そして介護者自身もしっかりとしたアイデンティティ意識をもっていることが，自分自身の成長感の体験につながっていることを意味している。このことは，見方を変えるならば，他者を尊重し，より深い関係性をもてることが，介護という大きな困難をともなう役割のストレスを軽減し，さらに自分自身の心の発達を促進させることを示唆しているのではないであろうか。

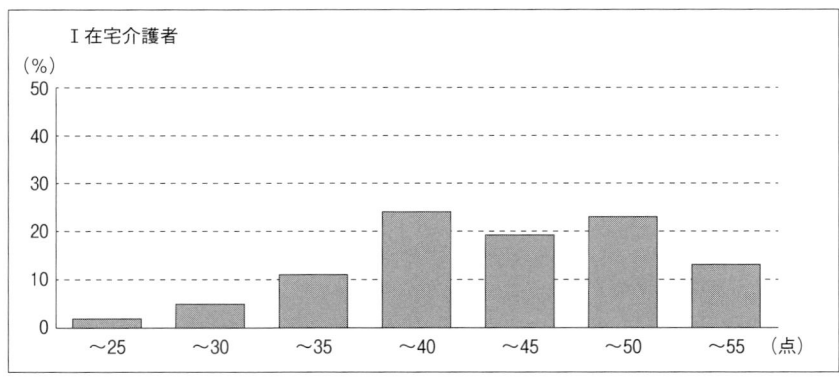

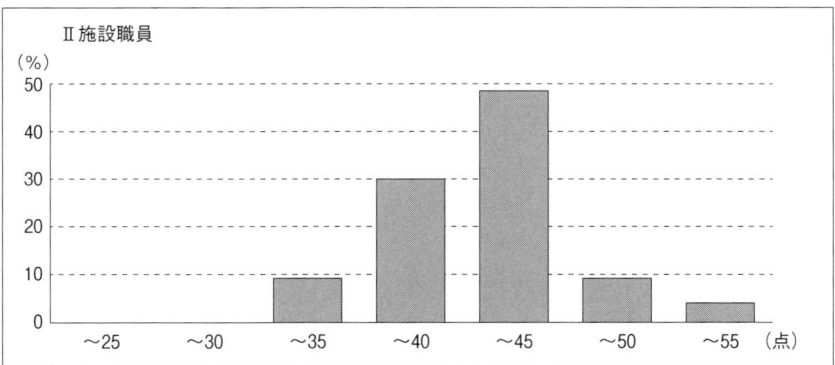

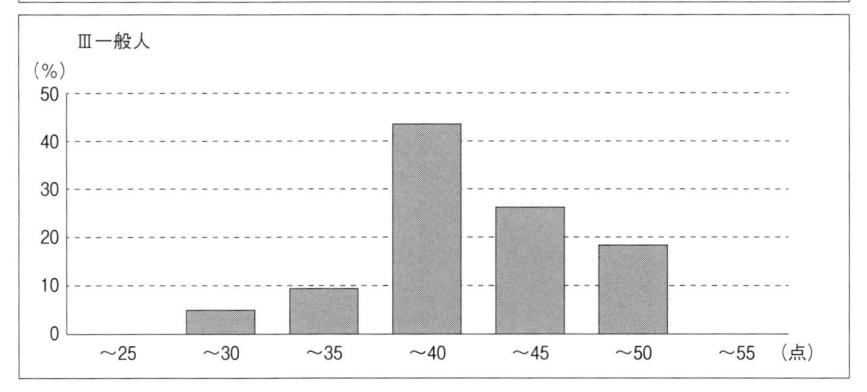

Fig. 5-4　介護体験による成長感得点の分布（三崎・岡本，1997）

Table 5-7　介護による成長感得点による分類

（三崎・岡本，1997）

	成長感大群	成長感中群	成長感小群
得点（点）	55〜46	45〜36	35以下
人数（名）	46	44	10

Table 5-8　成長感の程度から見た介護にかかわる感情・態度得点 （三崎・岡本，1997）

項　　目	対象者群		i 群 成長大群 （46名）	ii 群 成長中群 （44名）	iii 群 成長小群 （10名）	有意検定
A介護に関する感情 （7項目）	M		26.60	23.18	22.50	i ＞ ii *
	SD		5.20	5.70	6.77	
B要介護者に対する接し方，受けと め方（9項目）	M		34.71	30.09	26.10	i ＞ ii * i ＞ iii * ii ＞ iii *
	SD		5.10	4.17	5.24	
C要介護者の人生の受けとめ方 （7項目）	M		25.07	23.00	20.00	i ＞ iii *
	SD		4.77	4.77	4.19	
Dアイデンティティ意識 （9項目）	M		37.02	31.68	29.60	i ＞ ii * i ＞ iii *
	SD		5.39	5.22	5.06	
E老いに関する感情 （12項目）	M		38.89	38.02	38.90	n.s.
	SD		7.37	5.98	7.82	

$^*p<.05$

● 3．介護体験を通じて見られる老いと死の受容プロセス

　これまで私たちは，介護体験による心の発達の可能性について考えてきた。そして，介護体験による成長感は，介護者による要介護者の人生の受けとめ方や介護者自身のアイデンティティと関連性が見られることが示唆された。この介護役割を担うことによる成長感は，決して短いとはいえない介護期間を通じてどのように獲得，達成されるのであろうか。介護者は自分の親や配偶者が介護の必要な状態になった時，一様に心理的な衝撃を体験している。そのような危機からいかに回復し，介護する相手である親と，介護者としての自分自身を受容するに至ったのであろうか。私たち（三崎・岡本，1997）は，次にこの問題，つまり介護者の介護の受容による成長・発達のプロセスについて検討して

みることにした。

　対象者は，（2）で紹介した研究対象者のうち，引き続き面接調査にも応じてくださった在宅介護者10名である。面接調査は，調査者である三崎が，各対象者の自宅を訪問し，個別に約1～2時間をかけて行った。面接の内容は，主として①介護の状況，②介護者自身の，介護するようになる前，介護期初期，中期，後期における身体的，精神的変化について，③要介護者の介護が必要になる前，被介護期初期，中期，後期における身体的，精神的変化，およびすでに亡くなっておられる人に対しては，その最期の様子，④介護期を通して見られる介護者と要介護者の心理的関係について，である。

　まず，この面接調査から得られた10事例のうち，いくつかの事例の生の姿を紹介したい。

【事例1】Jさん（59歳，女性，主婦）

　Jさんは59歳の主婦である。80歳になる実母を介護して現在，13年になる。Jさんは，母親を本格的に介護するようになる少し前，ある事情で離婚し，それ以後母親と同居生活を送っていた。母親は脳卒中で，回復の兆しは見られない。現在，母親との2人暮らしである。

　4年前までは，母親の介護はそれほど困難ではなかった。Jさんは1カ月に3，4日，実家を訪れて母親の世話をしていたが，その頃から母親の高血圧が悪化し，また腰も悪くなり，手術をすることになった。ところが，その手術中に母親は脳梗塞を起こし半身麻痺の状態となる。「手術などしなければよかった」とJさんは悩み悲しんだ末，その時から母親のそばで面倒を見ることを決心した。

　Jさんは長女で，兄弟は皆，男性であった。Jさんは離婚し，実家にもどってきていたこともあって，「兄弟は皆結婚して，子育てや仕事で忙しいから，私が一番身軽なので」自分が介護することが決まっていたかのように，自然に母親の面倒を見ることを引き受けたという。母親は，娘が離婚して戻ってきたことを心配したが，父親はJさんと同居できるようになったことを大変喜んだということである。母親の状態は次第に悪くなり，車椅子が必要な状態になり，しゃべることもできなくなっていった。Jさんは母親の急激な病状の悪化を受けとめることができず，病院を恨んだり悩み続けた。

　それから約1年後，Jさんはプラス思考で考えないと損だと思うようになり，ようやく諦めがついたという。それから徐々に生活が明るくなっていった。母親のために住居を改造し，車椅子のままでできるトイレ，段差のない自由に車椅子をつかえるスペースを作り，母親が生活しやすくJさんが介護しやすいようにさまざまな工夫を重ねた。母親は，麻痺していない左腕だけで刺子をして暮らした。1枚作るのに1カ月はかかったが，白い木綿の布に美しい模様を描き出すことができた。母親

はそれを人に見せるのが好きで，大変うれしそうな表情をする。やがて体力が衰え，刺子ができなくなると，絵を描くようになった。Jさんによると，母親の状態は現在最も落ち着いているという。

　Jさんは長い介護体験によって，人生観が変わったと語っている。忍耐力がつき，自分の精神的なコントロールがうまくなったという。自分の生き方や他者の生き方は，状況や状態によって変化していくことを深く認識し，それを受容できているようである。

【事例2】Kさん（53歳，女性，主婦）

　Kさんは，53歳の主婦である。80歳になる実母を介護しながら，夫との3人暮らしである。以前は仕事をもっていたが，現在は介護のためにやめている。母親は，脳卒中で一日中，ベッドの上で過ごし，排泄，食事，着替えなど日常のすべての面で介護を必要としている。回復の兆しはなく，また認知症の症状も見られ，自分の名前や寸前のことを忘れるといった状態である。介護期間は，現在4年3カ月になる。母親は，以前はある都市の繁華街で働きながら，一人でマンション住まいをしていた。母親の認知症に気づくきっかけは，母親が娘であるKさんの名前を間違って呼んだことである。認知症はさらに進み，きれい好きだった母親は，掃除をしなくなりマンションは散乱状態となり，徘徊も始まった。Kさんは，母親を自分の家に引き取り介護することを決心し，仕事をやめた。自分が母親の世話をすることは，Kさんによれば，ごく自然の成り行きとして受けとめたという。しかしながらKさんは，以前の「大きくて強くて賢い母」であった母親とのギャップに驚く毎日であった。なんとか母親の認知症を治そうと，あらゆる病院を回り，自然食品を食べさせ，毎日一緒に散歩をして体を動かし，よいと思えることはすべてやってみたという。しかし，母親の認知症の症状は進んでいった。Kさんはどうしていいかわからず，ただ疲れ，心も体もボロボロの状態だった。「偉大なきれい好きな母親」がどうしてこんなに弱い人間になってしまったのかという衝撃と疲れから，Kさんは怒りっぽくなり，母親を叱ることもあり，絶望の毎日であった。

　その頃，在宅介護支援センターを知り，在宅介護のやり方を教わり，壁にぶつかっていたKさんに道が開けてきた。Kさんは介護を行うための知識が身につき，専門家の援助も受けられるようになり，余裕がもてるようになった。現在，Kさんは，母親の状態の後退を苦にしていない。母親の状態には，これまでの生きざまが現れているように思われるということである。現在寝たきりになった母親でも「今も私に人の生き方というものを教えてくれている」とKさんは語っている。

【事例3】Lさん（68歳，男性）

　Lさんは，実父と実母を10年余りにおよぶ介護の末に看取った68歳の男性である。

Lさんの父親は長く教員を勤め，几帳面な性格の持ち主であった。Lさんの家族は，Lさんの父親，母親，妻Mさんの4人で，Lさんには子どもはいない。

　父親が突然旅行に行くと言い出し，3日間の東北旅行から帰ってきた時から，父親の認知症は始まった。大金をおろしてなくしたり，徘徊も始まった。Lさんはその頃，まだ定年退職の前であり，昼夜を問わず徘徊を始めた父親を妻と交代で看ていた。Lさんは，父親の異変に気づきながらも，最初は「まさか自分の親が……。疲れているだけだろう」と，極力認知症ではないと思おうとした。また近所や親戚の人々にも，父親の認知症を気づかれまいとした。「親の恥ずべき行動を隠したい，近所に迷惑をかけたくない，そして昼夜なく徘徊されたのでは，こっちの身がもたない」という絶望的な気持ちになった。Lさんは，精神的にも消耗し「こんな状態がいつまで続くのか，早く終わってほしい」と，父親を叱ることもあった。

　Lさんの妻Mさんは，愚痴もこぼさず，あまり丈夫でない体で舅の介護を続けていた。Lさんは，自分の親であっても怒りを感じるのに，妻はどうして文句一つ言わず，舅の世話ができるのかと，妻の献身と忍耐強さに驚嘆する日々であった。そのうち，母親も夫の介護の疲れで入院することになり，昼間の父親の世話はMさんの肩にかかってきた。Lさんは妻の健康を案じて，気晴らしのため，夜に開かれる俳句の会に参加するように勧める。Mさんはそれが楽しみになり，どんどん句作の腕前も上がっていった。その頃から，Mさんは，舅にとって「嫁」ではなく「母親」という存在になっていった。「母ちゃん，母ちゃん」とMさんを呼び，Mさんは自分が本当に舅の母親になったような気持ちになったという。舅はそれから3年後に亡くなった。

　Lさんの母親は，夫の死のしばらく前に退院して自宅に戻っていたが，夫の死に対して何の反応も示さなかった。その頃から，母親にも認知症が始まり徘徊を始めた。Lさんは心身ともに疲れるが，父親の介護によって認知症の実態を知っていたため，母親の時にはがっかりしながらも母親の徘徊に付き合い，繰り返しの言葉を忍耐強く聞いてやれるようになっていた。母親が寝たきりになったとき，「やれやれ，やっと楽になった」と感じたという。それから1カ月後，母親は亡くなった。Lさんは，「こんなに早く亡くなるとは思っていなかった。すまないことをした」と感じる。Lさんは現在，認知症の親の介護という同じ体験をしている人に，自分の経験を役立てたいと，認知症を抱える家族の会の相談員をして働いている。

　ここに簡単に紹介したJさん，Kさん，Lさんの介護体験を通じての心の変容は，それぞれ Table 5-9，Table 5-10，Table 5-11のようにまとめることができるであろう。そして，この面接調査に応じてくださった10人の介護者の心の変容プロセスは，Fig. 5-5 のように表すことができる。これらの人々が体験した心の変容のプロセスについて，少し説明しておきたい。

　まずはじめに体験されるのが，「衝撃」の段階である。「衝撃」は，要介護者

Table 5-9　事例1の介護状況と介護者の心理的変化のプロセス

	要介護者（母親）の状態	介護者（J）の状態・介入・行動	介護者（J）の心理的変化のプロセス
介護前	母親は高血圧症。夫との2人暮らしで，介護も主として夫がしていた。	Jは結婚して，親とは別居していたが，月に2，3日は実家に帰り，介護者である父親を助ける。その後，ある事情で離婚。	
初期	高血圧症が悪化し，腰が悪くなり，入院する。手術を受けるが，手術中，脳梗塞を起こし，右半身麻痺の状態で手術室から出てくる。母親は在宅療養を望み，退院。	Jは，病院で付きっきりで看病する。母親から離れられない気持ち。疲労で倒れることもあった。手術しなければよかったと思い悩み，後悔する。父親に楽をさせたいと，自分が実家にもどり，母親の介護をすることを決心する。	母親から「離れられない」気持ち，使命感。手術室から出てきた母親を見て，強い衝撃を受ける（衝撃）。病院に対して怒りの感情を抱く（怒り）。手術を悔やみ，悲しみ，抑うつ状態になる（抑うつ）。
中期	3人暮らしになる。退院した母親は，娘との同居を喜び，片手で刺子をして暮らす。父親は，旅行や人の世話など，充実した生活を送る。	実家で母親の介護をする。必要な時だけ母親の側にいるようにし，徐々に母親との適切な距離のとり方がわかり始める。家を介護しやすいように，増改築する。	手術から約1年後，あきらめ，母親の状態を受け入れる。プラス思考で考えないと損だと思い直し，お互いに不幸だと思わないようにした（消極的受容）。
後期	父親はその後，癌で20日の入院後亡くなり，母親とJの2人暮らしとなる。母親は夫の死を悲しみ，よく泣く。トイレに行く回数が増え，夜中に5，6回はJを起こす。デイサービスを月3日のペースで利用し，入浴サービスを受ける。刺子ができなくなり，絵を描くようになる。時には，自分の言いたいことが，Jに伝わらなくてもどかしく，Jにあたることもある。	Jは，父親の死を「いろいろな好きなことができてよかった」と受けとめる。母親の介護を一人でするようになり，ますます家を空けられなくなる。母親の介護は，自分にとって「大切な仕事」と受けとめるようになり，ストレスがたまると友人への電話や友人の訪問でストレスの解消を図っている。	父親の死は「走り去っていったような」死であったが，死ぬ前に好きなことができてよかった。そのために自分のしたことはよかったと受けとめる（父親の死の受容）。介護を自分の「大切な仕事」とし，自分の生き方を認められる（積極的受容）。「少しでもよかったと思える最期にしてやりたい」という目標ができる（目標）。
現在	時々，けいれんや発作を起こすが，表情は次第に柔らかくなっている。「ありがとう」という一言を喋ることができる。来客を歓迎し，気配りができる。	家を空けることができず，日用品はすべて配達してもらう生活である。俳句作りを続けている。	長い介護の中で「命一つ預かっている」という自覚が生まれ，精神的に向上したと感じている。忍耐力がつき，「人生観が変わった」という認識が見られる。

Table 5-10　事例2の介護状況と介護者の心理的変化のプロセス

	要介護者（母親）の状態	介護者（K）の 状態・介入・行動	介護者（K）の心理的変化の プロセス
介護前	几帳面な性格だった。子どもたちが自立した後は，ある都市で働きながら一人暮らしをしていた。	子育てを終え，夫と2人暮らし。職業についていた。	
初期	認知症の症状が現れ始める。Kがそれに気づき，弟夫婦に伝えるが，信じない。徐々に認知症が進み，家族や周囲の人々とトラブル。そのうち，自宅も掃除しなくなり，徘徊が始まる。	弟夫婦と相談し，夫の理解もあったため，Kが母親の世話をすることを決心する。 母親の介護のため，退職。「遊びに来るように」と偽って，母親をKの家に呼び，母親との生活が始まる。	母親の認知症は信じがたく，「潔癖で強い偉大な母親」としか，考えられない（衝撃と否認）。
中期	認知症が進み，徘徊が頻繁になる。以前住んでいた家に帰ると言ってきかない。鍵をかけると「家から出してくれ」と大声で叫ぶ。胸が苦しいと言って泣いたり，瞬時に気分が変わり，「ごめんね」と言ったりする。	何としてでも母親を，以前のしっかりとした母親にもどそうといろいろな病院を回るなど，母親の認知症を回復させるためにあらゆる努力をする。	「大きくて強い母」と現実の母親とのギャップに驚く。「50年の空白を埋めるのに大変だった」（衝撃）。 母親の認知症は絶対に治ると信じ，症状は一時的なものだと考える（否認）。病院の若者優先の態度に怒る（怒り）。今後の介護の目処が立たず，日々，やみくもに過ごす。強い疲労感（抑うつ）。
後期	時々，デイサービスやショートステイに行く。次第に表情を表すことが少なくなる。	在宅介護支援センターを知り，介護に関する情報や知識が徐々に増える。デイサービスやショートステイを利用することにより，自分の時間がもてるようになる。	介護に関する知識が身につき，自信がもてるようになる。 母親の存在を非常に近く感じられる。母親の人生をふり返り，母親の人生を認め感謝する。母親の現状は「なるべくしてなった」と受けとめ，寝たきりでも「私に人生を教えてくれている」と感じる（受容）。 介護が楽しくなり，「献身的に生きる」という自分に対する目標が生まれる（目標）。
現在	足が悪くなり，体力も衰え，ほぼ寝たきりとなる。ほとんど無意識のような状態で，表情は表さない。	毎月1回，ショートステイを利用し，温泉やカラオケに行くという生活パターンができる。	

Table 5-11　事例3の介護状況と介護者の心理的変化のプロセス

要介護者（父親）の状態	介護者（LとM）の状態・介入・行動		介護者（LとM）の心理的変化のプロセス	
	L（息子）	M（Lの妻）	L（息子）	L（Mの妻）
介護前 几帳面な性格。教師を退職し，農業に携わっていた。	中学校の校長として在職。	専業主婦。		
初期 突然，一人で旅行に出掛け，3日後に帰宅。認知症の症状が始まる。徘徊が始まり，大金を下ろしてはなくしたり，絶えず空腹を訴えるようになる。几帳面な性格にも変化が見られる。	父親の異様な行動を近所の人々に見られまいとする。	自分が世話するのが当然だという気持ちで介護する。舅の言動をすべて夫に報告するが，愚痴は口にしない。	父親の異様な行動に衝撃を受けるが，疲れだろうと思い認知症の症状とは考えもしなかった（衝撃）。認知症とわかった後も，自分の親がそうなったとは思いたくない（否認）。	
中期 近所の人々に「うちの嫁さんをいじめてくれるな」と言ったり，息子がよく怒ると訴えたりする。しばらくすると，家に閉じこもるようになり，同じことを何度も繰り返す。昼と夜が逆転してトイレの場所もわからなくなる。Mを「お母ちゃん」と呼ぶようになる。	父親の言動を許せず怒る。父親を家から出さないようにし，近所の人々から非難される。認知症に関する情報を集め，認知症者の家族の会があることを知る。	舅の母親になったように接する。夫の勧めで，俳句を始める。	イライラが続く。「これがいつまで続くのか，こちらが先にまいってしまう，早く終わってほしい」と感じる（怒り）。近所の人々の声がつらく，認知症の症状も進む一方で，ただただつらかった（抑うつ）。	「介護を苦に思わないようにしている」
後期 人の言うことが少しは理解できるようになる。その後，死に至る。			「近所にやっと迷惑がかからないようになった。父親が恥をかくことがなくなってよかった」と思う。	
要介護者（母親）の状態	介護者（LとM）の状態・介入・行動		介護者（LとM）の心理的変化のプロセス	
	L（息子）	M（Lの妻）	L（息子）	M（Lの妻）
夫の介護疲れで入院していたが，夫の最期の別れのために退院。この頃から認知症の症状が現れ始める。夫の死	母親の徘徊の後をつける。母親のわけのわからない会話も聞いておれるが，時々，不満を		認知症の状態はわかっていながらも，「なんで自分の親がしかも2人とも」と思い，がっかりする	

時期					
初期	に対して「ふーん」としか反応せず、「里へ帰る」と1日に6，7回も往復するようになる。	もらす。		（否認，抑うつ）。	
中期	同じことを何度も繰り返し言う。ショートステイを利用するが、徘徊がひどく、2，3日以上は預かってもらえなくなり、認知症専門施設へ入所する。足が悪く寝たきりとなる。	疲れて寝込む。ショートステイに母親を預かってもらい、自分たちの体力回復に努める。認知症専門施設に預け、1日交代で施設に通う。		施設に行くときは、罪責感にかられる。「やれやれやっと寝たきりになってくれて楽になった」と思う。「施設でどうしているか。迷惑をかけていないか」と心配する。母親を思う気持ちが強くなる。	
後期	寝たきりになって1カ月後、息を引き取る。			「これほど早く亡くなるとは思いもしなかった。すまないことをした」という後悔や罪責感にかられる。	
現在		認知症者の家族会の相談員を務め、介護をしている人々の援助に多忙な日々を送っている。		他の介護者に対して、自分の体験を語る（受容）。自分の体験を他の人々にも役立てたいと考える（昇華）。	

　の老いに対して衝撃を受ける段階である。その程度は、事例によってさまざまである。その後、親の老いていく姿や、親の症状を「否認」する段階が訪れる。症状に対して自分なりの解釈をして、回復可能な病気のせいだと思おうとしたり、「まさか、うちのおばあちゃんが……」と信じようとしなかったり、いくつも病院をまわったり、隠そうとしたりする。しかし、回復の兆しがなく、ごまかしきれない症状がはっきりと現れた時、あきらめ、「怒り」や抑うつの感情が現れる。「怒り」は、要介護者本人に向けられたり、他の家族メンバーや親戚、病院であったりする。

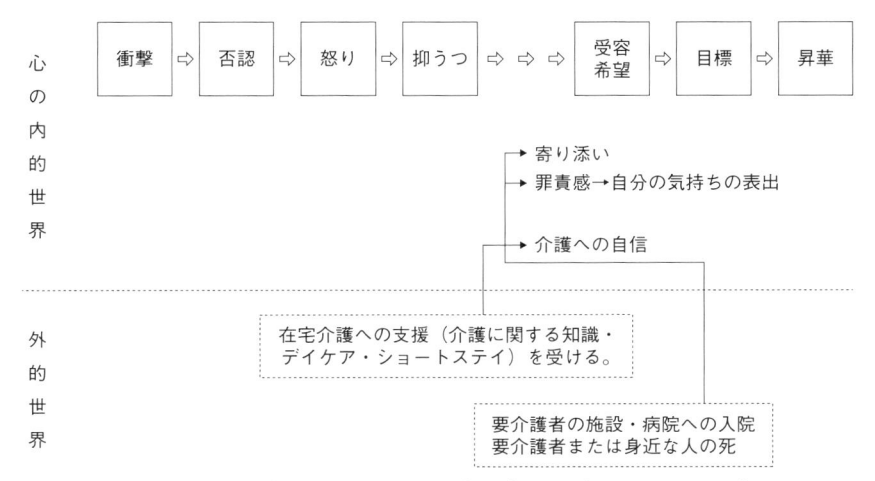

Fig. 5-5　介護者による老いと死の受容のプロセス（三崎・岡本，1997）

　次に訪れるのが，「抑うつ」の段階である。このままではだめだと感じていながら，全く見通しが立たず，絶望で自分自身が押し潰されそうになる。そしてこの時期から，親の老いの受容に達するまでが最も困難な時期であり，親の老いと死の受容のプロセスの中で，一つの関門であるともいえよう。

　この時期に，家族だけで介護することがいよいよ限界に達し，親を施設に預けた人々も見られた。また，要介護者の状態が悪化し，入院や死に至った場合もあった。あるいは，要介護者以外のもう一人の親や，身近な人の死に遭遇する場合も見られた。このような身近な人の死や別離の体験は，老いと死の受容プロセスの中で一つのターニング・ポイントになるようである。この体験によって，家族は死と直接的に向き合うことができ，心の中で，自然な死というものを受け入れることができるようになる。

　肯定的な気持ちで介護を行うためには，死の受容と老いの受容の両方が必要である。介護者が，老いの受容と死の受容の両方が体験できていた場合には，介護の身体的，精神的な辛さの中からも，その後の目標や希望が生まれてくる。しかし，介護者が親の老いの受容ができないままに，親が亡くなった時には，その後も老いに対する感情は否定的なままであることが多い。

　また，身近な人の死や別離を体験したことによって，要介護者に心から寄り

添おうとする場合も見られた。要介護者が入院して物理的に離れた後，心はかえって近くなるという場合も多い。また，要介護者が介護者に「甘える」形で寄り添おうとする場合も見られた。これは，認知症の人にも見受けられた。この「寄り添い」と「受容」の段階とは大変近く，このように要介護者を思う気持ちが強くなってからの「受容」は比較的容易である。

　また，親が亡くなったことについて，「自分のせいだ」，「自分が……しなかったら」と，自分を責め，罪責感を抱く人々も見られた。自分のことを，しっかりとした強い存在であると感じている人ほど，この気持ちは大きいようである。その罪責感を心の外に表出して初めて，親の死と現在の自分を受容することができる。今まで，親に対して十分に介護できなかったことはそのまま受けとめ，親の介護者として自分がやってきたことの意味が感じられた時に，この受容感が獲得されるようである。否定的な気持ちをもつことは自然なことだと思えること，そしてそれを心の外に表出することは，受容に達するためには，大変重要なことである。

　介護者の体験する受容には，①介護役割の受容，②要介護者の症状や老いの受容と，介護者自身の老いを含めたより広い意味での老いの受容，③死そのものの受容，④介護をしている（していた）環境の受容などさまざまな次元が存在する。そして，このような「受容」の段階に至ると，その後，希望や目標が生まれてくる。中には，事例3のLさんのように，自分の体験を他人に生かそうと考えた人々も何人も見られた。これは，「昇華」と呼ばれるものである。ここに至って，介護者は自分の体験したことの意味を確認し，自分自身の成長を感じとることができる。そしてそれは，自分の親だけでなく，他の人々にも役立つ体験として介護者自身を支えていくことになるのである。

　私たちの研究で見出された介護者の心の変容プロセスは，Kübler=Ross（1971）の末期患者の「死にゆく過程のチャート」と非常によく類似している。このことは，介護される人が，いよいよ老いが進み，死を迎えるという局面にあるとき，それを支える介護者自身もまた，自己の変容を迫られる転機にあることを示唆しているのではないであろうか。私たちの研究によってまた，介護者が体験する「衝撃→否認→怒り→抑うつ」という段階と，要介護者が体験するその段階は並行して進んでいくことが認められた。つまり，要介護者が自分

の老いに対して衝撃，否認，怒りの感情を表すとき，介護者もまた衝撃を受け，否認し，怒りの状態を示したのである。しかし残念ながら，認知症の症状の見られた人々では，「抑うつ」，「受容」，「昇華」の段階は見出せなかった。それは，要介護者の認知症の症状が進んで，自分のことがわからなくなったり，病状の悪化によって感情表現が不可能になっていくことにより，老いの受容ができているのかどうか，介護者にも調査者である私たちにもよく認識できなかったからである。

　この研究は，他者をケアすることがアイデンティティの発達にどのように寄与するのかという問題を考えていくための手がかりとして行ったものである。したがって，ここに述べてきたことが，どの程度一般的なものであるかは，さらに多くの事例を検討していく必要がある。しかしながら，この面接調査を行って，私たちは次のようなことを認識することができた。それは，介護者の心の変容プロセスが，要介護者の心理に深く影響しているということである。おそらく人生最後の，しかも最大の課題である老いと死の受容は，死に直面した高齢者本人と，それを介護し看取る者の間で，相互に影響を及ぼし合いながら達成されていくのではないであろうか。

　私たちのライフサイクルは，死をもって完結する。人生の初期と最晩年には，私たちは他者の世話を受けて生きる。まさにこの時期の生は，自分にとって重要な他者との深い相互作用のうちに営まれることになる。私たちのアイデンティティもその他者による支えによって変容していくのではないであろうか。一方，ケアする側もまた，この時期は子どもである乳幼児や，親である高齢者の生と死に直に触れつつ，自らの人生を見つめ直すプロセスでもある。これまで見てきた介護のプロセスの中で介護する側に獲得された心の資質は，自分自身の心の発達そのものを意味するものであったにちがいない。ケアすること，自分のもてる力を重要な他者に注ぎ込むことによって発達していくアイデンティティの局面があることを，これらの事例は教えてくれているように思われる。

第6章

老いへの葛藤と受容
―高齢期への移行期―

◆ 第1節　高齢期への移行期の心理

　私たちはここまで，中年期におけるアイデンティティの危機と発達，および
ケアすることを通じての心の発達について考えてきた。中年期というライフス
テージは，個としての発達にとっても，他者とのかかわりにとっても重要な意
味をもつ時期であることが理解されたと思う。ライフサイクルの中でもう一つ，
心の発達にとって重要な意味をもつ時期が，現役引退期である。本章では，こ
の現役引退期のアイデンティティについて見ていきたい。

● 1.　高齢期への移行期をどうとらえるか

　中年期以降，人生後半期における次の心理的転換期は，ほぼ60歳前後の高齢
期への移行期に訪れる。「高齢期への移行期」をどのようにとらえるかという
問題については，いくつかの考え方がある。社会学的なカテゴリーとしての高
齢期を規定する方法としては，暦年齢を用いる場合と，ライフサイクル上の役
割の変化に注目する場合とがある。前者の，統計上の区分や行政サービスの対
象となる年齢区分に従えば，今日ではおおむね，65歳以上が高齢人口と見なさ
れている。また，社会慣習上の区分としては，還暦（60歳）や古稀（70歳）が
ある。企業や学校，官公庁における定年退職も，ほぼ65歳頃に定められている。
これらの暦年齢を用いた高齢期の区分に従えば，「高齢期への移行期」は，60
代を示すことになろう。

　ライフサイクル上の役割変化に注目すると，高齢期への移行期には，職業における現役引退，子どもの独立にともなう親役割の終了などがあげられる。しかしながら，晩婚化，未婚化が進む現代，親役割の終了については個人差は大きい。また，今日，定年退職後も何らかの形で働き続ける人々は，男女とも増加している。

　心理学的に高齢期への移行期に見られる変化を検討すると，その個人差は，さらに拡大する。この移行期に見られる心理的変化は，すでに40代の中年期に始まっている場合が多い。そして，高齢期への移行期を適応的に乗り切り，高齢期にさらに心の発達，成熟をとげるための課題は，中年期の課題と大きな関連性をもっている。

● 2.　高齢期への移行期にみられる心と体の変化

　この高齢期への移行期には，どのような変化が体験されるのであろうか。

(1) 身体的，生理的変化

　老いの自覚についてはさまざまな側面がみられるが，最も如実に老いを意識化させるものは，身体的，生理的な変化であろう。多くの人々は，40歳前後から徐々に，身体的な限界や衰えが感じられるようになる。肩凝り，腰痛，筋力や持久力の低下に加えて，疲労を感じやすく，疲労回復にも時間がかかるようになる。また，40代以降，高血圧，動脈硬化といった心臓，血管系の障害や，癌や糖尿病という成人病の発病率が増加してくる。たとえ発病しない場合でも，これらの身体疾患への不安や体力の衰えの自覚は，身体への不安を意識化させやすい。また，女性の場合は，更年期の心身の変化が加重される。

(2) 家族構造に見られる変化

　高齢期への移行期は，家族発達の面から見ても大きな変化が生じる時期である。今日の平均的なライフサイクルでは，父母が50代になると，子どもたちは青年期に達し，やがて就職，結婚という自立期を迎える。この時期は，子どもの側から見れば，親からの分離－個体化の時期である。次第に子どもは家族というまとまりから離脱しようと試み，父親，母親は双方とも子どもという対象

の喪失を繰り返し経験しなければならない。そして，子どもの就職や結婚に至って親役割は一応終了し，家族の発達プロセスは分化期に入る。そして多くの家庭では新たに祖父母としての役割が求められる。

(3) 職業における変化

　この時期に訪れる重要な問題の一つが，定年退職である。今日は，ポスト不足や再雇用の困難さなど，定年期の人々にきびしい状況が続いている。定年退職期が近づくにつれて，自分が到達し得る地位や目標の限界を知らされ，これまで抱いていた社会的欲求の水準を引き下げることを余儀なくされる人々も多い。また，定年退職は，長期雇用下の我が国のサラリーマンの多くにとっては，人生後期の最大のできごとであり，今後の人生に対する不安やこれまでの職業生活に対する不満や悔いなど，否定的な感情が表に出やすい時期である。経済的事情によって，再就職せざるを得ない人々や，まだ現役でやれるのにという気持ちを抱きながら，やむなく他に転ずる人など，多くの人々が多かれ少なかれ，不安や不満を抱きつつ，職場を去っているのが真実であろう。

　いずれにしても，定年退職は個人をとりまく心理的，社会的環境に大きな影響を及ぼす。それは単に，社会・経済的状態の変化ばかりでなく，個々人内部の意識的，無意識的次元にまで及ぶものである。多くの人々にとって職業は，青年期以来，自己意識，価値観，社会的役割や社会的地位とも深く結びついており，個々人のアイデンティティを規定する重要な要である。定年退職は，職業生活の終わりを示し，アイデンティティにとっても大きな節目の時期である。

◉ 3.　定年退職の心理

(1) 定年期の環境変化とストレス

　定年退職による環境変化には，多くの喪失体験をともなうことが特徴であろう。それは，職務や地位，経済的基盤など職業と直接的に結びついた資源の喪失ばかりでなく，現役時代に培われた人間関係や社会的責任を担うことから得られた信用，さらには規則正しく出勤し，職務にたずさわるという日常の習慣にまで及んでいる。また，定年退職期は，体力の衰えや老いの自覚も一層意識化されるときであり，退職体験にともなって，自分のあらゆる側面の喪失感が

顕在化してくるといっても過言ではない。

　生田目(1979)は，定年退職にともなう不安として，次の4点をあげている。

1．自分の生活を守っていくことに対する不安

　これまで定額の給与を受けることによって得られていた経済的基盤の喪失や水準の低下，職務を通じて得られる社会的信用・保証や，健康保険・社会保険・税金などの事務的作業など，社会と自分の間に立って有形無形の媒介行動をしている職場との縁が切れてゆくことに対する不安である。これは，定年退職を迎えた場合の最大の不安の原因であろう。

2．帰属集団から離れていく不安

　地域社会でのコミュニティとの結びつきの弱い日本の社会では，職場は自分の所属欲求を満たしてくれる最大の組織であると考えられる。定年退職は，長い年月をかけて固めてきた所属の場から切り離されることを意味し，多くの人々に寄り所を失った感じを与える。定年退職後の人々に大きな自己イメージの変化を迫るのが，いわゆる肩書がなくなったことにともなう社会的地位の低下の感覚や役割喪失感である。これは多くの人々にとって，かなりしんどい体験のようである。定年退職までは，電話一つかけるにも，「○○社の△△ですが」と名乗ることが習慣であった。しかし退職後は，自分の身一つで生きていくことが実感させられる。

3．これまでの蓄積を無にされることに対する不満

　これまで自分が果たしてきた機能や蓄積が無用のものになってしまうという不満，また，これまでの自分の職務や能力は他人によって代替可能なものと判定されることからくる自尊心の傷つきである。

4．自己実現の場を失う不安

　定年退職によって長い間，たずさわってきた自分の仕事という手慣れた場で自己実現ができなくなり，再就職するにしても，新しい仕事や職場に適応し，達成感が得られるかどうかという不安である。

　この他にも，退職にともなう家族関係の変化によるストレスとして，収入源を失った夫の家庭内地位の低下や，夫の家庭内役割が増加することによって，

妻との役割葛藤が生じることなども指摘されている。例えば，定年退職後の男性に対して，「濡れ落ち葉」「わしもわしも族」など，ありがたくない名称が与えられているが，これらも見方を変えれば，退職後の役割喪失や何もすることがないというストレス状況を物語っている。

　ライフサイクルのさまざまな時期に遭遇する危機的な移行（critical transition）体験に対する適応の指標としては，①移行にともなう役割変化が獲得的なものか，喪失的なものか。②その感情は，否定的なものか，肯定的なものか。③主体的意志による移行変化か，外的に強制された移行か。④予測可能なものかなど，多くの要因があることが知られている（Schlossberg, 1981）。

　これらの指標に照らしあわせてみると，定年退職は，多くの喪失体験をともない，半ば強制された移行変化であるという点では，否定的な意味合いが強い。しかしその一方，定年退職はほとんどの職業人が一度は体験するものであり，しかも予測可能なできごとであるため，退職体験の対処の仕方によっては，さらなる心理的成長を達成する方向へ，適応的に乗り切ることも十分可能であろう。

(2) 定年退職への適応

　しかしながら，定年退職の受けとめ方には，大きな個人差があることもまた，事実である。職業からの引退がストレスになるか，それともストレスからの解放であるかは，職種や仕事への関与の仕方，パーソナリティ，職業観，人生観を含めて考える必要があろう。

　例えば，Gutmann（1972）は，TAT を用いた加齢にともなう自我の態勢の変化に関する一連の比較文化的研究によって，独自の自我統制類型論を展開している。彼は，この自我統制類型論にもとづいて，定年退職危機の受けとめ方と自我統制機能の関連性を分析し，能動的自我統制型の自我統制機能をもつ人は，退職を自我にとって非常に危機的にとらえ，受動的自我統制型の人々は，退職を自我支持的な歓迎されるべきものと受けとめると述べている。

　また，山田（1979）は，企業の課長のタイプと定年退職への適応について，以下のように分析している。会社への帰属感とキャリア設計の有無を基準にして，課長のタイプは次の4つに分類されている。

　1．エリート自負型（帰属感が高く，キャリア設計あり）

　２．独立自信型（仕事本位で，世間に通用するキャリア志向を持つ）

　３．寄らば大樹型（帰属感が高く，キャリア設計なし）

　４．不安模索型（帰属感が低く，キャリア設計なし）

　「エリート自負型」は，自分の昇進を早いと自覚し，会社についても高い誇りを抱いているのに対して，「寄らば大樹型」は，自分の昇進を遅いと自己評価しているばかりでなく，会社についての誇りも高くない。しかし，両者とも会社に高い帰属感を抱いている点では共通している。これらのタイプの人々は，定年退職によって職場を離れる際の集団帰属の喪失感は，非常に大きいと考えられる。有能でバリバリ働いているエリートを自負する人であればあるほど，挫折の危機が潜んでいる。しかしながら，自分が職務を通じて培ってきた有能さも，このタイプの人々にとっては，所属組織の中でうまく生き抜くための有能さであって，世間に通用する有能さや専門性であり得るかどうかは，必ずしも明らかではない。

　それに対して「独立自信型」の人々は，会社に対して自分が有用な人物であり得るのは，自分が担当職務のエキスパートであるからだと考えている。したがって，組織内の人間関係の中を自説を曲げてまでうまく渡っていこうという気はなく，もし自分が会社の肩書抜きで世間にさらされた場合，どれだけ仕事をしていけるかを基準にしている。このタイプの人々の帰属感は，無意識のぶらさがり的な帰属感ではなく，仕事を媒介にしての連帯感である。このような人は，定年に際しても集団帰属感の喪失は少なく，第2のキャリアをじっくり考え，望ましい変身をとげたり，与えられた条件の中で安定した第2の人生をスタートさせることができるであろう。一方，「寄らば大樹型」や「不安模索型」が，絶望や沈滞の危機をはらんでいることは容易に想像できる。

◆　第2節　定年退職期のアイデンティティ危機

● 1．定年退職は危機と認知されるのか

　第1節で述べたように，多くの人々にとって職業は，青年期以来，自己のアイデンティティを規定する重要な要因であり，退職体験によってアイデンティティもまた，変容していくことであろう。また，定年退職までのアイデンティ

ティ様態や職業への関与の仕方によって，退職の受けとめ方にも大きな相違が見られるのではないであろうか。

　私たち（岡本・山本，1985）は，定年退職は心理的な危機であるかどうかという視点から，定年退職の心理的な影響や対処の仕方を検討した結果，Table 6-1 のような定年退職認知タイプが見出された。これは，定年退職前後 2 年以内にある地方公務員220名を対象に行った定年退職に関する文章完成法 SCT を，①定年退職が自分に及ぼす影響に対する認知（肯定的―中立的―否定的），②退職や退職生活に対するかかわり方（積極的・主体的―受動的）の 2 つの視点から分析したものである。この定年退職認知タイプについて，簡単に説明してみたい。

　A 積極的歓迎型：定年退職は，自分の人生にとって重要な意味をもつものとして主体的に受けとめている。その結果，退職や退職後の人生は好ましいものと認知されており，肯定的にとらえられている。退職後もこれまでの職業生活に代わる具体的な計画があり，仕事にせよ，個人的な楽しみにせよ，主体的に取り組む姿勢が示されている。

　B 受動的歓迎型：A 型と同様，定年退職は歓迎されているが，その理由は A 型と異なって，仕事から解放される安堵感や自由が得られるためという受動的なものである。退職生活も，趣味や楽しみを中心とした解放的なものであり，受動的な姿勢が特徴である。

　C 中立型：定年退職を単なる「区切り」ととらえており，退職は自分にとって重要な意味をもたず，またそれほど大きな影響を及ぼさないと認知している。

　D 危機型：定年退職は，自分の人生にとって非常に重大なこととして受けとめている。退職は「人生の墓場」「人生の終わり」であり，自我にとって非常に否定的で脅威的な意味合いをもっている。このタイプの人は，現役での職業生活が将来にわたって長く続けられることを期待しており，仕事なしの退職後の展望はほとんどもち得ていない。

　E あきらめ型：退職は「のがれることのできない事実」として，やむを得ず受け入れている。退職後の生活についても肯定的な意味合いは見られず，受動的な姿勢を示している。

　F 逃避型：定年退職は自分にとって重大であり，しかも否定的な意味をもつ

Table 6-1　定年退職認知タイプと関連要因（岡本・山本，1985）

タイプ	退職の心理的影響	退職(生活)へのかかわり方	主な反応例(SCT「定年退職は私にとって」)	心理−社会的課題の達成度								自我機能	人数(%)
				I	II	III	IV	V	VI	VII	VIII		
A 積極的歓迎型	Positive	Active	・人生充実への第1歩である。 ・第2の人生の出発点である。	H	H		H	H	H			H	57(25.9)
B 受動的歓迎型	Positive	Passive	・重荷をおろした感じがする。 ・気楽になった。	L	L				L	L	L	L	43(19.6)
C 中立型	Neutral	Neutral	・1つの区切りにすぎない。 ・当然のことである。	L	L		L			L			63(28.6)
D 危機型	Negative	Active	・人生の終わり。 ・人生の墓場である。	L	L		H		L	H		L	29(13.2)
E あきらめ型	やや Negative	Passive	・やむを得ないことであった。 ・避けることはできない。										11(5.0)
F 逃避型	Negative	Passive	・あえて考えないようにしている。 ・考えたくない。				L		L				5(2.3)
G アンビバレンツ型	Positive/Negative	Active/Passive	・つらくもあるし楽しくもある。 ・寂しいがやれやれという気持ち。						L		L	L	12(5.4)

(注) I：基本的信頼感，II：自律性，III：自主性，IV：勤勉性，V：アイデンティティの獲得，VI：親密性，
VII：世代性（生産性・生殖性），VIII：自我の統合。
H：High，L：Low，をそれぞれ示す。
心理−社会的課題と自我機能は，t検定の結果，有意差の見られた項目のみ概略的に示した。

ものと認知していながら，それへの対処の仕方を見出せていない。退職後の生活についても，不安定で混乱した姿勢を示している。

　G アンビバレンツ型：退職は自分にとって重大であるが，はっきりとした一定の認知をもつに至っていない。

　また，Fig. 6-1 は定年退職の前と後の各タイプの割合を示したものである。D〜Gの定年退職を否定的に認知しているタイプは，定年退職後よりも，定年退職前の人々に多いことがわかる。

　この7タイプのうち，A 積極的歓迎型，B 受動的歓迎型，D 危機型は，特に

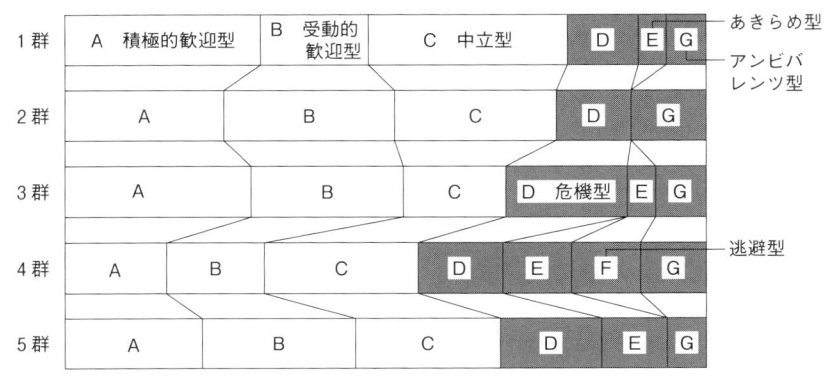

Fig. 6-1　各群別の定年退職認知タイプの割合（岡本・山本，1985）

（注）本研究は郵便局管理者および，元管理者を対象に行った。1～3群は退職者群，4・5群は，未退
　　　職者群を示す（1群：普通郵便局退職者で再就職者；2群：普通郵便局退職者で再就職未定者；3
　　　群：元特定郵便局長；4群：普通郵便局管理者；5群：特定郵便局長）。

顕著な特徴を示している。D危機型は，定年退職を最も否定的に受けとめてお
り，退職によるストレスを最も強く感じているタイプである。D危機型の人々
にとって，退職は「人生の墓場」「人生の終わり」であり，仕事を離れた退職
後の展望はほとんどもち得ていない。それに対してA積極的歓迎型とB受動
的歓迎型は，その心理力動は大きく異なるが，退職を肯定的にとらえており，
ストレスの少ないタイプである。A積極的歓迎型の人々は，退職は自分にとっ
て好ましいものと認知しており，退職後もこれまでの職業生活に代わる具体的
な計画があり，仕事にせよ，個人的な楽しみにせよ，積極的，主体的に取り組
む姿勢が示されている。一方，B受動的歓迎型は，退職を肯定的に受けとめて
いるが，A型とは対象的に退職生活への関与の仕方は非常に受動的である。
　これらのタイプは，定年退職以前のアイデンティティや職業への関与の仕方
にどのような特徴が見られるであろうか。Rasmussen（1961，1964）のアイデ
ンティティ尺度，SCT，および中西（1980）の自我機能調査票を用いて，上記
の7型の定年退職認知タイプの心理－社会的課題の達成度と自我機能の高さを
分析したところ，Table 6-1の右欄に示したような結果が得られた。ここに
示した心理－社会的課題とは，Eriksonの精神分析的個体発達分化の図式に示
されたⅠ～Ⅷ段階のことである。表のHは得点が有意に高いもの，Lは得点

が有意に低いものを示している。

A 積極的歓迎型は，他のタイプに比べて高い自我機能を有し，全般的に各ライフステージの課題をよく達成していた。それに対して，B 受動的歓迎型はそれらの達成度，自我機能ともに低いことが特徴的であった。また D 危機型は，ステージⅠ，Ⅱ，Ⅵの得点は A 型よりも有意に低いにもかかわらず，Ⅳ勤勉性，Ⅶ世代性（生産性・生殖性）では他のタイプよりも有意に高い得点を示していた。さらに D 型の人々は，ステージⅦの職業に関する SCT に対して最も高い得点を示していた。

D 型の人々にとって職業は，自分のエネルギーと能力を注ぎ込んだ「自分の分身」「かけがえのないもの」であり，まさにアイデンティティの中核をなしてきたものである。このタイプの人々がⅣ勤勉性に対しても非常に高い得点を示していることは，彼らの仕事に対する熱心さや有能感を示唆するものであろう。このような特徴をもつ人々にとって退職が危機的に受けとめられることは容易に推察できる。

一方，B 型の人々は，仕事については消極的であり，人生の中で職業のもつ意味はそれほど大きくない。このタイプは，職業に関してはそれほど主体的で内的な意義を見出さず，むしろ収入を得るためなどの外的な必要性によって仕事には受動的にたずさわってきた人々である。このタイプの人々にとって自分の生きがいやアイデンティティの中心は仕事以外のものであったと考えられる。そのため，退職はそれまでの外的な規制やストレスから解放される「自由への門」として歓迎されるのであろう。

また A 型の人々は，D 型と同様に仕事に対して積極的に取り組み生きがいを感じており，また勤勉性や有能感も高い。ところが A 型の人々は，D 型には見られなかったその他のステージについても全般的に高い得点を示している。SCT 反応内容からも，長い肯定的な将来願望をもち，はっきりとした自分の役割を自覚して主体的に取り組んでおり，また家族や友人とも親密な関係を維持しているなど，各ステージの課題をうまく達成している。A 型の人々が退職に直面して危機的にならず，むしろ退職を肯定的に受けとめていることは，これら各ステージの課題が達成できていることによって，定年退職後もこれまでの職業生活にかわる主体的な生活を自分で設計することが可能であるた

めであろう。

　このような研究から見ると，定年退職危機を解決し，退職にともなうストレスをうまく解消するためには，それ以前のライフステージにおける心理－社会的課題の達成が重要な要因であることがわかる。

● 2. 定年退職期のアイデンティティ変容

(1)プロセスとしての定年退職

　これまで見てきたように，定年退職の受けとめ方には，いくつかのタイプがあり，そこには職業に対する取り組み方，個人の目標に占める職業の位置づけ，パーソナリティなど，多くの要因が関連している。また，退職の受けとめ方も，時間の経過にともなって変化していく場合も多い。したがって，定年退職という危機的な移行体験を一つのプロセスとしてとらえていくことは重要であろう。

　例えば，Atchley（1976）は，「社会的役割」としての退職過程を，Fig. 6－2 のような 6 段階に分けて分析している。彼によれば，退職前の遠い段階において，退職を見越して特定の知識や技術を身につけておくといった前提条件が達成されているのが理想的であるが，現実にはめったに行われていない。退職の直前段階になって，人々は退職について細かい空想をめぐらす。ハネムーン段階では，彼はその空想を地で行こうとする。もし，その空想が的はずれでなければ，彼は安定段階に入り，一定の型どおりの選択をし，退職に枠組を与えるための一連の価値基準をもつのが普通である。その空想がもし，的はずれであれば，その程度に従って人はハネムーン段階に続く幻滅段階に入る。やがて彼は，再志向段階に移り，有効な選択パターンを求めて模索する。退職の最終段階は，死か，病人や障害者への役割移行によってもたらされるという。

(2)定年退職期のアイデンティティ再体制化

　人生後期の大きな節目である定年退職期に，アイデンティティはどのように変容していくのであろうか。実際に定年退職を迎えた人々に面接調査を行ってみると，定年退職期も人生後期の重要な発達的危機期であり，ここでも中年期の入り口で見られたようなアイデンティティの再体制化が行われることがわか

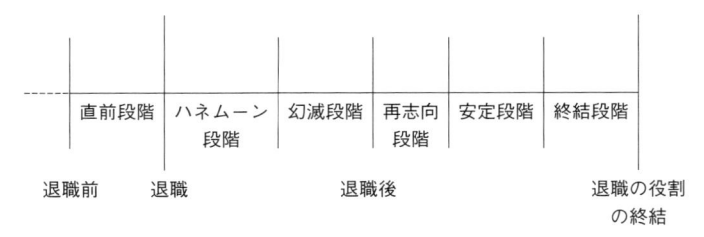

Fig. 6-2　**退職の各段階**（Atchley, 1976）

る。Table 6-2は，そのプロセスをまとめたものである。これは，定年退職
体験にともなって，多くの人々に共通して見られるアイデンティティ変容のプ
ロセスである。

　これをさらに，1. で述べた定年退職認知タイプ別に見ると，Fig. 6-3の
ように枝分かれしたプロセスが認められる。Table 6-2の第Ⅰ段階「自己内
外の変化の認識にともなう危機期」には，A～Gのどのタイプの人々も，多か
れ少なかれ，生活環境の変化にともなうストレスを体験している。ところが，
それ以降の第Ⅱ～Ⅳ段階では，その環境変化にどのように対応するかによって，

Table 6-2　**定年退職期のアイデンティティ再体制化の**
プロセス　　　　　　　　　　（岡本，1994a）

段階	内　　　容
Ⅰ	<u>自己内外の変化の認識にともなう危機期</u> ・退職による生活環境の変化 　（社会的地位の喪失・低下，収入・経済的基 　盤の喪失・低下，社会的交流の減少，無為） ⇩
Ⅱ	<u>自分の再吟味と再方向づけへの模索期</u> ・自分の人生の見直し ・退職生活への方向づけの試み ⇩
Ⅲ	<u>軌道修正・軌道転換期</u> ・退職後へ向けての生活，価値観などの修正 ・社会・家族との関係の変化 ⇩
Ⅳ	<u>アイデンティティの再確立期</u> ・自己安定感・肯定感の増大 ・精神的充足感の増大

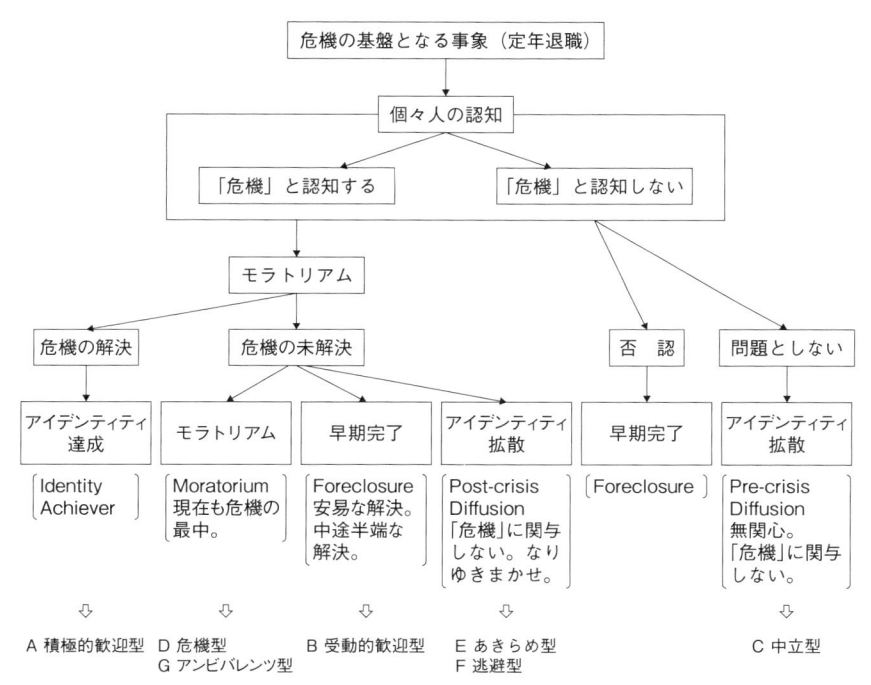

Fig. 6-3　定年退職認知タイプ別にみた定年退職期のアイデンティティ再体制化のプロセス

（岡本・山本，1985）

　このプロセスは Fig. 6-3 に示したような道筋に分かれていく。

　7タイプの中で，最も成熟したアイデンティティ様態であると考えられる
A積極的歓迎型とその他のタイプの相違は，定年退職に際して自己内外の変
化の体験を主体的に受けとめ，納得できる生き方を積極的に模索・獲得できた
かどうかである。読者の中には，この定年退職期のアイデンティティ再体制化
のプロセスが，第4章で述べた中年期の再体制化プロセスと同様の特徴をもっ
ていることに気づかれた人も多いであろう。

　このアイデンティティ再体制化のプロセスの中で，これまでの人生を見直し，
高齢期へ向けての新たなアイデンティティを獲得していく人々も多い。特に
A積極的歓迎型の人々の中には，自分の人生の中でやり残したことへ深い関
心を示し，退職後，それに積極的に関与していく人々が数多く見られる。これ

らの人々に見られる定年退職後の自己実現，つまりアイデンティティの統合については，第7章で述べることにしたい。

 ## 第3節　アイデンティティはラセン式に発達する

● 1. 成人期におけるアイデンティティのラセン式発達モデル

　これまで紹介してきたデータを総合して見ると，私たちの人生には，何度か同じテーマが繰り返されることがわかる。青年期，中年期の入り口，そして定年退職期には，いずれもアイデンティティの獲得，再獲得という共通のテーマが存在している。「私とは何か」「自分らしい生き方とは何か」というアイデンティティに対する問いは，成人期においても，人生の岐路に遭遇するごとに繰り返され，アイデンティティはラセン式に発達していくのではないであろうか。

　Fig. 6-4 は，私のこれまでの研究結果を総合して生まれてきた「成人期のアイデンティティのラセン式発達モデル」である。第4章と第6章で述べたように，中年期および現役引退期のアイデンティティの危機と再体制化のプロセスは，非常によく似ている。そして，Blos（1967）や Brandt（1977）が指摘したように，青年期のアイデンティティ形成のプロセスは，乳幼児期の分離－個体化のプロセスとも非常によく似た特質をもっている。このことはすでに第4章で述べたとおりである。このように見ると，私たちの人生は，その節目，節目で心の組み替えが行われ，再統合されていくのではないであろうか。この考え方は，各々のライフステージにそれぞれ固有の心理的課題や特質が見られ，それらを達成することによって，次の段階に発達していくという，これまでの発達段階論とは異なる発達観である。

　私は，成人期のアイデンティティの発達・変容について考察を進める中で，このような考え方にたどり着いたわけであるが，この「ラセン式発達」の考え方そのものは，特に新しいものではない。古くは，Werner（1933）は，心理的なプロセスには量的な連続と質的な非連続の2つの異なった変化がかかわっていると述べている。非連続は，発達の初期における比較的未分化な構造が分化していくところに生じ，連続は，分化した機能が互いに階層的に統合されていくところに生じる。つまり，より初期における機能は，後の機能の中に包摂

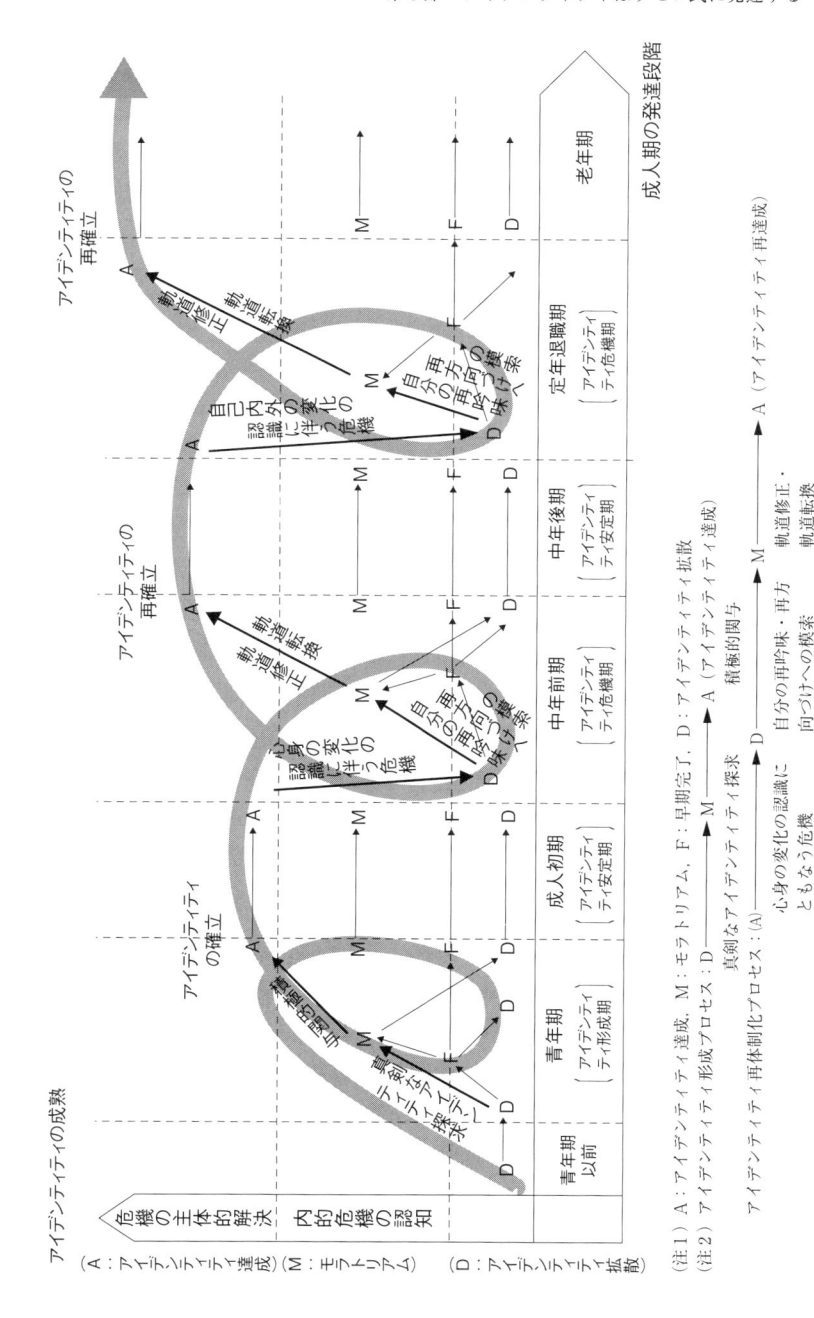

Fig. 6-4　アイデンティティのラセン式発達のモデル（岡本, 1994a）

されていくと考えるところに連続性を認めるわけである。Werner によれば，発達とは非連続的な分化と連続的な階層の間の弁証法的な統合のプロセスとしてとらえている。Gesell（1945）もまた，成長していく有機体は，全然わきへずれることなく直線的に進むのではなく，ラセン形のコースをとって揺れながら成熟していくと述べている。

私の「アイデンティティのラセン式発達モデル」もこのような考え方を，アイデンティティの発達に応用したものである。この図式に示されている成人期のアイデンティティ発達に関する考え方をここでまとめておきたい。

まず，成人期のライフコースには，安定期と転換期（危機期）が交互に訪れるということである。これは，Levinson（1978）の生活構造の考え方によく似ている。アイデンティティの発達においても転換期・危機期には，それまでのアイデンティティではうまく自分を支えられない，あるいはこれから生きていけないということが自覚され，アイデンティティの揺らぎが体験される。そして，それをきっかけにアイデンティティの組み替え，つまり再体制化が行われる時期である。安定期は，その再獲得されたアイデンティティでもって，自己の内的外的世界が安定し充実していく時期である。

第2に，この図式は，成人期の「アイデンティティ達成」についての新たな知見を提供している。これまでのアイデンティティ論によれば，青年後期に多くの人々は，アイデンティティを「達成」し，成人期は，その達成されたアイデンティティが維持されていくものととらえられてきた。しかしながら，現実には，外見は大人としてのライフスタイルやアイデンティティを獲得しているように見えても，内的にはそうでない人もかなり存在する。それについては，第4章で述べたとおりである。このモデルは，成人期の各時期においても，モラトリアム，早期完了，アイデンティティ拡散状態もみられること，そしてそのアイデンティティ・ステイタスの変化，つまりアイデンティティ変容は，アイデンティティの再体制化が行われる発達的危機期に起こることを示している。

第3に，アイデンティティ・ステイタスは，必ずしもより成熟した「達成」の方向へ移行するわけではなく，発達的により低い方向へ変動する可能性もあるということである。成人期の心の発達は，人生の岐路に遭遇するごとにこれ

までの自己のあり方や生活構造の破綻や破れに直面し，一時的な混乱を経て，再び安定した自己のあり方が形成されていくという「危機⇨再体制化⇨再生」の繰り返しのプロセスとして理解されるのではないであろうか。このような視点で見ると，心の一生は，人生の中で体験されるそれぞれの発達的危機という点と点が線でつながれ，一つの方向性をもって理解できるように思われる。

　このような人生を一定の特質をもった変化の繰り返しととらえる見方は，私の研究以外にも，1990年代の発達研究の中に見られるようになった。例えば，Hudson（1991）は，私たちの人生を，一定のパターンのできごとや生活構造が繰り返し現れるサイクルをともなう川の流れに譬えている。彼は，成人期のサイクルは，比較的安定した生活構造から，不安定な時期である転換期へ，そして再び新しい生活構造へと流れていくサイクルとしてとらえている。

● 2．危機を認知する力・危機に対応する力

　この「アイデンティティのラセン式発達モデル」をもとに，大人として真にアイデンティティを達成するとはどういうことなのか，もう少し掘り下げて考えてみたい。

　アイデンティティ達成のレベルは，まず，アイデンティティの危機をいかに深く気づき，体験し，そしていかにしっかりと主体的に再体制化できたかで，とらえることができるのではないであろうか。大人の人生には，いくつかの発達的危機期が存在する。その危機期とは，今までの自分のあり方や生き方，つまり今までのアイデンティティではもはや自分を支えきれない，これから自分らしく生きていけないということが自覚される時期である。この認識からアイデンティティの見直しと組み替え，つまり再体制化が始まるわけである。この危機の自覚によって，人々は新しい状況に応じた自分のあり方を模索し，これまでの自己の中に再統合していく。この「危機の認知⇨主体的模索⇨再体制化（再統合）」のプロセスの中で，アイデンティティはより高いレベルに発達していく。

　しかしながら，自己内外のさまざまな変化にもかかわらず，このアイデンティティの危機が認知されない人もある。これはすでに第4章で述べてきたところである。このような人にとっては，体力の衰えや子どもの巣立ちなどのさまざ

まなできごとが，自己を問い直す契機にならず，自己のあり方とは切り離されて，やりすごされてしまう。このような人にとっては，自己探求は行われないか，ごく浅いレベルで終わってしまう。こうして見ると，いかに深く自己の内的危機を認知するかということが，心の発達にとって重要なポイントではないであろうか。

　第2に，その自己の内的危機を契機に，アイデンティティを問い直し，再統合していく力が重要であろう。これについては，もうすでに繰り返し述べてきたところである。その問い直しの作業の中で，自分の影になっていた部分や欠落していた部分，つまり過去においてやり残した課題や納得できないところ，さらには，生きられなかったもう一人の自分，もう一つの生き方が再吟味されていく。そして，それが現在の自分とこれからの生き方の中で，補填され統合されていくわけである。

　このアイデンティティの危機を認知する力とその危機に主体的に対応する力は，自我の柔軟性や強さが基盤にあることは言うまでもない。このように見ると，人生の岐路に立った時，いかに深く自分の内的変化に気づき，主体的に自分の生き方を考えることができるか，これが真にアイデンティティを達成していくための要ではないであろうか。

　先日，この「危機に対応する力」が，アイデンティティの発達にとっていかに大切であるかを改めて感じることがあった。私の所属する講座では，学生の進路設計のために，毎年数名ずつ，さまざまな分野で活躍している同窓生を招待して，大学卒業後の仕事と生き方について話してもらう講演会を開催している。女子卒業生の多くは，大学卒業の時点では職業をもった人生をめざして社会に出ていく。しかしすでに中年期，初老期を迎えた年代の人々の多くは，親の介護や夫の転勤など，自分の意志を越えたところで生活構造を変えられてしまう体験をしている。しかし，与えられた境遇や環境の中で青年期に獲得したアイデンティティを見失わず育て，発展させてきている人は多い。その，家族という自分にとって重要な他者のために力を注ぎながら，時にはそれまで積み上げてきたキャリアを根こぎにされながらも，自分なりのアイデンティティを育て，まとめあげようとしている生き方は，多くの学生に感銘を与えたようである。私は，学生たちに交じって同窓生の話を聞きながら，このような人々の

生き方が魅力的で，若い人々の心を引きつけたのは，アイデンティティの組み替えが何度も行われたことによる心の深みのためではないだろうかと思った。

　老親の世話のために心ならずも職場を変わらざるを得なかった人も，その後の試行錯誤の末，親の看取りと職業を両立させた新しい生き方を獲得している。それは，家族への責任を果たすというもう一つの生き方を取り込んで復活した，より統合された自己のあり方を示している。大人としてのアイデンティティの発達・成熟は，不連続な環境の中で，つまり他者からの要請と自らの意志の葛藤の中で，いかに自己を見失わず，育てていくかという視点からもとらえることができるのではないであろうか。このようなアイデンティティの危機に対応する力，しなやかさは，大人の人生の中で重要な役割を果たすものであろう。

● 3. アイデンティティ危機を体験する領域の広がり

　ここまで私たちは，成人期のアイデンティティの発達を，ラセン・モデルに示したように青年期から高齢期という時間の軸と，アイデンティティ発達のレベルの軸という2つの次元でとらえてきた。このモデルに第3の軸を加えると，成人期・高齢期のアイデンティティの危機と発達の実相がよりしっかりと理解されるのではないであろうか。第3の軸とは，アイデンティティ危機の体験される領域，もしくは危機体験の幅，広がりである。私たち人間は，時間と空間の中に規定されて存在しているように，アイデンティティの危機も，その時間と空間の中でとらえることができるであろう。

　個人のアイデンティティを規定するものには，さまざまな次元がある。それは，身体，性という個人内的次元から，家族，職業，社会，国家，世界，さらには歴史的な次元までを内包するものである。人々は，その広がりの中のどこでアイデンティティの危機を体験するのであろうか。ある人は，中年期に体力の低下や病気，時間的展望のせばまりといった個人内的次元で，危機を認識する。またある人は，子どもの巣立ちといった家族の領域で，また別のある人は，思うように業績が上がらない，出世の限界が見えてきたという職業の領域でアイデンティティの見直しを迫られるかもしれない。そしてまた，この危機が体験される領域は，男性と女性とでは，相違が見られることも多いであろう。

　このように，危機を体験する領域はさまざまであるが，多くの人々が多くの

領域で危機を体験しやすいのが，これまで述べて来た青年期，中年期の入り口と現役引退期であろう。このような発達的危機期にはそれぞれの領域での自己のあり方を見直し，それをトータルな，納得できる自己の生き方として統合することが求められるわけである。

第 7 章

人生をまとめる
―人生と死の受容―

● ●

◆ 第1節　現役引退後のアイデンティティ

　さて私たちはいよいよ，人生の最終段階に到達した。今日の我が国の平均寿命から見ると，定年退職・現役引退後，まだ20年もの歳月が残されている。これらの歳月は決して短いとはいえず，人生の中に占める重みも，今後ますます増大していくのではないであろうか。そして，高齢期においても，単に健康に生きるというレベルにとどまらず，自分らしい生き方を実践し，人生をまとめるという自らのアイデンティティに深くかかわる問題に取り組んでいくことは非常に重要なことであろう。本章では，高齢期という人生の最終段階のアイデンティティについて考えていきたい。

 1．高齢期の広がりと多様化

　65歳以上の高齢者人口が総人口の28.9%に達した現在（令和4年版高齢社会白書，内閣府，2022），65歳以上の人々を，「高齢者」とひとまとめにして論ずることは，あまりに大ざっぱであろう。現に，高齢期を年齢によって，向高齢期，高齢前期，高齢中期，高齢後期と区分するとらえ方も見られる。それぞれの時期で，心理－社会的な課題や高齢期教育における学習課題が異なることは，容易に理解されることである。心の発達という視点から見ると，少なくとも高齢期を，身体的，経済的，精神的に自立した高齢者と，自分の生活を維持するためには，他者によるケアが必要な高齢者とに分けて考えることは不可欠であ

ろう。

　自立している高齢者に限って見た場合，現代社会においては，現役引退後の歳月が，ある意味で最も自分らしい生き方ができる時なのかもしれない。定年退職後の自己実現は，決してめずらしくなく，今日は多くの人々にとって，それが実行可能な時代であるともいえる。現に，私の知人・友人の中には，そのような「本当に自分らしい生き方」を定年退職後に実践している人は少なくない。このような人々を見ていると，ライフサイクルにおける「人生の統合」，「アイデンティティの統合」のあり方をあざやかに教えられるような気がする。このような高齢期のアイデンティティ達成や自己実現についても，本章で触れることにしたい。

　このように高齢期の幅が広がり，元気な高齢者もまた増加している今日，高齢期のアイデンティティもさまざまな様態が見られるであろう。そして，高齢者がライフサイクルの最終段階において，どのようなアイデンティティを獲得しているのか，そこに発達的な差異がみられるとするならば，それはどのような要因や条件によるものなのか，高齢者のアイデンティティは何によって支えられているのかという問題は，極めて重要なテーマであろう。

● 2.　現役引退後のアイデンティティはどのようにとらえられるのか

　高齢期のアイデンティティに関する研究は，1980年代以降，漸増の傾向にある。例えば，Ainlay（1981），Donovan（1983），Kaufman（1986），Dressel（1987）などによって，健康度や障害・老化の程度，社会的ネットワークなどの諸要因によって，高齢者のアイデンティティ感覚やアイデンティティ意識に相違が見られることが明らかにされている。中でも Kaufman（1986）は，詳細な個人史の分析や面接調査によって，老化のプロセスの中でアイデンティティの感覚がどのように変化，あるいは保持されていくのかを考察している。その結果，高齢者にとって，「高齢者である」というアイデンティティは，自己の中で重要な位置を占めておらず，むしろ高齢化にともなう身体的，社会的変化にかかわらず，より若い時から維持されているアイデンティティが意識の中核をなしていることを見出している。彼女の提唱した「年齢不問の自己」（Ageless Self）の概念は，今後の高齢期のあり方を考える上で，示唆に富んだ視点である。

　高齢期のアイデンティティに関する研究は，成人期のアイデンティティ発達の研究とともに，いまだに数多くの未解明の課題が残されている。特に，ライフサイクル全体を視野に入れた高齢期のアイデンティティの考察は，今後の重要な課題であるが，これまでこのようなヴィジョンのもとに行われた研究は，私の知る限り，諸外国においても我が国においても，拙著(岡本，1994a，1997)以外には見られない。この内容については，本書の中でも触れてきたが，その総合的なヴィジョンをまとめると，次のようになる。

1．成人期の発達は，人生の岐路（＝発達的危機期）に遭遇するごとに，これまでの自己のあり方や生活構造の破綻や破れに直面し，一時的な混乱・不安定期を経て，再び安定したアイデンティティが獲得されていく，「危機⇨再体制化⇨再生」の繰り返しのプロセスとして理解される。
2．すべての成人がアイデンティティを「達成」しているわけではなく，「発達的危機」への認知と対応の仕方によって，成人期においてもアイデンティティ拡散，早期完了，モラトリアム的様態も存在する。成人期の「アイデンティティ達成」の様態は，自己の直面した危機を主体的に受けとめ，納得できる自己のあり方，生き方を積極的に模索，獲得し，それに主体的に関与することによって，獲得される。

　ライフサイクルを通してみられるアイデンティティの発達の，この基本的なヴィジョンは，おそらく高齢期にもあてはまることであろう。この考え方を発展させる形で，私は現役引退後のアイデンティティ様態の特徴を検討してみることにした。つまり，①現役引退後のアイデンティティ様態は，定年退職・現役引退の受けとめ方と，現在の生活への積極的関与から見たとき，どのような特徴があるのか。そして，②それらのアイデンティティ様態は，それぞれのライフステージにおける心理−社会的課題がどのように達成されているのか，いないのか，という問題について，実証的に検討してみたわけである。
　現役引退後のアイデンティティ様態を分析するにあたって，私は仮説的にTable 7−1のような5つのアイデンティティ・ステイタスを設定した。高齢期の「危機」の契機には，現役引退，家族，特に配偶者との死別，心身の老化

Table 7-1　高齢期のアイデンティティ様態（岡本，1996b）

アイデンティティ・ステイタス	現役引退の受けとめ方	現在の生活に至るまでの主体的模索体験	現在の生活・活動への積極的関与	現在の生活の充足感	推察される定年退職認知タイプ[1]	アイデンティティ再体制化のパターン[2]
Ⅰ　アイデンティティ達成①	肯定的	あり	あり	高い	積極的歓迎型	再体制化完了 (A)⇨A
Ⅱ　アイデンティティ達成②	否定的	あり	あり	高い	危機型	再体制化完了 (A)⇨D⇨M⇨A
Ⅲ　早期完了	中立的	なし／あいまい	あり	高い	受動的歓迎型	再体制化あいまい (F)⇨F
Ⅳ　モラトリアム	アンビバレント	現在，その最中	アンビバレント／あいまい	中程度	危機型／アンビバレンツ型	現在，再体制化の途中 (A)⇨M
Ⅴ　アイデンティティ拡散	肯定的／否定的	なし	なし	低い	あきらめ型逃避型	再体制化未完了／失敗 (D)⇨D (A)⇨D⇨D

（注1）岡本・山本（1985）による定年退職認知タイプを示す。
（注2）岡本（1994a）による「成人期のアイデンティティのラセン式発達モデル」を示す。
　　　　A：アイデンティティ達成，M：モラトリアム，F：早期完了，D：アイデンティティ拡散

や病気など，さまざまな事象が考えられる。ここでは，その中で客観的に把握することが容易であり，外的事象として個人差の少ない現役引退を，高齢期の発達的危機の基盤となる事象としてとりあげることにした。

　Table 7-1の右の欄に示した「推察される定年退職認知タイプ」は，それぞれのタイプが，第6章で紹介した「定年退職認知タイプ」のどのタイプに対応するかを示したものである。また「アイデンティティ再体制化のパターン」は，第6章で述べた成人期のアイデンティティのラセン式発達モデル（Fig. 6-4）との対応を示したものである。

　Ⅰアイデンティティ達成①型は，Fig. 7-1に「Ⅰ」と示したように，定年退職にともなうアイデンティティの混乱はそれほど大きくなく，退職後の安定したアイデンティティを再獲得していったタイプである。それに対してⅡアイデンティティ達成②型は，定年退職を自己にとって危機的，否定的にとらえて

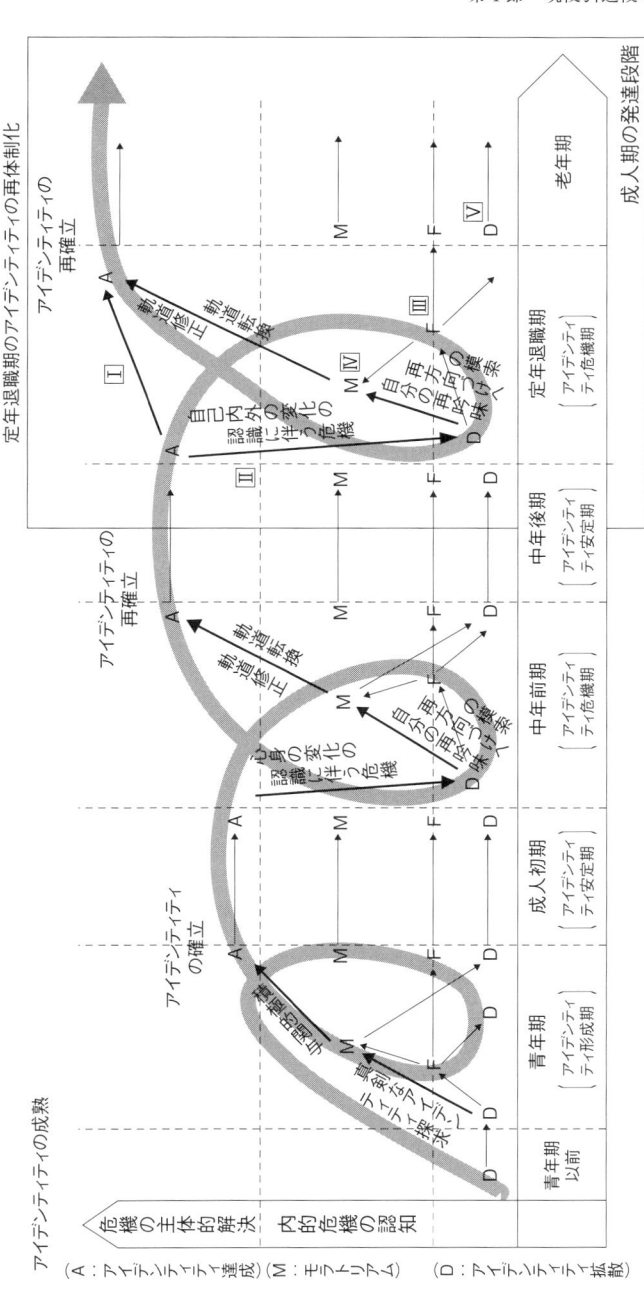

Fig. 7-1　「成人期におけるアイデンティティのラセン式発達モデル」と現役引退後のアイデンティティ様態への対応

(注)　□の枠内は、定年退職期のアイデンティティ再体制化のプロセスを示す。
図中のローマ数字はそれぞれ、Ⅰ アイデンティティ達成①型、Ⅱ アイデンティティ達成②型、Ⅲ 早期完了型、Ⅳ モラトリアム型、Ⅴ アイデンティティ拡散型を示す。

おり，退職によるアイデンティティの揺らぎや崩壊（＝アイデンティティ拡散）
⇨自己の見直しと退職生活への方向づけの模索（＝モラトリアム）を経て，ア
イデンティティの再獲得（＝アイデンティティ達成）に至ったタイプである。
このタイプは，Fig. 7-1に「Ⅱ」と示した。これは，定年退職危機期にラセ
ンが大きく転回したパターンである「(A)⇨D⇨M⇨A」にあたる。

　Ⅲ早期完了型は，定年退職にともなう生き方の見直しはあいまいであるが，
現在の退職生活には積極的に関与しており，充足感も高いタイプである。この
タイプは，Fig. 7-1に「Ⅲ」と示した「F⇨F」のパターンに相当する。

　Ⅳモラトリアム型は，現在はまだ，退職生活へ向けての模索の最中であり，
アイデンティティ再体制化の途上である。

　Ⅴアイデンティティ拡散型は，退職にともなう生き方の見直しや主体的な模
索が行われておらず，しかも現在の退職生活に対しても積極的関与や充足感が
乏しい。このタイプは，Fig. 7-1の「D⇨D」，あるいは，「(A)⇨D⇨D」の
パターンにあたる。特に，退職生活への再方向づけがうまくいかず，不満の高
い退職生活を送っている人々は，定年退職期のアイデンティティ再体制化が失
敗したパターンであろう。

　高齢者大学に在籍している60歳以上の男性高齢者83名を対象に，文章完成法
SCTによる質問紙調査を行った結果，Table 7-2のようなアイデンティティ
様態が見出された。

　A積極的歓迎型は，定年退職を歓迎し肯定的にとらえており，退職生活や
現在の活動にも積極的に関与していた。このタイプの人々は，現役時代のアイ
デンティティから退職者としてのアイデンティティへの移行が比較的，スムー
ズに展開したタイプである。

　それに対して，退職危機転換型と命名したB型は，定年退職を自己にとっ
て危機的，否定的にとらえていた。しかしこのタイプの人々は，その後，退職
生活へ向けてアイデンティティの立て直しを行い，現在は，退職生活に積極的
に関与し，高い充足感を獲得していた。B型と評定された人々は10名見られ，
全体の12％を占めていたが，このタイプの人々は，定年退職期のアイデンティ
ティ再体制化が完了した人々であろう。

　C受動的歓迎型は，定年退職は肯定的にとらえ歓迎していたが，退職者とし

Table 7-2　高齢期のアイデンティティ様態とその概要（岡本，1996b）

アイデンティティ様態	定年退職（現役引退）の受けとめ方	現在の生活・活動への関与	退職生活の充足感	人数（％）
A　積極的歓迎型 （Ⅰ　アイデンティティ達成①型）	退職を肯定的にとらえ，歓迎している。	積極的関与をしている。	高い	30（36.1）
B　退職危機転換型 （Ⅱ　アイデンティティ達成②型）	退職を危機的，否定的にとらえている。	積極的関与をしている。	高い	10（12.0）
C　受動的歓迎型 （Ⅲ　早期完了型）	退職を肯定的にとらえ歓迎しているが，disengagement的。	活力・エネルギーは乏しく受動的な関与である。	中程度～高い	25（30.1）
D　危機継続型 （Ⅴ　アイデンティティ拡散型）	退職を危機的，否定的にとらえている。	積極的関与はほとんど見られず，無為の生活を送っている。	低い	9（10.8）
E　あっさり移行型 （Ⅴ　アイデンティティ拡散型）	肯定的／否定的のいずれでもなく単なる節目として認知している。	中程度の関与	中程度	9（10.8）
合計				83（100.0）

ての新しいライフステージへ向けての積極的な展望や模索は見られない。このタイプは，活力が乏しく，退職を義務からの解放という意味合いで歓迎していることが特徴的である。現在の生活への関与も受動的であり，A・B型に比べるとエネルギーのレベルは低い。

　また，危機継続型と命名したD型は，定年退職を否定的，危機的にとらえているばかりでなく，現在の生活や活動に対しても積極的関与が行われておらず，退職生活の充足感も低いタイプである。このタイプの人々は，定年退職危機が未解決のままであり，アイデンティティ再体制化が完了していない人々である。

　最後に，あっさり移行型と名付けたE型は，定年退職を単なる一つの節目ととらえており，SCTの記述内容から見る限り，あっさりと次のライフステージへ移行したタイプであると推察された。このタイプの人々は，自己と自己の生活への意識や関与が乏しいことが特徴的であり，「危機に関与しない」タイ

Table 7-3　アイデンティティ様態別に見た心理－社会的課題の達成度（岡本，1996b）

項　目	得　　点		様態間の平均値の差の検定
Ⅷ　人生の統合　対　絶望			
①今までの私の人生は：	大変意義深い価値あるものだった。	7‥‥6‥‥5‥‥4‥‥3‥‥2‥‥1　失敗や悔いの連続であった。	A＞D＊ B＞D＊ C＞D＊
②もし生まれ変われるものなら：	今のような人生を送りたい。	7‥‥6‥‥5‥‥4‥‥3‥‥2‥‥1　全く別の人生を送りたい。	n.s.
③職業や結婚など，これまで私がやってきた重要な決断や選択は：	成功であり満足している。	7‥‥6‥‥5‥‥4‥‥3‥‥2‥‥1　失敗が多く後悔している。	n.s.
④死に対して私は：	十分心の準備ができており恐れはない。	7‥‥6‥‥5‥‥4‥‥3‥‥2‥‥1　心の準備もなく恐ろしい。	n.s.
⑤私が死んだ後，子ども・孫たちや社会は：	しっかり発展していくであろうと信頼している。	7‥‥6‥‥5‥‥4‥‥3‥‥2‥‥1　どうなることか不安でたまらない。	n.s.
Ⅶ　世代性　対　停滞			
①私の毎日の仕事や活動は，私に：	大きな喜びや満足を与えてくれる。	7‥‥6‥‥5‥‥4‥‥3‥‥2‥‥1　非常に苦痛で退屈なものである。	A＞C・D・E＊＊ B＞C・D＊＊
②定年退職（現役引退）までの私の仕事は：	非常にやりがいのあるもので積極的に打ち込んでやっていた。	7‥‥6‥‥5‥‥4‥‥3‥‥2‥‥1　非常につまらないやりがいのないものだった。	n.s.
③子どもを育てることは私にとって：	非常にやりがいのあるもので，一生懸命やってきた。	7‥‥6‥‥5‥‥4‥‥3‥‥2‥‥1　親としての義務・責任でやってきただけで，子育ては苦痛であった。	n.s.
④子育てに対して私は：	常に心をくだいて一生懸命やってきた。	7‥‥6‥‥5‥‥4‥‥3‥‥2‥‥1　配偶者や家族にまかせきりであった。	n.s.
⑤私は若い頃からやろうとしてきたことを：	かなり実現できた。	7‥‥6‥‥5‥‥4‥‥3‥‥2‥‥1　全く実現できなかった。	C・D・E＞A＊＊ C・D・E＞B＊＊
⑥私は生活の中に見出している目標について：	目標の実現に向かって着々と進んできた。	7‥‥6‥‥5‥‥4‥‥3‥‥2‥‥1　今まで何の進歩もなかった。	A＞C・D＊＊ B＞C・D・E＊＊ C・E＞D＊
Ⅵ　親密性　対　孤立			
①妻（夫）と私は：	互いによく理解し合い助け合って暮らしてきた。	7‥‥6‥‥5‥‥4‥‥3‥‥2‥‥1　できるだけかかわり合わないようにしてきた。	n.s.
②私は，夫婦関係に：	大変満足している（いた）。	7‥‥6‥‥5‥‥4‥‥3‥‥2‥‥1　できれば離婚したいほど不満である（不満であった）。	n.s.
③もし生まれ変われるものなら：	同じ妻（夫）ともう一度夫婦でありたい。	7‥‥6‥‥5‥‥4‥‥3‥‥2‥‥1　全く別の女性（男性）と結婚するだろう。	n.s.
④私は友人や知人と：	いつも親しく付き合い満足している。	7‥‥6‥‥5‥‥4‥‥3‥‥2‥‥1　できるだけかかわり合わないようにしている。	n.s.
Ⅴ　アイデンティティ　対　アイデンティティ拡散			
①生きることに私は：	非常にはっきりした目標や目的をもっている。	7‥‥6‥‥5‥‥4‥‥3‥‥2‥‥1　何の目標も目的ももっていない。	A＞C＊ A＞E＊

Table 7-3　アイデンティティ様態別に見た心理−社会的課題の達成度（cot'd）

項　目	得　点		様態間の平均値の差の検定
②私の生活を考えると私は：	今なんで生きているのか，理由がはっきりしている。 7…●…○…△…5…■…4…3…2…1	何のために生きているのかわからない。	A＞C・D・E** B＞C・D**
③私は生活の中で：	自分のすべきことや役割がはっきりわかっている。 7…●6…○…▲5…■…4…3…2…1	何をしたらよいのかわからない。	A＞C・D・E** B＞C・D**
④私は現在やっている活動や役割に対して：	積極的に一生懸命打ち込んでやっている。 7…●…6…○5…△…■…4…3…2…1	全く消極的である。	A＞C・D・E**
Ⅳ　勤勉性　対　劣等感			
①私は：	非常に役に立つ有能な人間であると思う。 7…●…6…○5○…▲4…■…3…2…1	全く役に立たない人間であると思う。	A＞C・D・E** B・C＞D*
②何か1つの課題や物事をやりとげることは，私にとって：	大きな喜びであり生きがいである。 7…●6…■△5…4…3…2…1	大変な苦痛である。	A＞C・E** B＞C**
③自分でやろうとすることは：	すべてうまくいくと思う。 7…6●…○5○…▲…4△…3…2…1	うまくいく自信が全くない。	A＞B・C・D・E** B・C・E＞D**
Ⅲ　自主性　対　罪悪感			
①私は毎日の生活や活動を：	自分自身で考え，主体的に行動している。 7…○6…△…○…▲…■…3…2…1	全くなりゆきまかせである。	A＞C・D・E** B＞C・D**
②私は自分の育ちについて：	大変恵まれていたと誇りに感じている。 7…●…6…○5…▲…■…3…2…1	思いどおりにならないことが多く，不幸であった。	n.s.
③今までの私の生き方は：	自分で主体的に考え決断してきたものだった。 7…6●…■○5…△…▲…3…2…1	外部の事情や状況に流された受動的なものだった。	A＞C*
Ⅱ　自律性　対　恥・疑惑			
①私は毎日，生活するのに必要なことを：	家族や他者の手をわずらわせず，すべて自分でやっている。 7…6●…▲○5…△…■…4…3…2…1	すべて家族や他者に世話してもらっている。	n.s.
②今までの生活から見ると，世の中は：	私の生き方にぴったりしている。 7…6●…○5…△▲…■…3…2…1	私には全く生きにくい。	A＞C・D・E* B＞C・D・E*
Ⅰ　基本的信頼感　対　基本的不信			
①私は家族や友人を：	かけがえのない人と思って信頼している。 7…6●▲■…5…4…3…2…1	あまり信頼できないと思っている。	n.s.
②私のこれからの人生は：	最良のものであろう。 7…●△6○…■5…4…3…2…1	明るい見通しが全くもてない。	A＞C* E＞C*
③私は：	自分のよりどころや支えになるものをしっかりもっている。 7…6●○…△5…4…■…3…2…1	何も支えがなくて不安でたまらない。	A＞C・D・E** B・C・E＞D*

●———● A　積極的歓迎型　　　　　*p<.05, **p<.01
○-----○ B　退職危機転換型
▲—·—▲ C　受動的歓迎型
■-----■ D　危機継続型
△—··—△ E　あっさり移行型

プである。

　これら A〜E のアイデンティティ様態と，健康状態，家族形態，子どもとの交流の程度，社会活動への参加状況などの日常生活環境・構造との関連性を検討したところ，対象者の日常生活構造や環境は，A〜E のアイデンティティ様態によってそれほど大きな相違は見られなかった。高齢期のアイデンティティ様態は，このような物理的・社会的生活環境の要因を超えた，より内的な要因によって決定されるものであろう。

● 3. 高齢期のアイデンティティを支えるもの
―心理－社会的課題はどのように統合されるのか―

　ライフサイクルの最終段階である高齢期の心理－社会的課題は，Erikson によれば，自我の統合である。それは，自分の人生を一回限りの代替不能のものとして肯定的に受容することを意味している。高齢期を迎えた人々が，この自我の統合という課題をどのように達成し，高齢期のアイデンティティを獲得しているかについては，Erikson et al. (1986) の晩年の名著『老年期――生き生きしたかかわりあい――』の中に詳述されている。この著書の中で Erikson は，現在はすでに高齢期を迎えている，かつてのバークレー研究[1]への協力者であった29名の人々に再度，面接調査を行い，精神分析的個体発達分化の図式に示された8つの段階のそれぞれの心理－社会的課題が，高齢期にどのように顕在化し，再達成されるかについて考察している。

　この著書の中で Erikson が繰り返し述べていることは，高齢期に I 〜Ⅷのそれぞれの段階の心理－社会的テーマが再び，吟味され，現在のあり方，つまりアイデンティティの中に統合されるということである。換言すると，それぞれの段階の心理－社会的テーマが高齢期に再体験され，自分なりのやり方でまとめられるということである。例えば，第Ⅶ段階 世代性のテーマは，高齢期には祖父母的世代性という形で現れる。

　私は，これらの心理－社会的テーマが，2. で紹介した高齢期のアイデンティ

1）　バークレー研究：カリフォルニア大学バークレー分校児童福祉研究所において，Jean Walker Macfarlane 教授を中心に行われた縦断的発達研究。1927年乳幼児であった200名を1945年までの18年間，さまざまな発達心理学的観点から追跡調査した。

ティ様態にどのような形で現れているかを検討してみた。高齢期のアイデンティティ達成型は，これらの各段階の心理－社会的テーマがより肯定的に自覚されているであろうし，より低いステイタスでは，それらが否定的に意識されているであろうと考えた。Ⅷ〜Ⅰ段階の心理－社会的テーマを具体的に Table 7−3 のような内容で表現し，各アイデンティティ様態に見られるそれぞれの体験のされ方を分析した。

　Table 7−3 は，Ⅷ〜Ⅰ段階のそれぞれの項目別の得点を示したものである。それぞれの得点の高い方が，各項目の課題を肯定的に体験・意識していることを示している。ここからわかることは，A 積極的歓迎型が全般的に高い得点を示し，どの段階においても，それぞれの課題がよく達成されている。反対に，D 危機継続型は，全般的にどの段階においても得点が低いということである。

　また，A〜E の 5 つの様態の中で，A 積極的歓迎型と B 退職危機転換型が，非常によく類似したプロフィールを示していることは注目される。この 2 つの様態は，定年退職にともなうアイデンティティの再体制化が完了し，退職者としてのアイデンティティをうまく再確立した人々である。このタイプの人々は，現在の生活や活動に積極的に関与しており，高い充足感を獲得していた。特にB 退職危機転換型の人々が，定年退職までの仕事に対して非常にやりがいを感じ，積極的にうちこんでやってきたことは，項目Ⅶ−②「定年退職（現役引退）までの私の仕事は」に対する得点が 5 つのタイプの中で最も高いことにも表れていた。B 型の人々にとって定年退職は大きな危機であったことは，この反応からも推察された。この他にもこのタイプの人々は，「私の生活を考えると私は，今なんで生きているのか，理由がはっきりしている」（Ⅴ−②），「私は生活の中で，自分のすべきことや役割がはっきりわかっている」（Ⅴ−③）という項目に高得点を示しており，現在の自分に対してはっきりとしたアイデンティティ感覚を獲得していた。

　また A・B 型とも，「今までの私の人生は，大変意義深い価値あるものだった」（Ⅷ−①），「私の毎日の仕事や活動は私に，大きな喜びや満足を与えてくれる」（Ⅶ−①），「私は生活の中に見出している目標について，目標の実現に向かって着々と進んできた」（Ⅶ−⑥）にも高得点を示しており，「人生の受容」という高齢期の心理－社会的課題をもうまく達成できていることが推察される。

　またこれらのタイプの人々は，青年期のアイデンティティ形成以前のライフ
ステージにおいても，自己に対する自信や有能感（Ⅳ-①，Ⅳ-③），現在の生
活や今までの生き方に対する主体性（Ⅲ-①，Ⅲ-③），周囲と自分との調和（Ⅱ
-②），自分のよりどころがあることの自覚（Ⅰ-③）など，アイデンティティ
達成の基盤となる課題やテーマに対しても，肯定的に認識しており，それらの
課題がうまく達成されていることを示している。

　こうして見ると，高齢期にも，アイデンティティ達成，モラトリアム，早期
完了，アイデンティティ拡散という特徴的な様態が存在することがわかる。そ
してその中で，「アイデンティティ達成型」の人々は，各ライフステージの心
理－社会的課題がよく達成されていることが示唆された。Erikson（1986）は，
高齢者のアイデンティティを支えている意識や感覚として，幸福な人生であっ
たという実感（Ⅷ），これまでやりとげてきた仕事や子どもや孫が立派に育っ
ているという意識（Ⅶ），配偶者をはじめ，親しい人々との交わり（Ⅵ），何ら
かの仕事や業に熟達している（いた）こと（Ⅳ），人生の目標の達成感（Ⅲ），
人に頼らず，できる限り自律／自立できているという感覚（Ⅱ），自己，およ
び神仏を含む他者に対する信頼感（Ⅰ）という，それぞれのライフステージの
心理－社会的テーマの達成感や，それらに対する肯定的な認識を指摘している。
私は，それらの各テーマをより具体的な内容に表現して検討したところ，Table
7-3に示したように，ほぼすべてのライフステージにおいて，アイデンティ
ティ達成との関連性が認められたわけである。

　Fig. 7-2は，この結果をもとに，高齢期のアイデンティティ達成について
の一つの仮説的ヴィジョンを示したものである。高齢期のアイデンティティは，
Fig. 7-2に示したように，これまでの人生の各々のライフステージにおける
心理－社会的テーマが再吟味され，それらが統合された姿としてとらえること
ができるのではないであろうか。言い換えれば，Ⅰ〜Ⅷのそれぞれのテーマは，
高齢期にはFig. 7-2のように各層をおりなし，それらが相互に影響し合いな
がら，高齢期のアイデンティティを支えているのではないであろうか。

● 4. 定年退職後の自己実現―若き日の「夢」のゆくえ―

　長寿化の進んだ今日，60歳代半ば以降の現役引退後の時期は，これまでの義

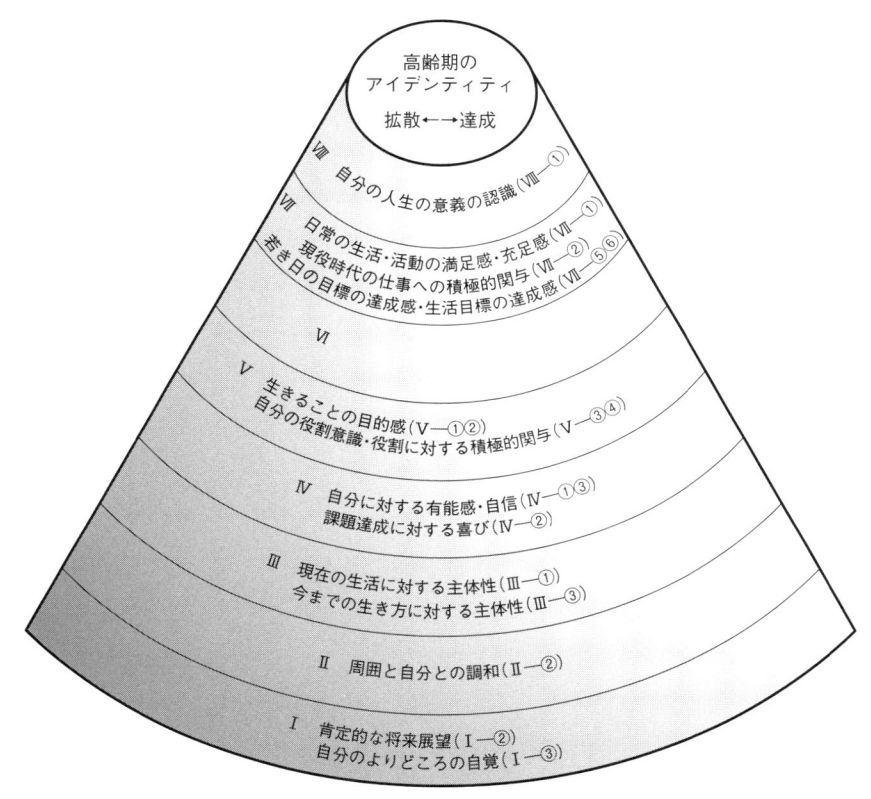

Fig. 7-2　高齢期のアイデンティティ統合のヴィジョン（岡本，1996b）

(注) 図中の（　）内の数字は，Table 7-3の項目番号を示す。
　　有意差の見られた項目の内容のみを示した。

務や責任から解放されて，本当に自分らしい生き方を求める人々が増加している。そして心身ともに元気な高齢者の多い今日では，退職後の人生は単なる楽隠居ではなく，第2の自己実現をめざす時期ととらえている人々も多い。このような人々にとって，高齢期の「人生の統合」という課題は，より積極的な特質や意味合いをもっていると考えられる。上に紹介した調査の一部である SCT「私が一生のうちにやりたいことは」，「定年退職（現役引退）後，私は」に対しても，「本当に自分らしい生き方がしたい」「これまでは仕事が忙しくてできなかった地域の人々の世話をしたい」「若い人々の世話をして暮らしたい」な

どの記述がかなり見られた。これらは，高齢期という人生のラストステージにおいて，これまでのやり残した課題を実践することや，これまで生きられなかった「本当の自分」を獲得することへの願望が表れている。

　中年期の入り口や定年退職期のアイデンティティの危機期には，これまでの生き方や自己のあり方の納得できないところを再吟味することによって，アイデンティティが再体制化されていく。それはもうすでに見てきたとおりである。上記のSCTの記述内容にも，過去においてやり残した課題や影になっていた自分，欠落していた生き方に光をあてて，これからの生き方に統合していきたいという気持ちが反映されているのであろう。これらは，「人生の統合」という高齢期の課題のより積極的な達成の仕方であろう。

　このような「人生の統合」のあり方は，高齢者が精神的に充足した晩年を送るためにも，極めて大きな示唆を与えている。例えば次に紹介するNさん，Oさんのように，それを具体的な形で実践に移している人も少なくない。

　Nさんは，現在62歳。大学卒業以来，郷里の高校教員をつとめ，2年前に校長を最後に退職した。Nさんは，青年期に大学を卒業後，本当は大学院へ進学して研究者になりたかったが，経済的事情と体があまり丈夫でなかったことを理由に断念し，郷里へ帰った。しかし，50歳を過ぎて管理職になる頃から，若き日の夢が忘れられず，定年退職後は母校の大学院へ進学することを計画した。退職の2～3年前からひそかに大学院の受験準備をし，20代の若い人たちに混じって見事に合格を果たした。大学院では，現役時代の地域社会での教育実践と自身の高齢期の生き方を見直し，体系的に勉強したいと社会教育学を専攻している。退職前後には，経済的問題，自分一人で料理や洗濯など日常生活がやっていけるだろうかという郷里を離れての生活の不安など，新しい生活への不安はあったが，何よりも家族の励まし，すでに成人している子どもたちや妻のサポートによって決断できたということである。

　Oさんは，現在66歳，県の教育関係の役員として週2日程度，出勤するほかは，著述家として生活している。Oさんも現役時代は，小・中学校の教員であり，6年前に校長を最後に退職した。「自分が青年期の頃は，こんな田舎では，家業を継ぐか，農業をするか，師範学校へ行って先生になるしかなかった」ということである。青年期にOさんは，本当はものを書く仕事がしたかったが，

生活の安定を考えて，得意だった国語を専攻し教師になった。教職についた後は仕事一途に打ち込み，退職の前年にはその功績が認められて文部大臣表彰を受けるほど有能な貢献を重ねた。

　Oさんは，現役時代には退職後の生活のことなど一切考えなかった。定年を迎えるにあたって，専任としての再就職の話がうまく運ばず，退職後2〜3カ月は，肩書がなくなったこと，毎日することや出掛けていくところがないことなど，心理的には不安定な時期であった。Oさんはその中で，今後の生き方の立て直しを行わねばならなかった。この時，人生を見直す中でOさんが思いついたのは，自分は若い頃からものを書く仕事がやりたかったのではなかったのかということであった。Oさんはその後，自分の教師としての職業経験をもとにした本を書くことにエネルギーを注ぎ，すでに著書が2冊，出版されている。また，現役時代は100%，仕事にエネルギーを注いできたため，郷里に住みながらも地域社会とは疎遠であった。Oさんは，その埋め合わせもしたいと，退職後は，頼まれるままに地域社会の世話役もやっている。

　ここに紹介したNさん，Oさんの生き方は，私たちに多くのことを教えてくれる。この人たちは定年退職という人生の節目をきっかけに，過去の人生の中に埋もれた「もう一人の自分」を発見した人々である。この「もう一人の私」は，さまざまな事情や条件の中で，現実には生きられなかった人生であるが，心の底では，それはしっかりと生きており，定年退職期という人生後期の岐路に，意識の中に頭をもたげてきたわけである。Nさん，Oさんの定年退職後の生き方は，まさに若き日の夢を定年退職後に実践することにより，人生をまとめるという高齢期の課題を達成しつつあるのではないであろうか。

第2節　高齢期の死の受容とアイデンティティ

● 1.　喪失体験の受容—自己の死をどう受けとめるか—

　これまで私たちは，高齢期の積極的な側面，いわば体力や活力の衰退期にあってもなお，輝きを増す高齢期の自分らしさ，アイデンティティの側面について見てきた。しかしながら，ライフサイクルを通しての心の発達について考えるとき，どうしてもしっかりと見ておかなければならない問題として，「喪失体

験」がある。もっとも中年期の入り口で体験される「自己の有限性の自覚」，そして現役引退期における職業，社会的地位，経済基盤など，さまざまな喪失体験については，すでに述べてきた。しかし，これまで見てきた問題は，人生後半期を生きるにあたって，自己の有限性やさまざまな喪失に直面しながらも，それに折り合いをつけつつ受容し，自分らしい生き方を探求していくという問題であった。それは自立した人間の生き方であり，アイデンティティ探求の積極的な側面である。これまで見てきた喪失体験は，自分の存在にとってたとえ影を意味していても，その影があることによって，自分の全体像，本当の自分らしさがより鮮やかに認識された。それはいわば，ものの形が一方向から光をあてることにより，そのくぼみがくっきりと浮かび上がり，形が一層はっきりと知覚されることに似ている。ここでは，高齢期のもう一つの重要な側面である，自立が危うくなった段階のアイデンティティの問題について考えていきたい。

　年をとるにしたがって，体力，知覚，経済力など，さまざまなものが失われ，人間は弱い存在であることを思い知らされる。そして最後に，死の訪れがある。このような自己内外の喪失体験をどう受けとめるかによって，人生最晩年のアイデンティティのあり方は決まってくるのではないだろうか。

　人生前半期においては，私たちはより大きな社会的責任や地位，より多くの収入など，多くのものを獲得していく。その移行変化に適応するには，もちろんエネルギーを要し，ストレスになることもある。しかし，新たなものを獲得していくことは，生きがいに結びつきやすい。それに対して，人生後半期は喪失の時期である。より小さな責任や役割，収入の減少，社会的地位の喪失，これらはともすれば，自分自身に対する自信の喪失につながりかねない。だからこそ，より内面的，人間的な自尊心を養い，内的世界における生きがいを支えにしていく必要がある。しかしながら，そうはいってもいったん自立した人間が，他者の世話になることはつらい体験であることはまちがいないであろう。この転換がどのように行われるかが，人生の最晩年のアイデンティティを考える上で，重要な問題であろう。

　人生最晩年の中心的テーマは，死の問題である。それも他者の死ではなく，自分自身の死をどう受けとめるかという重大なテーマである。介護が必要に

なった高齢者が，自分自身の死をどのように認知しているかについては，Table 7-4のような調査結果が得られている（岡本，1990）。これは，養護老人ホームで生活している60歳以上の高齢者を対象に，SCTを用いて死の認知について調べたものである。SCT 12項目の記述内容を，①死に対してどの程度，主体的な関心をもっているか，②自分の死を受容しているかどうか，という2つの視点から分析したところ，Table 7-4のような6つのタイプが見出された。

　この小研究によっても，高齢者の死の受けとめ方にも，かなりの個人差が見られることがわかる。しかしながら，自分の死を「不安でならない」，「いやでたまらない」と答えた危機型の人々は，全体の17％にとどまっている。そして，死は「恐ろしいこととは思わない。安心して死んでいけると思う」と回答した積極的受容型の人々は34.3％，また神仏や宗教に自分を委ねることによって死を受け入れている受動的受容型の人々も10％，見られた。

　これらのタイプとアイデンティティの達成度と自我機能の高さの関連性を見ると，積極的受容型の人々は，その他のタイプに比べて高いアイデンティティ達成度と自我機能を示していた。こうしてみると，中年期や現役引退期と同様，高齢期の最大の課題である自分自身の死の受容もまた，アイデンティティの達成やそれを支える自我の強さと深いかかわりをもっているということができる。

● 2. プロセスとしての自己の死の受容

　自己の死の受容もまた，人生における他の危機と同様，一つのプロセスとしてとらえることができるであろう。死すべき存在として自己を認知することは，中年期に実感をもってはじまり，その後の人生後半期に深められていく。しかし，その長い人生の中で死の受容がどのように進んでいくかという問題は，実証的にはほとんど研究されていない。

　もっとも末期の癌など，もう回復が見込めない病気にかかった人々が，遠からず訪れる自分の死をどのように受容していくのかについては，Kübler=Ross（1971）による臨床経験の中から生まれた優れた研究がある。これは，我が国においても広く知られている。このような残された時間が極めて有限となった人の死の受容ではなく，一般の高齢者がどのように自分の死を認知し，現実の

Table 7-4　高齢者の死の認知タイプ（岡本，1990）

タイプ	死に対する関心	死の受容	主な反応例 （SCT「死に対して私は」）	人数	％
A：積極的 受容型	Active 〔死を自分の問題 として主体的に 考えている。〕	Active Acceptance	・いつ死んでも悔いはない。 ・恐ろしいとは思わない。素直に死んでいけると思う。 ・恐れを知らず安心して死を求めている。	24	34.3
B：受動的 受容型	Passive 〔死への関心は高 いが神仏まかせ〕	Active Acceptance Passive Acceptance	・念仏を唱えるのみ。 ・すべて神におまかせ。	7	10.0
C：あきら め型	Passive	Passive Acceptance	・しかたのないことだと思う。 ・のがれることのできない運命だと思う。	9	12.9
D：危機型	Active 〔主体的関心は非 常に高い。〕	Non- Acceptance	・不安でならない。 ・いやです。	12	17.1
E：否認型	Passive （否　　認）	Non- Acceptance	・今のところ何も考えていない。 ・どういうことかわからない。	7	10.0
F：過去記 述型	（過去の死に関する体験について記述）			4	5.7
無　回　答	—	—		7	10.0
	合　　計			70	100.0

死に至るまでの歳月の中でそれを受容していくのかについては，あまりデータがない。

　小林(1983)は，死を間近に控えた高齢者が死を認識し受容するプロセスは，次のような段階を経て進む可能性があることを示唆している。

　第1段階　恐怖，混乱，苦悩，絶望，不安などを体験する過程

　第2段階　落ち着きを取り戻し，人生やさまざまなことを思いめぐらす過程

第3段階　死を受け入れる過程

第4段階　残された時間を意味づける過程

第5段階　感謝の心が生まれる過程＝関係的に受容

第6段階　期待，喜び，希望，勇気などの気持ちを体験する過程

小林は，これらの段階は必ずしもすべての人々に起こるわけではないとしながらも，可能ならば第5段階まで進むことが望ましいと述べている。

　第6章の終わりに，私はライフサイクルを通してのアイデンティティの発達プロセスとして，「アイデンティティのラセン式発達モデル」を提出した。これは，人生の中で，大きな発達的危機に遭遇するごとに，アイデンティティそのものが組み替えられ，さらに発達・成熟したレベルに再体制化されることを示したものである。中年期の入り口と現役引退期には，その組み替えが起こることは，もうすでに実証的なデータをもとにみてきた。

　さて，ライフサイクルの最終段階である高齢期に，もう一つの発達的危機期があるのではないかと，私は考えている。それは，自己の死に直面することによる危機である。この死の受容プロセスをみてみると，ここでもラセンが展開するプロセスがみられるのではないかと思われるが，残念ながら現在のところ，このプロセスについては，実証的なデータはない。

　死の受容というライフサイクルの最終的な課題を達成した後に現れる高齢期のアイデンティティ様態は，どのようなものであろうか。この問題については，先人のいくつかの論考がある。例えば，Erikson（1964）は，次のように述べている。

　　「老人の強さとは，熟した『ウィット』，深い知識，年輪のかかった判断の
　　中にみられる知恵のかたちをとるのである。（中略）知恵とは，死に直面
　　しながら，生そのものへ執着のない関心をもつことである。知恵とは身体
　　的な衰弱や知的機能のおとろえにもかかわらず，統合された経験を維持し，
　　他に伝える努力である。（中略）可能性，実践力，適応力は低下していく
　　が，張りのある心が責任ある諦観の才と結び付けば，老人のうちには，人
　　間存在の問題をそのすべてにわたって直視することができるであろうし，
　　次代へひとつの人生の『終幕』の生きた実例を示すことができるであろう。

　このような統合性のみが，もう有限の生命のおわりが近づいてきているという絶望感に対抗し得るし，おしまいだ，一巻のおわりだ，といった矮小な嫌悪感を乗り越え，生まれたての赤ん坊に見られると同様の，人生の終幕での無力感の時期に直面せざるを得ない絶望感をのりこえることができる。」(Erikson，1964，鑪訳，1973，pp. 132-133)

　また，河合（1983）は，壮年期から高齢期に至る長い歳月の中で，「喪失の段階」「危機の段階」，そして「我執離脱の段階」を経て，老いを受容していくと述べている。小林や河合によって示唆されているこの高齢者の死の受容，あるいは老いの受容のプロセスは，高齢期段階のアイデンティティの再体制化のあり様を示唆しているととらえることができる。

◆　第3節　夫婦で迎える高齢期と夫婦アイデンティティの発達

● 1. 夫婦関係の再構築の時期としての高齢期

　本章の最後に，高齢期に見られる他者とのかかわりによるアイデンティティの発達について考えてみたい。夫婦関係をはじめとする他者との親密な深い関係性は，成人期の心の発達にとって重要な意味をもつ問題である。第2章でも述べたように，関係性の発達は，個の確立と並んでアイデンティティの発達・成熟にとって重要な柱となる。

　Erikson は，他者との深く長いかかわりを楽しむ力を親密性と呼び，成人初期の心理-社会的課題とした。しかしながら，この親密性は，成人期，高齢期のどの時期においても重要なテーマである。特に高齢期は，夫婦関係，中でも夫婦の親密性を見直すためにふさわしい時期であろう。Erikson 自身も次のように述べている。

　　「ライフサイクル全体を通して，人は親密の能力といくらかの孤独の欲求との間でバランスをとって初めて，愛する相手や愛される相手に本当の相互性をもってかかわることが可能になる。年長者も若い成人期の人と同じように，親密の感覚と孤独でいることの経験を融和させて，もう一度愛の

能力を強化しなければならない。」（Erikson et al., 1986, 朝長訳, 1990, p. 111）

　高齢期には心身の老化や生活パターンの変化によって，夫婦の親密性にも新しい適応が求められる。しかしながら，高齢期に「もう一度，愛の能力を強化」することは，実際のところ，なかなか難しい心の作業なのではないであろうか。例えば，定年退職後，夫が毎日家にいることが気に障るという女性は意外にたくさんいる。夫が現役時代には，妻は家庭内のきりもりについて自分なりのやり方とペースを作りあげてきた。ところが定年を迎えた夫が暇にまかせて，家事を手伝う（口や手を出す？）ようになると，今まで築いてきた自分の領分を侵されたような気になるのである。中には，定年までは家庭内のことは一切，妻にまかせきりで，会社人間を地で行くような仕事ぶりだった夫が，退職後は妻へのねぎらいを込めて，家事一切を引き受けるようになった。夫はこれで長年の妻の苦労に報いることができると考えていたが，妻はまもなくひどい抑うつ状態に陥ってしまったというケースもある。これは，定年退職という大きな節目において，夫婦関係のバランスや心理力動を調整することがいかに難しいかを示すものであろう。

　また，もう少し年をとり，夫婦のどちらかが体が不自由になった場合を考えてみよう。多くの家庭では配偶者が，体が不自由になった相手の身の回りの世話をすることになる。年をとってきた妻にしてみれば，夫の世話は肉体的にも大変な重労働であるが，世話される夫は，長年暮らしてきた習慣からあたりまえと思って，妻に感謝やねぎらいの言葉もかけないという話も聞いたことがある。これらはすべて，高齢期に再び，夫婦関係の見直しが必要であることを物語っている。そしておそらく高齢期には高齢期の，新しい親密な夫婦関係の再構築が求められるのであろう。

● 2. 高齢期夫婦の「関係性」はどのようにとらえられるか

　これまで，高齢期まで連れ添った共白髪の夫婦の夫婦関係は安定しているものと見なされ，高齢期の夫婦関係の質が研究テーマとして取り上げられることは少なかった。しかし，高齢期を迎えた夫婦は本当に安定した親密な関係を確

立しているのであろうか。これまで，中年期の人々はアイデンティティを達成していると考えられてきた「常識」が，実際に心の内面を分析してみると，多くの「モラトリアム」「早期完了」「アイデンティティ拡散」の人々が見出されたように，高齢期の夫婦アイデンティティもさまざまな様態が存在しているのではないであろうか。

　宇都宮（1996）は，この問題について次のような開拓的な研究を行っている。彼は，第2章で紹介したMarcia（1964）のアイデンティティ・ステイタス論を応用して，「夫婦の関係性ステイタス」という新しい概念を提出している。「夫婦の関係性」とは，「配偶者の存在意味を支えている自己の基本姿勢」あるいは「配偶者との関係を意味づけるとともに実際にかかわっている自分自身のあり方」を示している。「夫婦の関係性ステイタス」は，「配偶者の存在に対する人格的意味づけ」と「積極的関与」の2つの基準によって評定される。「配偶者の存在に対する人格的意味づけ」は，Marciaの「危機・主体的な意志決定」に対応している。ここには，Turner（1970）の結婚の機能性よりも配偶者との人間的絆そのものの方が重要であるという考え方や，Cuber & Harroff（1965）の代替できない意味ある他者と交わるという本質的結婚のとらえ方が反映されている。配偶者の存在に対する意味づけが，表面的にはどちらも同じように肯定的であっても，人格の次元にまで及んでいるものと，○○さんの妻（または夫）であるという所有物や，結婚した方が生活に便利だからというような効率性の次元にとどまっているものとでは，質的に全く異なると考えられるからである。この2つの基準で評定すると，夫婦の関係性ステイタスは，Table 7-5の6つのステイタスに分類された。

　60歳以上の夫婦202名を対象に，文章完成法SCTを実施したところ，Table 7-5の右欄のような分布が見られた。そして，各々の関係性ステイタスにみられる配偶者に対する満足感と夫婦としての人生の受容の特徴を検討したところ，「関係性達成型」が他のステイタスよりも，配偶者に対する高い満足感や夫婦としての人生に対する高い受容感を示していた。

　この研究は，高齢期の夫婦のあり方について，次のような示唆を与えてくれる。まず，これまで老年期の夫婦関係はおおむね良好であるとされてきた（例えば，袖井・都築，1985；高橋，1980）が，高齢期の夫婦が必ずしもすべて，

Table 7-5　高齢期の夫婦の関係性ステイタス（宇都宮，1996）

ステイタス	配偶者の存在の意味づけ	積極的関与	人数（％）
関係性達成型	模索体験あり → 人格的肯定	している	81（40.1）
献身的関係性型	現在模索中 （アンビバレント）	している，または しようとしている	15（7.4）
妥協的関係性型	模索体験あり → 中立的	していない	30（14.9）
関係性拡散型	模索体験あり → 否定的	していない	10（5.0）
表面的関係性型	模索体験なし	している	58（28.7）
独立的関係性型	模索体験なし	していない	8（4.0）
計			202（100.0）

お互いに相手を人格的に尊重したかかわりをもった成熟した関係を築いている
わけではないということである。この研究の対象になった人々の世代は，ほと
んどが見合い結婚であるという時代的背景を差し引いても，相手に人格的に深
くかかわることなく，夫婦関係を継続させてきた人々もかなりの割合にのぼる
ことを，このデータは示している。また，関係性達成型が他のステイタスに比
べて，自分と配偶者双方の生き方・人生を受容しているものが多いという結果
は，配偶者との人格的なかかわりが，高齢期の夫婦人生を受容し，充足させて
いくために重要な意味をもっていることを示唆している。

　一方，関係性拡散型と献身的関係性型の人々の7～9割は，関係性達成型と
は対照的に，「人生が成功し，充実しているのは配偶者のみである」，「夫婦と
もに成功，あるいは充実した人生ではない」と回答していた。また，「現在を
夫婦関係の最も円満な時期である」と見なしている人は，関係性拡散型では1
割にとどまり，献身的関係性型では一人も見られなかった。これらのステイタ
スの人々は，配偶者の存在により，自分の人生が犠牲になったと認知している
人が多く，夫婦としての人生のみならず，個人としての適応や充足感も得られ
にくいことが推察される。

● 3. 夫婦関係の転機と「関係性」の発達

　さて，このようなさまざまな関係性ステイタスにある高齢期の夫婦は，どの
ようなプロセスを経て，現在のような夫婦のあり方に至ったのであろうか。高

齢期まで連れ添った夫婦には，その長い夫婦としての人生の中で，いくつかの転機，つまり夫婦としてのあり方が問い直される局面があったはずである。第4章，第6章においてみてきたように，個としてのアイデンティティの発達にも，人生の節目においていかに自己を問い直すかが，後の発達を方向づける重要なポイントであった。夫婦としての関係性の発達・成熟を考える時にも，この夫婦人生の転機に，いかに対応するかによって，その後の相互の理解は大きく異なってくるにちがいない。ここでは，夫婦人生の転機と関係性の発達について，宇都宮（1996）のデータをもとに考えてみたい。

　次に紹介するのは，宇都宮の面接調査の対象者の一人である。仮に，Ｐさんと呼んでおこう。この人は「関係性達成型」のステイタスに評定されている。Ｐさんは，現在62歳の女性であり，長年，小学校の教師を勤めた。Ｐさんは，大学卒業以来ずっと，小学校教諭として，教職人生を歩んで来た。しかしながら，夫が市会議員選挙に出馬することになり，夫の選挙運動を助けるべく，定年を前に58歳で退職した。そして，あたかも自分が立候補しているかのように，積極的に選挙活動に取り組んだ。しかしながら，健闘むなしく夫は僅差で落選し，Ｐさんは大きなショックを受けた。「もう少し仕事をしたかったが，夫とは縁があって一緒になったのだから，夫のために仕事は捨てようと思い」，教師としての仕事を辞めたＰさんにとって，夫の選挙への当選は，もはや自分自身の夢ともなっていた。それだけに夫の落選は，彼女に強い挫折感を感じさせた。しかし，Ｐさんは「自分も本当にショックだったから，主人はもっとショックだっただろう」と夫の傷ついた心理状況を察し，夫が立ち直るためには自分はどうしたらよいかを真剣に考えながら，夫に接するように心掛けた。また，自分自身も立ち直るために，地域の婦人会に積極的にかかわるようになった。その結果，「夫はわりあい，早く立ち直ることができた」という。現在，彼女は，婦人会の活動で忙しい毎日を過ごしているが，できるだけ夫と一緒にいる時間をもちたいという気持ちを強くもっている。

　Ｐさんは，夫の選挙への出馬，教師としての仕事の辞職，夫の落選という大きな転機を体験し，自分の生き方の新しい方向づけを迫られた。この時彼女は，自分自身の今後の社会生活のあり方を模索するだけでなく，夫とかかわる自分，これからの夫婦のあり方についても真剣に目をむけている。この他にも，Table

7-6に示したような事例が見られる。

　関係性達成型の人々は，このように自分あるいは妻（夫）の転機や危機を「自分たち夫婦関係の転機」として認識し，積極的にその解決に取り組んでいる。Ｐさんのように，何らかの危機的なできごとを初めから，夫婦としての問題と見なす人もあれば，Table 7-6に示した事例3のように夫の定年退職にともなう生活の変化によって，自分の生活の安定が揺り動かされる感覚を体験したことがきっかけになり，夫婦関係のあり方を問い直す人もいる。

　しかしいずれにせよ，その後の夫婦関係の展開プロセスは，よく似ている。そのプロセスは，Table 7-6に示したように，

　Ⅰ．個人の内的危機を認知する段階

　Ⅱ．個人の内的危機を夫婦関係の問題として位置づける段階

　Ⅲ．これまでの夫婦関係をみつめ直す段階

　Ⅳ．夫婦関係を修正・向上させる段階

　Ⅴ．人格的関係としての安定とそれにもとづく積極的関与の段階

のように進んでいく。

　Table 7-6に示した3名の人々とＰさんは，すべて関係性達成型の人々であった。しかし，他のステイタスの人々，例えば献身的関係性型，妥協的関係性型，表面的関係性型など，夫婦の親密性の低いステイタスの人々は，この夫婦人生の転機のプロセスが，Ⅱ「自己と配偶者の関係の転機として位置づける段階」以前の段階にとどまっている人々が多い。このように見ると，夫婦としての関係を問われる危機に，いかにその危機が自分たちにとって共通の大切な問題であるかを認識し，夫婦のあり方を見直し，相手がかけがえのない人であることを再認識していくかが重要であることがわかる。

Table 7-6　夫婦人生の転機における関係性の発達プロセス（宇都宮，1996）

段階	内容	事例1 （70歳，男性，元公務員）	事例2 （72歳，女性，専業主婦）	事例3 （61歳，女性，専業主婦）
I	自分もしくは配偶者の個人的転機として認知する段階	娘（末子）の結婚。	自分の交通事故による入院。	夫の定年退職。
II	自分と配偶者の関係の問題（夫婦関係の転機）として位置づける段階	「責任を果したという安心感。しかも夫婦共通の人間的責任を果した。」自分の親体験を語る上で，配偶者の存在を欠くことはできない。	「申し訳がないという思いと強く感謝する気持ちでいっぱい。」自分の体の回復に努める中で，夫の自分への姿勢に目をむける。	「夫の色々な悪い面が見えてきた。」夫の生活構造の変化により，自分の生活の安定が脅かされ，夫の退職を自分の問題として認知する。
III	これまでの自分と配偶者の関係のあり方を振り返る段階	「夫婦2人で今日までやってきてよかった。」これまでの2人の人生の歩みをふりかえり，その価値の重みをかみしめる。	「夫がもし病気で倒れたとき，自分がしっかりと看てあげられるか心配。」自分の入院にともない，夫の入院した場合のことを考えるが，これまでの自分の生き方をふりかえり，不安に思う。	「その時点では夫には言わなかったが離婚も考えた。」「このままではいけないと思った。」夫が退職する前の生活と退職してから現在に至るまでの生活をふりかえり，両者を照らし合わせる。
IV	自分と配偶者の関係を修正・向上させる段階	「ここらで夫婦になったという因縁を喜ぼうじゃないか。」すべての子どもが巣立った後の残された夫婦人生に目を向けて，より一層夫婦2人で念仏に励むようになった。	「（いざというときしっかりと尽くすことができるか）心配だからこそ，これから一層夫を大切にしなければいけないという思いを強く感じるようになった。」これからの自分の夫に対する基本的姿勢の確認。	「通信教育の大学入学と，東洋医学の学習を2人で始めた。」配偶者との関係から回避するのではなく，2人の共有できる活動を積極的に見つけだす。
V	人格的関係としての安定とそれにもとづく積極的関与の段階	「夫婦2人で念仏を喜んでいる。これが夫婦なんだ。他の誰よりも心が通い合っている。とって代えられない（存在となっている）。」	「夫婦の絆や夫の存在の有り難さをかみしめることができた。」	「夫婦で心理的な接点がある。」

「　」内は，対象者の言葉をそのまま掲載している。

第8章

「共に生きる」時代における
アイデンティティ

 第1節　大人としてのアイデンティティの達成とは何か

　私たちはここまで，ライフサイクルを通してみられるアイデンティティ発達のさまざまな局面についてみてきた。本書のまとめとして，成人期における成熟性とは何かという問題をもう一度，考えてみたい。人間の成熟性をどうとらえるかという問題は，改めて述べるまでもなく，すでに数多くの研究や思想の蓄積がある。本書のテーマであるアイデンティティの領域においても，個としてのアイデンティティの発達については，一つの方向性が示されているといってもよいであろう。ここでは，アイデンティティ発達において，これまで見逃されてきた側面に注目し，多様化社会，「共に生きる」（共生[1]）時代といわれる今日，真に成熟したアイデンティティとは何かについて，私なりの提言をしてみたい。

　大人としてのアイデンティティの達成や成熟には，次の2つの問題が深くかかわっているのではないであろうか。第1は，他者への積極的関与，他者に深くかかわるという問題であり，第2は，アイデンティティの統合性という問題である。

---

1 ）「共生」という用語については，心理学の領域では，"symbiosis"（Mahler, 1975）という全く別の概念がある。Mahler の理論における「共生（symbiosis）」は，発達のごく早期の段階の乳児に見られる母親との身体精神的融合を示している。本書で用いている「共生」は，自立した個人と個人が「共に生きる」ことを意味する成人期の共生関係を示しており，Mahlerの"symbiosis"とは別の概念である。

● 1.　他者へ深くかかわること

　まず，他者への積極的関与について考えてみよう。自分の獲得したアイデンティティでもって他者を支えるということは，大人としてのアイデンティティの達成に重要な意味をもっている。この他者へ深くかかわるという問題は，2 つの側面がある。一つは，ケアすることを通しての他者への関与であり，もう一つは，自立した人間同士の積極的関与や支え合いである。

　ケアすることを通しての他者へのかかわりの意味については，すでに第 5 章で詳しく取り上げてきた。子どもを育てることや老親を介護することは，単にケアする側が，子どもや老親の生命や生活を維持し，存在を支えるといった一方向的な営みではなく，ケアする側も，より成熟した自己を獲得していくという相互発達的な営みである。そして，このような相互発達的な営みが行われるためには，ケアする側のアイデンティティがしっかりと確立されていることが重要であることは，すでに述べてきたとおりである。第 5 章で紹介した研究（岡本，1996；三崎・岡本，1996）からも，母親役割，介護者役割というケアする役割が受容できていることや，しっかりとしたアイデンティティ意識があることなどが，より積極的に子育てや介護に取り組む姿勢に関連していることが示唆されている。そしてまた，このような人々にケアされることによって，ケアを受ける子どもや親もまた，より発達を促進されることになるのである。これは，まさにケアという営みを媒介とした共に生きる姿といえるのではないであろうか。

　第 2 の，自立した者同士の相互の積極的関与がアイデンティティの発達にとって重要であることは，改めて述べるまでもないであろう。これは，すでに Erikson が成人初期の心理−社会的課題である親密性として取り上げた問題である。しかし，親密性は配偶者選択期にのみ，問題となるのではなく，生涯を通じたテーマである。第 7 章第 3 節で取り上げたように，相手の人格を尊重し，自分にとってかけがえのない存在として相手を見，かかわることが，生涯を通じた心の発達を促していくのである。この関係性も，もう一つの共に生きる関係性の姿であろう。

● 2. 生きてきた時間におけるアイデンティティの統合性・生きている空間におけるアイデンティティの統合性

大人としてのアイデンティティを考える上で，忘れてはならないもう一つの問題は，アイデンティティの統合性という問題である。自我の統合性と人生の統合は，Erikson が，高齢期の心理－社会的課題として掲げたものである。しかしながら，この統合性は，ライフサイクルのどの時期にも問題にされる重要な特質ではないであろうか。そして，それが特に意識されるのが，発達的危機期といわれる人生の節目であろう。

アイデンティティの統合性には，2つの次元がある。一つは，自分が生きてきた時間にそってみた場合の自己内部での統合性であり，もう一つは，自分が今，生きているその空間の中で，他者とのつながりや役割を反映したさまざまなアイデンティティの統合性である。

(1)生きてきた時間における統合性

人間は，時間的存在である。過去の体験の積み重ねの上に現在の自分が存在する。そして，その生きてきた時間がことさら意識されるのが，人生の節目である。中年期の入り口や現役引退期で行われる人生の見直しについては，私たちはすでに詳しくみてきた。この人生の節目，節目で行われるライフレヴュウによって，私たちは，生きてきた時間をふり返り，これまで気づかなかった自分の側面や，生きられなかったもう一人の自分に気づくことも多い。心の発達にとって重要なのは，この新たに気づかれた自分の側面を自分の中に組み込み，本当に自分らしい生き方を達成していくことである。アイデンティティの再体制化の営みは，このような新たな自分の統合と創造のプロセスとしてみることもできる。

もっとも，年を重ねるにつれて私たちは，家族をはじめ，責任をもつべき人や場も増加し，それらを覆して内なる声のすべてを実現することは許されない。本当に自分らしい自分と現実の自分の間でなんとか，おりあいをつけ，自分なりに納得する場合の方が多いかもしれない。しかし，この「なんとかおりあいをつける」ことはまた，適応的で健康な心の営みであろう。ここで大切なのは，「自分で，主体的に，納得する」ということである。

　また私たちは，人生行路の中で過去に体験したことの意味を，より深く認識することがある。特に人生の節目には，過去に経験してきたさまざまな営みや他者とのかかわりの意味がより深く了解され，その経験が現在の自分を支えていることに気づくことも多い。青年期に出会った師や友人，あるいは親の言葉など，若い頃には気づかなかった言葉の重みを，中年期に至って改めて思い知らされることもある。私自身の体験としても，その中の幾人かの人々は，もうすでに故人となられたが，生前，語り合った言葉の数々は，心の中に鮮やかによみがえり，今の自分を支えていることに思い至ることがある。私は，こういう体験をするとき，まさに死者は生き続けるものだということを実感せずにはいられない。これは，過去の自分や他者が，現在の自分の中に統合されて，自分が再確認されることを意味しているのではないであろうか。

(2)生きている空間におけるアイデンティティの統合性
—複数のアイデンティティの統合—

　自己の統合性のもう一つの側面は，自分がかかわる他者や役割を反映したさまざまなアイデンティティの統合である。これは，今，自分が生きている地平における自己の統合といえるかもしれない。改めて述べるまでもなく，大人の人生は，さまざまな役割と責任を果たしていかなければならない。そのことが，個としてのアイデンティティのみでなく，家庭や職業でのさまざまな役割を反映したアイデンティティを形成していく。それらの役割への深い関与と相互の統合が，大人としてのアイデンティティをさらに発達させていくのではないであろうか。それらの複数のアイデンティティが，自分の中で統合されていること，つまり個としてのアイデンティティを中核にして役割アイデンティティが調和，統合されていることは，アイデンティティの成熟にとって重要な問題であろう。

　これがなかなか困難な課題であることは，すでに第5章でみてきたとおりである。自分らしい生き方，個としてのアイデンティティと，役割アイデンティティが相克する人，また役割への主体的な関与の乏しい人などは，数多く見られる。例えば，次のようなタイプは，日常的によく出会うケースである。
　1．表面的にはエネルギーと時間を費やし，積極的に関与しているように見

えるが，自己没頭的，自己犠牲的な関与であるため，アイデンティティそのものが成熟していかないタイプ。例えば，育児体験が自分自身の成長につながらず，子どもが巣立った後，蝉の抜け殻のようになってしまう母親，あるいは滅私奉公的な働き方をする会社人間の男性や，「寄らば大樹」的に会社に帰属する人々などである。このような人々は，常に自分の支えを他者へ求めているため，子どもの自立や定年退職などでそれが失われた時には，アイデンティティの危機に陥ってしまうことは容易に推察できる。

2．ある領域への積極的関与を逃避するために，別の領域への積極的関与を行っている人々，あるいは 1 つの領域だけでの積極的関与に満足して，自分に求められている他の積極的関与を否認しているタイプ。例えば，子育てがあまり好きではないため，仕事に逃避している，あるいは，仕事があることを理由に家庭における自分の役割を重んじない人々，また，子育てや家庭の維持は妻の役割であるとして，それに自分が責任をもつという意識すらもたない男性など。

3．子どもが幼いために，専業主婦として子育てに専念しているが，母親自身の心は外に向いているタイプ。これは，今日増加しているといわれている子育てに積極的関与そのものができないタイプである。

　これらは，現代女性の生き方に深いかかわりをもった問題であるが，これからは男性の成熟観にもこのような考え方を適用していく必要があるのではないだろうか。

(3)「個としてのアイデンティティ」と「ケアすることにもとづいたアイデンティティ」

　この男女の相違の問題を「個としてのアイデンティティ」（Personal Identity）と「ケアすることにもとづいたアイデンティティ」（Care-Based Identity，関係性にもとづいたアイデンティティ）とおきかえて考えてみるとわかりやすい。今日，多くの女性が成人期を通じて職業をもつ時代となり，個としてのアイデンティティと家庭役割を反映したアイデンティティをもつことはめずらしいことではなくなった。しかしながら，職業を中心として自分らしい生き方を実現

し，個としてのアイデンティティを達成していくことと，子育てや老親の介護というケア役割とは，必ずしもいつも調和・統合されるわけではない。それは，第5章ですでにみてきたとおりである。

　成人女性のアイデンティティ達成にとっての危機的状態には，次の3つのパターンがあるのではないであろうか。一つは，個としてのアイデンティティとケアすることにもとづいたアイデンティティの統合がうまくいかないパターンである。これはFig. 8-1-aのように，個としてのアイデンティティとケアすることにもとづいたアイデンティティが葛藤状態にあることを示している。

　もう一つは，Fig. 8-1-bのように個としてのアイデンティティが関係性にもとづくアイデンティティにのみこまれている状態，あるいはFig. 8-1-cのように個としてのアイデンティティと関係性にもとづくアイデンティティがバラバラで拡散した状態である。Fig. 8-1-bのパターンは，他者の欲求を充たし，他者の援助を優先させているうちに，自分自身が何をめざして生きているのかわからなくなってしまうというように，ケア役割に埋没して個としてのアイデンティティが育たないことを意味している。

　それに対して，Fig. 8-1-cは，ケア役割が時間もエネルギーも要する大変な仕事であるために，自分の中で個としてのアイデンティティが拡散したままになっているというパターンである。つまり，いろいろな役割にかかわり，忙しく動き回っているが，それぞれの営みがバラバラで，自分のめざす方向が見えない状態，自分のやっていること，やってきたことを統合し，自分を育てることにつながらないことを示している。いずれにしても，このFig. 8-1-b，Fig. 8-1-cのパターンは，個としてのアイデンティティが達成されているとはいえない。

　男性の場合は，また少し異なった様態が見られる。多くの男性に見られるのは，Fig. 8-1-dのように，ケア役割への関心や関与の浅さ，あるいはケアすることにもとづいたアイデンティティの否認である。

　この問題について，以前私は，同僚のある男性と雑談の中で話し合ったことがある。彼は，30代の若い研究者で，まだ幼い3人の子どもの世話など，男性としては家庭役割をよく果たしている方だと私は思っていた。私が彼に，子どもの世話をすることで自分自身がどんなに成長したと感じるかと尋ねたとこ

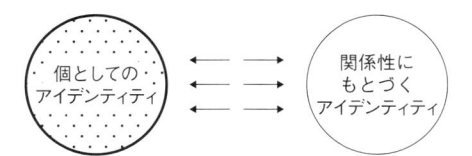

Fig. 8-1-a　個としてのアイデンティティと関係性にもとづくアイデ
　　　　　　ンティティが葛藤している状態

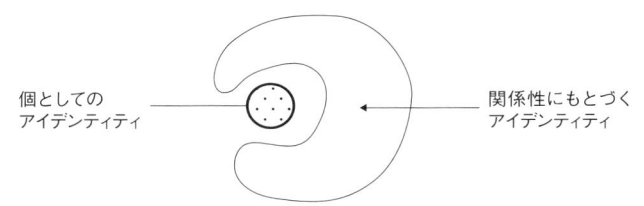

Fig. 8-1-b　個としてのアイデンティティが関係性にもとづくアイデ
　　　　　　ンティティにのみこまれている状態

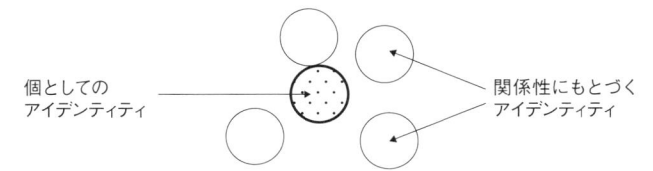

Fig. 8-1-c　個としてのアイデンティティと関係性にもとづくアイデ
　　　　　　ンティティがバラバラで拡散した状態

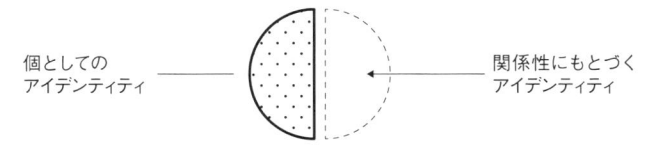

Fig. 8-1-d　関係性にもとづくアイデンティティを否認した状態

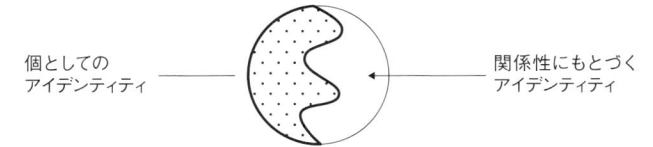

Fig. 8-1-e　個としてのアイデンティティと関係性にもとづくアイデ
　　　　　　ンティティが統合された状態

ろ，彼は驚いて，「そんなことは考えたこともない」と答えた。彼に言わせれば，妻が不在の時や他の子どもの用事で忙しい時，親の義務として子どもの面倒をみているにすぎないということであった。こういう感覚を有している男性は，現代もなお，社会の中で少なくないと思われる。

　大人としてのアイデンティティ達成は，Fig. 8−1−e のように，個としてのアイデンティティとケアすること，つまり関係性にもとづいたアイデンティティが等しく重要な意味をもち，それらが統合されている状態と考えられる。

(4)ケアする営みの奥行きの広がり

　もっとも，この「ケア」という人間の営みをどのように考えるかは，なかなか奥の深い問題である。これまで私は，職業をはじめとする社会的な仕事や活動を課題達成的な意味合いで，つまり，個としてのアイデンティティに直結するものとして論じてきた。しかし，職業は即，課題達成的活動であり，家庭役割は100%，ケア的活動であると割り切ることはできない。職業活動の中にも，課題達成的特質とケア的特質の両者が融合している。例えば，大学教員は，研究者であり教師でもある。自分の研究を進め，論文や著書を著すことは，課題達成的営みであるが，学生の相談にのったり，大学院生や卒論生の研究指導，ひいては就職の世話などは，まさに他者の自己実現を援助するケア的活動である。また，若い人たちの指導は，若い研究者や専門家を育てるというケア的側面ばかりでなく，私自身も若い人たちから刺激を受けて新たな発想を得たり，共同研究によって共に達成していくという，個としての発達を促される側面もある。それに対して，保育士や看護師，小学校の教師などは，世話し，はぐくみ育てるというケア的特質がもっと前面に現れた職業であろう。しかしこのような職業であっても，その仕事においてベテランになっていくことは，個としてのアイデンティティ達成を意味する。

　また一口に，ケア，はぐくみ，育てといっても，乳児を育てることと，研究者や専門家を育てるのとでは，自ずとそのケアの意味合いは異なってくる。乳児を育てることは，日常生活のあらゆる側面のケアであり，まさにそれは，膚と膚の触れ合いを通した皮膚感覚の世話である。それに対して，若い大学院生や学生のケアは，自己実現や達成への援助である。このように，ケアという営

みには，現実に自分が手を下して世話することから，相手の成長・発達を気遣い，見守るというレベルまで，また，日常生活レベルの世話から，職業的自立や自己実現の手助けまで，さまざまな次元が見られる。いずれにしても，ケアという営みは，他者への深い関心と配慮に裏づけられていることは言うまでもないが。

　また，ライフサイクルにそってみると，職業的営みの中にも，達成的特質が現れやすい時期と，ケア的特質の重みが増してくる時期とがある。例えば，専門的な職業を志す場合，成人初期には，専門家として一人前になること，その専門において自立することが当面の目標となる。したがって，専門家としてのアイデンティティの「達成」が，意識や活動の多くを占めることになるだろう。しかし中年期になると，新たに後進を育てるという仕事が加わってくる。例えば，後継者や門下生・弟子を育てるという特質をもった職業の場合，中年期の職業的営みは，さらに高い山をめざしながら，その一方で種を蒔き，苗を育てるという，個としての達成と後進の世話という2つの営みにたずさわることになる。

　中年期から現役引退までの時期は，この「達成」と「はぐくみ・育て」のバランスがことさら重要な時期であろう。中年期以降の人生は，関係性，つまり他者への深い関与の重要性がことさら増してくる。ここでのはぐくみ・育ての営みが現在と将来の自分を支えることになる。同時に，個としての達成をおろそかにしていると，それは専門家としての自分のアイデンティティの崩壊につながりかねない。そして，第一線を退いた現役引退後は，若い世代の仕事ぶりを「見守る」という営みになろうか。

　このように，ケアという営みにはさまざまな次元があり，職業的営みの中にもケア的特質は存在する。しかし相対的にみると，今日の私たちの社会においては，生産的，課題達成的仕事がより重視され，評価され，ケア的仕事の評価は低いのが実情ではないであろうか。これは，社会全体がこれまで，より強く高く速く達成することをめざした生産性至上主義，達成至上主義に方向づけられた価値観をもってきたからであろう。この価値観の枠組においては，高齢者や障害者などの存在の意味は軽んじられてしまうことになる。しかしながら私たちは，一人残らず年を重ね，老いていく存在である。そして他者との深いか

かわりが自己を支えていることが一層認識されるのは，人生後半期であろう。

　共に生きる時代における成熟した大人の人生とは何か，そしてライフサイクル全体を通して精神的に充足した生き方とは何かを考える時，私たちはこれまで見過ごされてきたもう一つの価値観，発達観に目を向ける必要があるのではないであろうか。それは，他者を支えるという人間の営みのもつ重みである。

第2節　共に生きる時代におけるもう一つの発達観への展望

　1990年代は，一つの標語のように「共生の時代」といわれた。それ以降，「個の確立」や「個人の自由」を越えて，「共に生きる」，「責任を分かち合う」という「共生」の思想が現代の時代精神を代表するものとなった。そこには，人的，物的両面の資源の有限性が見えてきた現代社会にあって，もはや個人の福利だけを追求していたのでは，個人そのものも社会も維持できなくなってきたという認識があった。具体的には，地球資源の有限性，水やエネルギー問題，環境破壊等のいわゆる環境問題や，少子高齢社会の到来にともなって，子どもを産み育て，高齢者を看取るという課題は，女性や専業主婦だけの問題ではなく，社会全体の必務であるという課題意識である。

　特に後者の問題，つまりライフサイクルを通して，家族をはじめとする他者の発達をいかに援助しつつ，自分自身も自分らしい生き方を達成していくかという問題は，心理学や教育学の領域においても，極めて重要な現実的課題になっている。真の共生の実践が，成熟したアイデンティティのあり方であることを，私たちは本気で考えていく必要があるのではないであろうか。

　また，今日，ケアという言葉が，医療，福祉，教育などの分野で広く用いられ，ケアのもつ意味の重要性が改めて認識されるようになった。このことも，共に生きる，責任を分かち合うという共生の理念が認識されるようになってきたことと関連しているであろう。

　米国では，従来の倫理学の方法への批判が高まっているといわれている。すなわち，これまでの正義主義にもとづいた「男性主義的倫理学」（a masculine approach to ethics）に対して，「女性主義的倫理学」（a feminine approach to ethics)が注目されている。それは，ケアの倫理学である。つまり，ケアとは，他者の要請を感受し，自己をおさえてそれに応じ，具体的な状況に即応した倫理的責任を遂行するという女性的感性を生かしたものであるという。そのようなケアの行為に依拠する認識と行為の全体像が新しい知の枠組として提案され，現在では正義主義を唱える男性主義的な倫理学との統合が論議されている（山本，1995）。

　Heidegger（1927）は，『存在と時間』の中で，次のような女神 Care（ケア）の神話を紹介している。Care が川を渡ると粘土の土地を見つけ，それで像を作り始めた。その像に精神を入れてもらいたいと，Jupiter（ジュピター，ローマ神話の主神，収穫の神）に願ったところ，Jupiter は喜んでその願いをかなえた。Care は，それに対して自分の名前を与えようとしたところ，Jupiter は，自分の名前こそ与えるべきだと主張した。その争いに大地の神が立ち上がり，自分の体の一部を使ったのだから，自分の名前がつけられるべきだと望んだ。彼らは，Saturnus（サトゥルヌス，時間の神）に裁定を願った。すると，次のように裁定が下った。

　　「Jupiter よ，お前は精神を与えたのであるから，この像が死んだら精神を受け取れ。大地よ，お前は身体を授けたのであるから，身体を受け取るべし。だが，Care よ，お前はこの像を最初に作ったので，それが生きている間は，それを所有するがよい。そして名前は，地（フムス）から作られたのであるから，ホモ（人間）と名付けるがよい。」

　　　　　　　　　　　　　　（『存在と時間』第 1 編　第 6 章　第42節）

　Heidegger は，この神話を引用して，人間という存在は，その根源においてケア，すなわち気遣い，あるいは献身によって支配しぬかれていると説いている。自己および他者への気遣いや配慮に生涯にわたって献身することが，人間の本質であることを明らかにしたのである。すなわち，ケアにこそ人間の喜び，生きがい，さらには不安や苦悩の源泉があるというのである。

　しかしながら，現代社会において，私たちは，「より強く高く速く」をモットーに，生産性や「達成」に大きな価値をおいてきた。それは，人間の弱さを

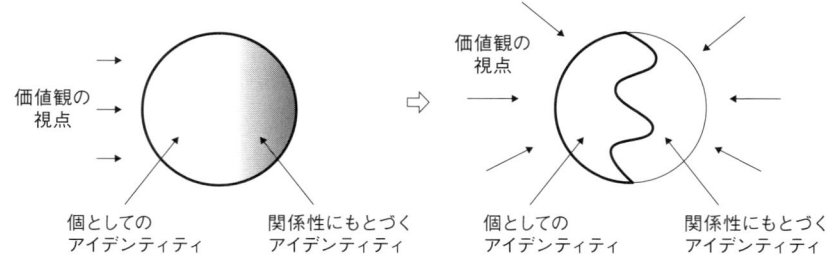

Fig. 8-2-a これまでのアイデンティティの　　Fig. 8-2-b 成熟したアイデンティティの
とらえ方　　　　　　　　　　　　　　　ヴィジョン

克服し，否認しようとするプロセスであったともいえよう。それは，Fig. 8-2-a に示したように，学校や職場において業績をあげ，生産するという達成志向的側面にのみ光をあて，いわば縁の下の力持ちのように日常生活のさまざまな世話をして他者を支えるという，ケアする営みを軽視してきたことにもつながっている。しかしながら，個としてのアイデンティティと関係性にもとづくアイデンティティが等しく重要な意味をもち，それらが統合された状態が真に成熟した大人のあり方ではないであろうか。そして，その存在には，Fig. 8-2-b に示したように，あらゆる角度から光があてられるべきであろう。

　人間は決して無限に発達をとげる存在ではなく，また常に「達成」へ向けて方向づけられたものでもない。そのことを身をもって知るのが中年期以降の人生である。すでに述べてきたように，中年期の岐路の中心的テーマは，「自己の有限性の自覚と受容」である。それは，自分の弱さ・影の受容でもある。しかし，体力の衰えや時間的展望のせばまり，今までやれたことがやれなくなるという否定的変化によって見えてくるものがある。それは，人間の弱さを知ることによって得られる他者への共感性，配慮，他者を受容する力といった他者との関係性の深まりであり，人間存在を光のみでなく，影をも引っくるめて見るという統合された視野であると思われる。

中年の「光と影」再考

◆　はじめに

　「中年の危機」は，1990～2000年代の「時代のテーマ」であった。少子高齢社会が到来し，ジェンダー平等が社会に少しずつ浸透し，さらに21世紀を迎えて「人生100年時代」という掛け声とともに，私たちは，長い人生設計と生き方を問い直さざるを得なくなった。女性の生涯発達は，男性のそれと比べて，複雑であり，多様である。それにともなうアイデンティティの危機も複雑な様相を呈する。この身近なリアリティに富んだ問題も，多くの人々が関心を持つ重要な研究テーマとなった。

　本書の初版は，『中年からのアイデンティティ発達の心理学』として，1997年にナカニシヤ出版からが刊行された。大変ありがたいことに，本書はこのような時代の変化の中で，中年の危機を正面から取り扱った心理学書として注目され，版を重ねた。また，本書に再掲（p. 8）した Fig. 1-1「現在女性のライフサイクルの木」（初掲載『女性のためのライフサイクル心理学』岡本・松下，1994，p. 15）は，多くの本や雑誌に転載の依頼が殺到した。この本も版を重ね，1999年にデータを更新して改訂新版が刊行された（岡本・松下，1999）。

　中年期のキャリアの危機については，思いがけず，組織心理学や経営学の研究者・専門家や企業の人事担当の方々に関心を持っていただき，心理学の枠組を超えた交流ができたことはうれしいことであった。圧巻だったのは，2007年に始まった「次世代経営者育成プログラム　輝塾」であろうか。この年の春，

突然，アステラス製薬の人事・教育担当の方が，広島大学の私の研究室を訪ねてこられた。これから幹部となり，会社の将来を担うことを嘱望されている精選された40歳前後の社員に対して，中年の危機とアイデンティティの生涯発達をテーマにした教育・研修プログラムの立案と講師の依頼であった。このプログラムは，我が国で知らない人はいない一流の企業5社の共同開催として4年間続いた。ところが，2011年3月の東日本大震災で，参画した企業はその対応と多額の出費を強いられることになり，やむなく終止せざるを得なかった。

　中年の危機は，21世紀の今日，どのように変容しているのであろうか。また，第1章で述べたように，コロナ危機という全世界のあらゆる人々を巻き込んだ危機の最中にあって，個々人の内的アイデンティティの感覚は，どのように体験されているのであろうか。この問題は，これからも続く重要なテーマである。

　「中年の危機」の問題については，私が定年退職を迎えた現在も，臨床心理学とは全く異なる分野から，時々，取材や寄稿の依頼が舞い込む。この問題が，現代においてもなお，社会の関心を引くテーマであることを改めて認識する次第である。

　本章では，最近の取材や寄稿原稿を精選して，21世紀を迎えた現代の「中年期の光と影」を再考してみたい。第1節では，『現代のエスプリ』（2006）において特集された「中年の光と影」に寄稿した「概説—中年期危機—」，第2節は，産労総合研究所のインタヴュー「中年の危機—ミドルシニアのキャリアデザイン」（2021）を再掲したものである。

 ## 第1節　中年期の喪失と発達をどうとらえるか

　中年期は，これまで長い間，心身の健康，生活の享受，自立性，身分の保障などの観点から，安定した人生の最盛期ととらえられてきた。しかし，1970年代半ばより，中年期危機，ミッドライフ・クライシスという言葉に示されるように，不安定な要素の多い人生の転換期として理解されるようになった。そして21世紀を迎えた今日，その危機の中身は，さらに深刻化，多様化しているようである。我が国においても，中年期のうつや自殺者の増加が社会問題になり，企業では，中高年者のリストラ，中間管理職のストレスや不適応，家族につい

て見れば，熟年離婚の増加，乳幼児・児童虐待，老親の介護者のストレスなど，中年世代に対する心理臨床的援助の必要な問題は増大し，多様化している。

　本節では，「中年期危機」という古くて新しい課題に焦点をあてて，現代社会における中年期の光と影について，再考してみたい。つまり，今日の社会の変化は，中年期の生きざまをどのように変容させたのか。現代の中年期危機の実相はどのようなものか。心理学的に見た場合，そこにはどのようなポジティブな側面とネガティブな側面が存在するのか。ライフサイクルにおける中年期危機の発達的意味と臨床的意味は何か。そこには，現代社会における新しい意味が見られるのか。このように諸問題について，考察をしてみることにする。

◉ 1. 先人たちの「中年期危機」

　中年の危機は，古くて新しい，極めて興味深いテーマを包含している。精神分析学の世界を見ると，その創始者である Freud, S. をはじめとして，幾人もの有能な臨床家たちが，自らの中年期体験や臨床経験をもとに，中年期の危機と成熟について論じている。

　Freud は，30代から40代にかけていくつもの創造的な発見をしながらも，心身ともに辛い時期を送った。神経症やうつ，さらに死の不安は，Freud の終生のテーマであり，さらに汽車恐怖，強迫性障害，ニコチン中毒も見られた。よく知られているように Freud は，友人の耳鼻科医 Fliess, W. へ手紙を書くことにより，自己の内的世界の洞察を深めていった。彼の偉大な業績の一つである夢の意味や無意識の働き，エディプス・コンプレックスも，Fliess への手紙を通して自己分析が進む中で，劇的に発見されたものであったと言われる。30代の混乱とその自己分析を経て，40代には Freud は自分の中の病的なものを克服し，40代半ばからは，精緻な理論化へ向かっていった。

　中年期の峠を越えることの発達的な意味を考える上で，Jung は極めて重要であろう。Jung（1933）は，中年期を「人生の正午」と位置付け，自分と世界に対する見方に決定的な変化が起こると述べた。Jung 自身の中年期体験もまた，極めて壮絶なものであった。Jung は38歳で Freud と決別した後，数年もの間，内的にも外的にも方向喪失の一時期を過ごした。その内的世界は，恐ろしい夢や幻覚に襲われ，精神病者の心の世界にも似たものであった。Jung

は，チューリヒ大学の講師という職を捨て，ボーリンゲンの湖畔に自ら石の家を立てて，一人生活した。Freud との決別，妻との確執，女性とのトラブル，内的な混乱という30代後半から40代にかけての危機を，Jung は，絵を描いたり石に彫刻したり，子どものような遊びをして，鬱積した心のエネルギーが再び流れ始めるのを待った。後世に残る Jung の創造的な仕事の多くが，この「38歳の転換点」を越えた後に成し遂げられたことから考えると，中年期の入り口は，心のさらなる深化・成熟にとって重要な岐路であることがわかる。

　Erikson（1950）のライフサイクル論，精神分析的個体発達分化の図式は，成人期の問題や課題を，臨床心理学的研究のみでなく，一般の人々を対象とした発達心理学的研究にまで押し広げ，学術的にも社会的にも大きな影響を与えた。Erikson の出生，青年期の放浪，Freud との出会いといった彼自身のアイデンティティ形成については，Erikson の青年期アイデンティティ理論とともに早くからよく知られている。しかし，精神分析家となり，アメリカへ渡った後の Erikson の中年期の体験については，成功した心理臨床家，文筆家といった光の部分のまぶしさに消されて，つい最近まであまり知られていなかったように思われる。1999年に出版された歴史学者 Friedman, L. J. の労作である『アイデンティティの制作者：エリクソンの伝記』[1]を読むと，私たちが知らなかった Erikson の家族に関する事実も詳しく記述されており，Erikson の中年期もまた，大きな家族の危機を抱えていたことがわかる。40歳を過ぎて授かった Erikson の 4 番目の子ども Niel はダウン症であった。生まれたばかりの Niel は，障害児施設に預けられ，その後，父親である Erikson との交わりはほとんどないままに亡くなった。しかし伝記の中には，Erikson 夫妻が Niel のことで絶望し，悩み，苦しんだことが詳しく綴られている。Niel のことが，Erikson と Joan 夫人——Erikson の業績は，そのほとんどが Joan 夫人との共同作業から生まれた——を，再び「個体発達分化」の理論に関心を向けさせたのである。ライフサイクルを通じての心の発達は，人間の弱さ——Erikson はこれを「危機」，「対」概念で示している——の側面もしっかり見なければ理解できないと

1）　日本語翻訳版：L. J. フリードマン（著）やまだようこ・西平直（監訳）2003『エリクソンの人生—アイデンティティの探究者—上・下』新曜社。

いうことを，改めて考えさせられる。

　ここに簡単に紹介したように，ライフサイクルにおける中年期の発達的，臨床的意味は，古くは精神分析家たちの自らの体験や研究の中に示唆されてきた。臨床心理学の理論の多くは，その臨床家自身の内的体験を掘り下げるところから生まれたものが実に多い。心の深層の発達・変容は，自らの体験に主体的に向き合い，真摯に取り組むことによって初めて深化し，普遍化されていくものなのであろう。

　その後も中年期にみられる決定的な内的変化については，Jaques（1965），Gould（1978），Vaillant（1977）など，精神分析家，精神科医などの手になる優れた研究が断続的に発表されてきた。

　1970年代になって，Levinson（1978）や Sheehy（1974）など，発達心理学者やジャーナリストらによって，「健康な一般の人々」の成人期のライフプロセスが実証的に理論化され，発表されるようになった。我が国でもよく知られている Levinson（1978）の「男性のライフサイクル」論は，その代表的なものである。これらの研究は，精神分析学の知見を土台にしながら，一般の健康な人々に対する綿密な面接調査を行い，実証的なデータで，成人期の発達プロセスを描き出すことに成功している。これらの研究はいずれも，中年期を人生半ばの転換期・危機期であるとしている。

● 2. 人生半ばの峠に体験される心の危機
―「構造的危機」としての中年期危機―

(1)中年期に体験される心の世界

　それでは，現代の我が国の中年期は，どのようにとらえられるのであろうか。後述するように，長寿化というライフサイクルの変化，物質的に豊かな社会の到来という大きな社会の変化が見られるにしても，中年期のもつ「人生の峠」としての意味や特質，つまり人生前半期には，獲得的，上昇的変化であったものが，中年期には喪失や下降の変化へ転じるという特質は，本質的には変わらないのではないであろうか。今日の社会でも，体力の衰え，もうそれほど若くはないという時間的展望のせばまり，自らの老いや死への直面，さまざまな限界感の認識などが，中年期の心理的体験の特徴であることには変わりはない。

　Fig. 補-1 は，中年の人々が体験しやすい自己内外の変化と臨床的問題をまとめたものである。中年期は，生物学的，心理的，社会的，いずれの次元でも大きな変化が体験される。その重要な部分が，喪失や下降・衰退といったネガティブな変化であることから，中年期の変化やそこから生じる臨床的問題は，個々人の存在全体が揺り動かされる「構造的危機」「構造的葛藤」ととらえることができるであろう。身体的には，体力の衰えや老化の自覚，家族ライフサイクルから見ると，子どもの親離れ，自立，夫婦関係の見直し，職業人としては，職業上の限界感の認識など，さまざまな変化が体験される。その中核となる心理は，「自己の有限性の自覚」であろう。

　このような自己内外の変化によって，人々は，自分の生き方，あり方を問い直す。これは，今までの自分，アイデンティティではもはや生きていけないというアイデンティティそのものの問い直しであり，危機である。Fig. 補-1 に示したようなさまざまな変化を契機に揺らいだアイデンティティは，その変化や揺らぎを否認したり，逃げたりせずに，主体的にとらえ，これからの生き方を主体的に模索するなら，人生後半期へ向けて，より納得できる自分の生き方

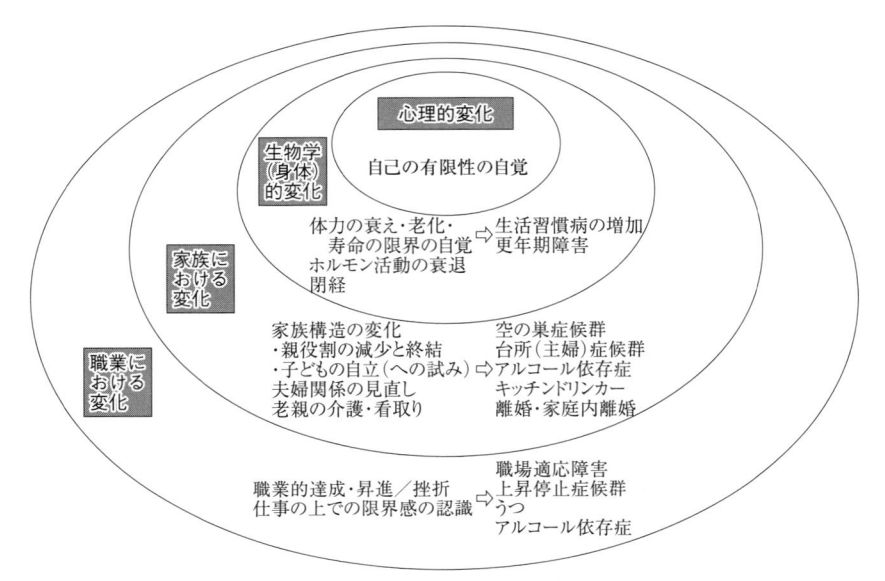

Fig. 補-1　中年期危機の構造（岡本，2002）

が見えてくる。そのプロセスを岡本（1985，1994）は，「中年期のアイデンティティ再体制化のプロセス」と呼んでいる。

　ここで，「危機」（crisis）という言葉の意味について述べておきたい。今日，「危機」あるいは「クライシス」という言葉は，どうすることもできない破局的な意味合いで用いられることが多い。しかし，本来危機とは，あれかこれかの分かれ目，決定的転換の時期という意味である。心の発達において見れば，心がさらに成長，発達していくか，逆に後戻り，退行していくかの岐路ということを示している。その意味で見れば，古今東西を問わず，中年期に私たちが体験するさまざまな変化は，まさにこの発達の分かれ目を示唆している。

(2)中年期の心の変容の臨床的理解

　このような中年期の心理的体験を，もう少し掘り下げて考えてみたい。Erikson は，中年期の心理−社会的課題は「世代性」（generativity）であると述べている。多くの中年の人々は，子どもを産み育て，ものや思想を創造し，次世代へ深い関心をもって世話や指導をすることによって，次の世代をはぐくみ育てていく。このような行為は，中年期以前の人生の中で獲得された自分に対する自信，社会からの正当な評価と受容，他者との親しい関係性や相互の信頼感などの資質に支えられたものである。しかしながら，中年期に達するまでにこのような資質を獲得できなかった人々は，偽りの親しさを強迫的に求めたり，自分のことばかりに熱中するなど，自分自身のことにしか関心をもつことができない。このことを Erikson は，「自己陶酔」と呼んで，中年期の心理−社会的危機のネガティブな局面として述べている。

　アイデンティティの危機という視点からみると，中年期の危機は，これまでの自分（＝アイデンティティ）ではもはややっていけないという気づきの体験である。もう自分は若くはない。人生の中で元気で働ける時間は無限ではない。右肩上がりの成長ばかりを望めるわけではない。これまで大切にしてきた価値観，考え方で本当によいのか……，このような意識は，今まで自分がもってきた自己像や世界に対する見方が必ずしも正しいものではないという気づきである。このことを認識すると人々は，自分らしい生き方，自分が本当にやりたいことは何か，自分の人生にとって，本当に大事なものは何か，ということを考

える。もっと別の生き方もあったのではないかと思いをいたす人も少なくない。中年の人々に対する心理療法の中で重要なことは，この「生きられなかった自分」と現実の中年の自分を，いかに折り合いをつけていくかということである。

　中年期のネガティブな変化の中で重要な問題の一つは，喪失体験である。第一は，親や親しい人の老化や死，子どもの親離れなど，これまで深くかかわり，依存し，愛着してきた対象との離別，第二は，これまで自分を支えてきた役割や「場」，環境との離別である。そして第三は，自分自身，あるいは，自分を支えてきた価値や意味をもつものの喪失，つまりアイデンティティの喪失である。これらを乗り越えるためには，「喪の仕事」（mourning work）が大きな意味をもつ。つまり，「喪失」の現実を受け入れ，自分の中に失った対象を別の形で再建していく心の作業である。「喪の仕事」のプロセスには，深いうつをともなうことが少なくない。Fig. 補-1 に示したように，中年期はさまざまな次元で「喪失」が体験される。中年期危機の克服とは，それぞれの次元でのネガティブな変化，喪失体験をしっかりと認識し，過去の自分と現実の自分との折り合いをつけ，新たな納得できる自分を創り出していくプロセスにほかならない。その意味では，中年期は「喪失」の時期であると同時に，新たな自分や対象関係の創造の時期でもある。この「失うことから得る」成熟性は，中年期の重要な特質であろう。

　Kernberg（1980）は，自己愛の視点から正常な中年期と病的な中年期について考察し，「すっかり始めからやり直す」という現実的能力について言及している。「現実の壊滅的喪失や失敗を受け入れても，なおかつ，これまでどおりの自分を受け入れて，意味ある人生を再建できると思えるだけのゆとりがあるかどうかが，中年期の発達課題が正常に遂げられているかどうかをはかる一つの試金石になる」。このことは，中年期に至るまでの心理－社会的課題がほどよく達成されていること，危機を否認せず，さらに自己を構築していく自我の強さに支えられているといえよう。

● 3. 現代社会における中年期の光と影

　次に，少し視点を変えて，現代の我が国における中年期危機の特質とその背景にある問題について考えてみたい。今日の中年期危機は，中年期が危機期と

して注目されるようになった1970年代よりも，質的に深刻化，多様化し，それを体験する人々の数もはるかに拡大していると思われる。2．で述べたように，中年期の危機は，自己内外のネガティブな変化体験によって，これまでの自分のあり方，生き方ではやっていけないことに気づくことからくるアイデンティティの危機である。しかしながら一方でまた，中年期は，豊かな世代性の達成の時期でもあるはずである。仕事へ打ち込むこと，子どもや若い後継者を育てることは，自分自身の成長感や達成感をもたらし，それはそのまま社会を支えること，社会の発展でもあった。しかし今日は，その世代性そのものが閉塞している状況にあるともいえよう。後述するように，中高年世代のリストラやうつ，自殺，子育てや老親の介護にストレスを感じる人々の数はあまりに多い。このように本来，達成感や成長感を体験できるはずであった世代性の課題がうまく達成されないこともまた，今日の中年期危機を深刻化していると考えられる。以下にその中身について具体的に見ていきたい。

(1)経済不況社会と中年期―中高年企業人のうつ―

　今日，中年の人々のメンタルヘルスが注目されるようになったことには，中高年の自殺者やうつの増加がある。1998年以降，14年間連続して，我が国の年間自殺者は30,000人を超える状態が続いた。その後徐々に減少しているものの，2022年現在，自殺者数は20,000人を超えたままの状況である。また，うつを問題として受診する人々の数も増加している。

　職業人にとっての中年期の危機は，これまで「上昇停止症候群」（小此木，1983），自己の業績や出世の限界感の認識（岡本，1985）などが指摘されてきた。それは，青年期に抱いた自己実現の夢が達成できないかもしれないことを現実感をもって気づかされること，痛切な自己の限界感の認識である。そこで体験されるのは，抑うつや無力感であるが，このような個人内的な中年期の自己像の変化は，1970年代から見られたことである。

　今日ではそれに加えて，職場全体，あるいは社会全体が強いうつを生じさせてしまう構図になっているようである。我が国は，右肩上がりの社会経済成長は終焉を迎え，発展の方向は見えず，多くの人々は閉塞感をもっている。企業では生き残りをかけてリストラが断行され，まさに弱肉強食の世界である。こ

のような苛酷な職場環境の中で，ビジネスマンとして生き残るためには，常に向上心と意欲を示し，テンションの高い状態を維持しなければならない。岡田（2005）は，今日，多くの企業人が生き残るために「やる気満々で積極果敢に仕事に打ち込んでいる」ように強制され，「常に躁的防衛を強いられ」ていると述べている。このように意欲的に仕事に打ち込む姿勢は，20代，30代の若い時期であるなら，困難を乗り越える力になるが，体力・気力が低下してくる中年期には，逆にその姿勢は自分を追い込み，疲弊させることになってしまう。「躁的防衛をしながら生きることは，60km で走るように設計されている車を，たえず100km で走らせるようなものだ。そうした生き方の無理がうつや心身症，過労死という形で出てくることになるし，家族や部下にも知らず知らず無理をかけることになる。……こうした生き方が限界を越えているのに，まだ続けようとする」（岡田，2005）。うつの人には，このような生き方をする人が多いことを岡田は指摘している。

(2)少子高齢社会と中年期―老親を支える重荷・成人した子どもを抱える重荷―

　一昔前までは，人間の一生は，成長→最盛→老化（＝衰退）という一つの大きな山のイメージでとらえられてきた。しかしながら，人生100年時代を迎えた今日では，人生は二つの大きな山をもつ。つまり，青年期から中年期までが第一の山であり，向老期から現役引退後へ向けて，第二の山が存在している。中年期は，その第一の山のピークであると同時に，第二の山への移行期にあたるという重要な意味を有している。

　長寿化は，自分自身の中年期のスパンを引き伸ばし，また親の世代の高齢期のスパンをも引き伸ばした。成人した親子同士の関係に関する研究はあまり進んでいないが，今日それは，中年世代の人々に，次の2つの重荷感をもたらしているように思われる。

　第1は，老親に対する重荷感である。これまで，就職や結婚によって子どもが自立した後の親の人生については，あまり大きな関心が寄せられなかった。ポスト子育て期の空の巣症候群，うつや無力感については，比較的注目されてきたとはいえ，それが問題とされたのは，子どもが自立の試みを始める思春期・青年期の子どもをもつ親，つまり中年期の入り口にいる母親たちであった。中

年後期（更年期）の女性を対象とした研究（石垣・本多，2005）によると，子どもの自立はむしろ，子育ての成功体験として肯定的に評価され，うつや無気力につながることは少ないという。

今日，この時期の女性にとってより深刻な課題は，年老いた親の老後をどう支えるかという問題である。「老々介護」といわれる今日，老親の介護を担っているのは，大部分が中年後期から高齢前期の世代である。この親の長い老後を支える中年世代の重荷感は，ますます増大し，介護する側のストレスやうつも深刻である。

第2は，自立しない成人した子どもに対する重荷感である。自立しない成人した子どもと中年の親との関係性は，昨今，パラサイト・シングル，ひきこもり・ニート問題として注目されてきた。特に，ひきこもりやニートの数は年々増加し，青年期にとどまらず成人初期，中年期までの長期に及んでいるケースも，多々報告されている。このような経済的，心理的に自立しない成人した子どもを抱えた「中年の親」のメンタルヘルスについては，現在のところ大規模な実態調査は報告されていないが，見逃せない問題であろう。

(3)「豊かな社会」と中年期―漂流するアイデンティティ―

今日のように，少なくとも物質的には豊かな社会は，多くの人々に「生活すること」に窮せず，自分の心や生き方について考えるだけのゆとりをもたらした。心の豊かさ，生きがい，自分らしさ，アイデンティティという言葉が巷にあふれている。第二次世界大戦終結後，78年が過ぎた。戦争中という国家の危機，命を維持していくこと，生活していくこと自体が困難であった時代には，「中年期の危機」など誰も考えなかったであろう。その意味では，今日の繁栄はポジティブに評価してもよいかもしれない。

しかしながら，高度経済成長期，低成長期を経て，社会経済的な停滞期を迎えた今日では，新たな中年の危機の特徴が生まれている。それは，自分らしい活動や生き方がみつからない。生きがいが見出せない。自分自身が積極的に打ち込み，充実感が得られる対象や体験がもてない，という声はさまざまなところからたくさん聞こえてくる。これらはすべてアイデンティティの確認ができないことによる危機である。今日，成人の生涯学習意欲は相当に高く，筆者の

調査（岡本，2004）によると，最も学習してみたい課題は，インターネット・パソコン，体力・健康づくりなどの実生活に密着したテーマと並んで，「自分らしい生き方や生きがいの模索」がどの年代でも上位を占めていた。また，別の調査研究（岡本，2002）によると，中年期の入り口まで，家庭中心の生活をしてきた女性の多くは，「これが自分だ」といえるキャリアをもつことを切望し，子育てが一段落ついた後に，大学や大学院に進学する人々もかなりの数に上っていた。このように，青年期に学校を卒業した後に，いつでも学べる社会が訪れたことは，評価すべきことである。しかし，若き日の夢の実現や葛藤の解決の手段としての進学は，卒業後，必ずしも，アイデンティティの達成をもたらすわけではない（岡本，2002）。「自分らしさの探求」は，その意味では両刃の剣のような意味合いをもっている。真剣に学び，自己の練磨に励むことにより，中年期に初めて納得できる職業やアイデンティティを獲得する人は少なくない。しかしその反面，「自分らしさ」という言葉に安易にとらわれて，いつまでも漂流する中年の数は，それにまさるかもしれない。

　以上，概説してきたように，今日の中年期は，これまで指摘されてきた「自己の有限性の自覚と受容」という，人生の峠を越えるための課題を中核としながらも，さまざまな新しい現象や問題点を生じさせている。

◆　第2節　中年の危機—ミドルシニアのキャリアデザイン—（『企業と人材』インタヴュー）

　中年の危機は誰にでも訪れる。ここを乗り切ることで，より納得できるアイデンティティが確立する——岡本祐子　広島大学名誉教授に聞く。

●　1.　カウンセリングを通して感じた中年期における深刻な悩み

——中年の危機というテーマに注目するようになった経緯をお教えいただけますか。

岡本　私の専門は発達臨床心理学という領域です。その中でも，青年期までの心理的発達と危機については心理学の長い歴史を通じて，研究がかなり進んでいます。しかし大人になってからの心理的発達と危機に関する研究は，私が大

学院生だった当時，全く未開拓の領域だったんです。私は，人間の心は，大人
になって社会に出て家庭をもって自立したら，発達的には完了という考え方は，
おそらく誤っているだろうと思っていました。

　人間というものは生きている限り，将来にわたって発達し続けるのではない
か。そしてその過程で，生きていくうえでのつまずき——心理学的な危機があ
るのではないか。そのように20代の頃から考え，これを自分の研究テーマとし
て探究することにしたのです。その傍ら，臨床心理士として（国家資格となっ
た公認心理師でもあります）クライエントさんとのカウンセリングも，大学院
生の頃から続けてきました。

——大人の心理的発達と危機というテーマで，とりわけ中年期に注目されたの
はなぜですか。

岡本　中年期といえば，多くの方は就職して中間管理職などについて社会的地
位を確立しています。家庭を持っている方も多く，一般的には人生の最盛期と
とらえられていました。しかし，私が実際に臨床心理士として接したクライエ
ントさんのなかには，相当深刻な悩みを抱えておられる方がたくさんおられた
のです。仕事に対する意欲がどうしても湧かなくなったとか，まだ人生の半ば
なのにこれから何を目標にして生きていけばいいかわからないとか。

　これは大人であってもアイデンティティの危機であり，心理学としてきちん
と研究しメカニズムを明らかにする責任があるのではないか。そう大学院生の
ときに考え，今日まで実証的な研究を積み重ねてきました。

● 2.　危機の根本にあるのは自己の有限性の自覚

——それでは，中年期の危機の具体的なメカニズムをご説明ください。

岡本　中年の危機，ミドルエイジ・クライシスともいいますが，これはキャリ
アの危機であり，同時にアイデンティティの危機でもあります。この危機の根
本は何かというと，「自己の有限性の自覚」だといえるでしょう。自分が限り
ある存在なのだという事実を，初めて身に沁みて実感するのが中年期です。

　青年期とのかかわりでいうと，青年期の重要なテーマは進路選択ですね。大
学に行くか働くか，進学するとなれば何を専攻し，どの大学に行くか。それを

考えるときにも，すでにある程度，自分の有限性を感じているはずです。自分はこのくらいの人間なんだという自覚のもとで選択をするわけですが，ただ，この時点では長い人生の時間が残されているし，それほど悲観的にはなりません。がんばればまだまだ自分はやれるという夢の方が大きいのです。

　これに対して中年期は，20年前後にわたって歩んできた自分のキャリアを振り返って，自分はこういう人間でしかないんだということを心の底から実感するわけです。この点が青年期の危機との決定的な違いだと思います。私の友人や研究のため面接した方などの中にも，40代になってショックを受けた，30代とは見え方が全く違うとおっしゃる方がたくさんおられます。何が違うのか具体的にお聞きすると，「体力がもたない」とか「お酒の飲みすぎに気をつけるようになった」とか。

　もっと決定的なのは，私が「時間的展望の逆転」と呼んでいる現象です。20代の頃は自分があと何年生きられるかなんて考えません。30代でもまだまだ先は長い。でも40代になると，「自分はあとどれだけ元気で働けるだろうか」というように，終末の視点から今の自分を見る考え方が相当強くなってきます。つまり，死の側から自分の人生を見るようになるということであり，これは相当厳しい感覚です。

　40代，50代になれば，自分自身も体力の衰えを如実に感じるようになるし，自分より少し上の世代，あるいは同世代にも大病にかかったり，あるいは亡くなる方が出てきます。そうすると，否が応でも自分の人生の残り時間を意識するようになります。こういったことが，「自己の有限性の自覚」の中身だと考えています。

● 3. キャリアのゴールが見えて仕事への意欲が低下

——先が見えてくるという感覚は，仕事の面でも同様なのでしょうか。

岡本　そうですね。以前に上昇停止症候群という言葉が流行りました。社員の数に対して管理職ポストの数が足りず，自分はもう昇進できないという無力感にとらわれた中年社員の抑うつを，このような言葉で呼んだわけです。

　ポスト不足があたりまえになってしまい，そういう言葉も使われなくなりましたが，問題は今も存在しています。こうした，キャリアのゴールが見えてき

たことにともなう仕事へのモチベーションの低下が，中年の危機を形づくるもう 1 つの核心といえるでしょう。

——中年期は仕事だけでなく家族関係も変化が大きい時期ですね。

岡本　はい，それも中年の危機の大きな要素です。子どもは大きくなって親の手を離れ，逆に子どもからうるさがられるようになります。子が親に反抗するケースも多く，親子関係がガタガタする時期です。

　夫婦関係についても，子どもが小さい頃は子育てに夢中で，自分が相手にとってどんな意味や価値があるのか考える暇もなかったし，互いに正面から向き合わなくても夫婦でいられました。しかし子どもが自立して 2 人暮らしになると，互いにとって自分はどんな存在なのかが重要な問題となります。特に女性はそういう傾向が強いですね。それに対して夫の方は，まだ仕事の第一線でがんばっているので，妻のそうした問いかけにあまり関心をもってくれない。そうすると妻は余計に夫婦関係のあり方に疑問を抱くようになり，場合によっては熟年離婚へつながったりします。もっとも，最近の若い夫婦は少し違うのかもしれません。特に男性側の意識が，昔とはだいぶ違ってきたように感じます。

　これまで説明してきた中年の危機のいくつかの要因を図式化したのが，「中年期危機の構造」（p. 216参照）です。自己の有限性の自覚という心理的変化を体験すると，それが身体的変化，家族関係の変化，職業における変化と結びついてさまざまな危機が表面化するという構造です。

　ここに示したような変化や体験を否が応でもしてしまうと，多くの人は「自分の人生はもう半分過ぎてしまったが，この生き方でよかったのか」，「何か大事なものを忘れたまま生きてきたのではないか」という自問に苛まれます。今まで考えもしなかったような問いに直面するわけですが，これにどう対応できるかで，その後の心の発達は決定的に違ってくるのです。

● 4.　中年の危機はさらなる発達か退行かの分かれ道

——Table 補-1 は，「中年期のアイデンティティ再体制化のプロセス」とありますが，この表についてご説明をお願いします。

岡本　アイデンティティの再体制化とは，中年期になっていったん崩壊したり

Table 補-1　中年期のアイデンティティ再体制化のプロセス（岡本, 1985）

段階	内　　容
Ⅰ	身体感覚の変化の認識にともなう危機期 ・体力の衰え，体調の変化への気づき ・バイタリティの衰えの認識 ⇩
Ⅱ	自分の再吟味と再方向づけへの摸索期 ・自分の半生への問い直し ・将来への再方向づけの試み ⇩
Ⅲ	軌道修正・軌道転換期 ・将来へむけての生活，価値観などの修正 ・自分と対象との関係の変化 ⇩
Ⅳ	アイデンティティ再確立期 （・自己安定感・肯定感の増大）

動揺したアイデンティティが，再び組み直されて安定していくプロセスのことです（p. 79も参照）。

　第Ⅰ段階は，自分がもう若くはないという身体感覚の変化を認識する気づきの段階，つまり先ほどご説明した自己の有限性を自覚する時期。多くの人はこの自覚によって，あせり，無力感，抑うつ感などを覚えます。

　第Ⅱ段階は，こうした否定的変化の認識が引き金となって，「自分の生き方はこれでよかったのか」，「本当の自分とは何なのか」という人生そのものへの問い直しが起こる，模索の時期。

　第Ⅲ段階は，第2段階での模索と問い直しの結果，今後の人生に新たな方向づけをしたり，自己のあり方を再確認したりする時期。中には転職したり独立するなど，自分の生き方を大きく転換する人もいます。

　第Ⅳ段階は，自分の生き方や考え方を軌道修正したり再確認した結果，再び安定したアイデンティティを獲得する時期。第1段階で体験した心身の変化にも慣れ，多くの人はそれまでより感情が安定して自分を肯定できるようになります。

──つまり，中年の危機というのはある意味，人生にとって必要な段階なので

すね。

岡本　中年の危機というと，皆さん「うわぁ大変だ」と驚かれます。こんな危機が自分に訪れたらうつになるかもしれない，下手したら自殺しかねないというようにとらえる方が多いんです。でも，危機というのは本来，ここでしっかり自分と向き合えば心は発達していく，もっと大きな世界が見えてくるという契機になるものです。それができないで右往左往したままだと，せっかくここまでがんばってきたのに退行してしまう，その分かれ道なのです。

● 5. 心理学的に最も気になるのはアイデンティティ拡散型

——その分かれ道でどう対応すると，どんな状態になるかについても，先生はいくつかのタイプに分類されていますね。

岡本　はい，大きく分けると4つのタイプに分類できます。

　1つ目は，アイデンティティ達成型。これまでの人生を振り返って，どうしたらもっと納得のできる生き方ができるかを考え，自分なりに答えを出した人ともいえます。典型的なのは，先ほどもお話ししたように転職・独立など自分の社会的役割が大きく変化した方です。そこまではいかなくても，例えば「これからはもっと家族を大事にしよう」，「人間関係を会社の外に広げていこう」というように，新しい生き方をこれまでの自分に組み込むようになった人もいます。

　2つ目はモラトリアム型といって，いまだ模索中という人です。私が面接をした方々の中にも，「自分が問題を抱えているのはわかっているんだけど，どうしたらいいかわからない」，「もう少し時間をかけてしっかり考えたい」という方が少なくありませんでした。このタイプは，自分とじっくり向き合う時間が終われば達成型に進む可能性があります。

　3つ目は早期完了型といって，自分はもう若くないという自覚はあるのだけど，そうはいっても仕事が忙しくて，まあとりあえず今のままでいいかと妥協してしまうタイプです。きちんと自分に向き合うことを避けて，仕事にかこつけて毎日をやり過ごしている。こういう人は多いですね。何とかなるのであればいいですが，そうでなければ将来的にアイデンティティが壊れてしまう可能性もあります。

　4つ目が心理学的に最も気になるタイプで，アイデンティティ拡散型といいます。私の知っている大学教授の話ですが，「自分はもうたいした発見もできないし，研究者として三流のまま終わるだろう」と自嘲するのですね。「毎日の楽しみは酒を飲んで酔っ払うことだけだ」と。「中年期のアイデンティティ再体制化」の第Ⅱ段階，自分の再吟味や模索ができないし，しようとしていないのです。これがアイデンティティ拡散の状態で，青年期だけでなく中年期にもみられるというのは発見でした。表面的には，会社を欠勤しているわけでもないし，普通に社会人としての務めを果たしているようにみえますが，中身はきちんと自己に向き合えず，問題を先送りしているだけなのです。

● 6.　生き方だけでなくそれを支えてきた自分の価値観そのものを問い直す

——今のお話をお聞きすると，中年の危機は特殊なものではなく，多かれ少なかれ誰にも訪れるものと考えられます。であれば，中年の危機を一人ひとりがどう乗り越えるかを考えると同時に，企業としても対応が求められると思います。この両面についてお教えください。

岡本　いちばんの基本はやはり，自分のこれまでの人生がどうであったか，そしてこれからの人生をどう歩むべきかを，じっくり立ち止まって考えるということです。まず自分自身で危機を自覚し，それを自ら乗り越えようとする意志をもつことが大前提です。

　私自身は大学以外の社会を経験したことはないのですが，企業に就職された方などは，その組織の中で昇進昇格していくことが自分のアイデンティティにとってとても大切なことだと想像します。ですから，仕事の面でどこまで上に行けるかが自分の価値観をも左右しているという方が多いのではないでしょうか。しかし私がお願いしたいのは，外から見えるものだけを価値基準にしないでほしいということです。言い方を変えれば，中年の危機は，昇進昇格以外の価値観に気づくよいチャンスなのです。

　「自分は人生で何をしたいのか」というのは，青年期に誰もが考える問題です。そして中年期に入ると，これまでお話してきたように「自分はどう生きてきたのか，それでよかったのか」という形で，再び自らのアイデンティティを問い直すことになります。

　そのとき，これまでの社会人生活を振り返ってどれだけ達成感があるかが一つの価値基準になることが多いでしょう。給料が高いから達成感も大きいかというと，そういうものではないと思います。やはり具体的な仕事上でどんなことを実現したか。もう 1 つは社会に役立つことができたか（それが大きなものか，ささいなことかは別にして）。この 2 つの視点から達成感について考えてみることが必要だと思います。

　このようにして，これまでの自分の生き方を振り返ると同時に，その生き方を後押ししてきた価値観そのものも「このままでいいのか」と問い直してみること，これが，中年の危機に向き合って克服するための第一歩になると考えます。

——自分を振り返る際にどうすればいいのか，もう少しくわしくご説明いただけますか。

岡本　今の組織は公正な評価とそれにもとづく処遇を大切にしています。それ自体はもちろん大変よいことですが，一面では若い社員たちが他人の評価に対して，必要以上にセンシティブになっているような気がします。あまりに周囲の評価に振り回されすぎると，自分がいったい何のために仕事をしているのかを見失ってしまう恐れがあります。

　ではどうすればいいかというと，仕事の世界はもちろん含めてですが，それを超えたところにある自分の世界というものの全体を見る視点が大切です。例えば，自分にとってかけがえのない人は誰なのかを考えてみましょう。その人も自分の世界の一部です。その人は今，幸せに生きているでしょうか。自分の伴侶や親，子などの肉親はもちろんのこと，学校や会社で特に目をかけてもらった恩師・上司，長年の親友などもそうでしょう。そう考えていくと，自分の世界は意外に広いことに気づくし，自分の人生で培ってきたものの豊かさにも気づけると思います。

——職場はどんな配慮をしたらいいのでしょうか。

岡本　職場で明らかにこの人は中年の危機を迎えているなとわかる社員には，いくつかのタイプが見られます。例えば，仕事へのモチベーションが低下し，

最近やる気が感じられないという停滞型。自分のことばかり気にして組織全体のことが見えなくなっている自己陶酔型など。どのタイプにしても，最近ちょっと本来の○○さんじゃなくなっているというのを誰も気づかないとか，自分で気づいていても誰に相談したらわからない，自分の評価が下がるのを恐れて上司に相談できない，といった職場環境は問題です。気軽に声をかけ合ったり相談しやすい雰囲気づくりも大切だし，できればカウンセラー的な方が配置されるといいですね。

　また，気づきを促したり危機の克服を支援するための研修を実施する際は，まず「中年の危機は誰にでも訪れるものであり，それを公にすることは恥でも何でもない」という本質を押さえることが不可欠です。でないと，誰でも「ここで心身の不調を知られたら出世競争から脱落してしまう」という怯えが先立ってしまいます。研修は，こうした危機の本質を専門家が話す講義形式でもいいし，「自分はこんなことで苦しんで，それをこうして乗り越えた」という体験者の話を共有するのもいいでしょう。

● 7. 経験により得られた磁場が自分の人生の選択を導く

——近年は非婚化・晩婚化の進展や生活様式の多様化が進み，中年の危機が表面化する年齢の幅も広がっているのではないでしょうか。

岡本　そのとおりです。もともと私は，一般的に中年の危機が体験される時期を40代前半頃，そして少し前まで，一般的な定年退職年齢であった60歳前後をもう1つの危機と考えてきました。青年期だけにとどまらず，このようにしてアイデンティティの危機は繰り返されるものであり，そのつど逃げずに向き合うことでアイデンティティはより発達するという考え方です。

　しかし，ご指摘のようにライフスタイルが多様化し，働き方も多様化し，寿命も延び続けるなど，社会が大きく変化しています。そうすると，危機は40歳前後とか60歳前後といったように年齢で区切られるものでなく，危機が訪れる時期は人それぞれだし，ある意味，いつも危機の最中にいるのかもしれないと，ここ10年くらいの間に考えるようになりました。

　したがって，企業がキャリア研修を実施するなどして中年の危機への対応を取り入れる場合も，工夫が必要だと思います。第一段階は年齢層で区切っての

集合研修でいいとしても，第二段階は個人個人の意識やキャリアの積み上げ方に応じた研修のあり方が求められるでしょう。

——現在の企業はワークライフバランスの尊重を求められ，働き方改革も否応なしに進めつつあります。一人ひとりの社員にとっては，キャリアの選択肢が広がりつつある状況だと思いますが，逆にその中でどれを選択したらいいのか難しい決断を迫られることにもなります。決断に際して何を重視したらいいのか，アドバイスをお願いします。

岡本　人がある仕事を選ぶとき，根っこにはその人が生まれたときからの経験があります。外部からの刺激を受けたり，さまざまな人と出会う経験を積み重ねるごとに，どんどん自分の中に "心の磁場" ができていきます。そこに新しい世界が触れるとき，引き合うものもあれば反発し合うものもある。それを繰り返しながらまた新しい磁場が形成されていき，青年期の進路選択の際はその磁場に導かれるようにして，ある職業と結びつけられるのです。もちろんそこには自分の意志もかかわってきますが。

　ですから，中年の危機を克服するため新たな選択をする場合も，それまでにきちんと自分と向き合いながらいろいろな人と出会い，経験を積み重ねて，自分の磁場を広げておくことが大切だと思います。

——最後に，昨年からのコロナ禍で中年の危機をめぐる状況はより複雑化しているように感じます。そうした中で企業として注意すべき点があればお教えください。

岡本　私は，本当のコミュニケーションができている会社であればコロナ危機を乗り越えられると信じています。本当のコミュニケーションとは，社員の気持ちを会社がきちんと汲み取り，それを "人育ち" につなげられているということです。多くの会社はテレワークを導入し，オンラインでのミーティングも普通になりましたが，オンラインのコミュニケーションにどう心を乗せていくかはどこも苦労しているのではないでしょうか。

　対面であれば言葉だけでない人柄も含めた会話ができますが，オンラインだと，どうしても抜け落ちてしまう部分があります。少なくとも組織としては，

オンラインで社員と会話するときも相手をちゃんと気遣っている，理解しようとしているというメッセージを意識的に発することが大切です。その相手が中年の危機にあるならなおさら，これは大切なことだと思います。

（語り：岡本祐子，文：北井弘／出典：産労総合研究所「企業と人材」）

エピローグ

アイデンティティ論からみた
心理臨床学の現代的課題と展望
―アイデンティティ研究47年の雑感―

● ● ● ● ● ● ● ● ● ● ● ● ● ● ● ● ● ● ● ●

　2023年9月に開催された日本心理臨床学会第42回大会において，大会企画シンポジウム「心理臨床学の新たな多様性を拓く」が行われた。私は，大会委員会からの依頼で，「アイデンティティ論・ライフサイクル論からみた心理臨床学の現代的課題と展望」という話題提供を行った。その内容を再考して，本書のまとめとしたいと思う。

● 1. 多様化社会におけるアイデンティティ感覚

　現代は，少子高齢社会，変化の早い高度情報社会，多様化社会となった。価値観の相違，職業，経済，環境の格差が至るところで見られ，それが私たちの心理臨床活動にも大きな影響を及ぼすようになった。このような社会に生きる私たちの自己感覚がとらえにくくなっていることは事実であろう。自己感覚とは，「自分は○○である」というリアリティを持った感覚，アイデンティティ感覚を意味する。その自己感覚がとらえにくくなっている現代社会において，心理臨床学がめざす視点とは何なのだろうか。その中核となる視点は，言うまでもなく心のウェルビーイング，心の発達と躓きに対する理解と支援である。ここでは，アイデンティティ論の視点から，心の発達や成熟につながる多様性とは何なのかを考えてみたい。

　私は2012年に，エリクソン・スカラーとして，アメリカ合衆国マサチューセッツ州ストックブリッジにあるオースティン・リッグス・センターに招聘された。かのEriksonが長く臨床と研究に打ち込んだ研究所・臨床施設である。Eriksonの没後，すでに20年近くの歳月が過ぎていた。しかしながら，そここ

こに Erikson の息遣いが感じられ，リッグスで働くスタッフの間に，基本的信頼感が満ちた at home な環境の中で，心理臨床家や活動療法家の方々と，日々，言葉を交わし，ディスカッションしながら研究できたことは，私の研究者人生にとって忘れられない経験となった。

● 2. アイデンティティ概念の誕生と発展

　アイデンティティの概念は，Erikson（1950）が精神分析的個体発達分化の図式の青年期のテーマとして提唱した概念である。もう74年前に提唱された概念であるが，これは世界中の心理学に大きな影響を与え，中でも発達心理学，心理臨床学においても重要な理念的基礎になった。このアイデンティティの概念は，Erikson 自身の心理臨床実践から生まれた概念である。第二次世界大戦中と終戦直後，Erikson は，Mount Sinai 退役軍人病院で心理療法に携わっていた。クライエントは，戦争帰還兵である。そこで訴えられた問題の多くが「自分が何者なのか分からない」ということであった。この心的状態を説明する概念は，当時はなかった。その説明概念として，Erikson はアイデンティティの危機，アイデンティティ拡散という新しい概念を提唱した。それが心理臨床家や心理学者の心をつかんだわけである。この時すでに，この概念には，ライフサイクル全体を展望した心の発達と危機という視点が示唆されていた。

　その後，どのようにアイデンティティ研究が展開していったのか。非常に興味深いことに，研究者の多くはアイデンティティの「発達」の方向へ大きな関心を向けた。しかし，Erikson が大事にした「アイデンティティの危機」という臨床概念について，直接的にそれを掘り下げる研究はあまり多くなかった。これは不思議なことである。その意味で，この大会シンポジウムにおいて，現代における心理臨床学の課題と展望の一つとして，アイデンティティ論，ライフサイクル論が取り上げられたことの意義は非常に大きいと，私は考えている。

● 3. 時代の推移から見たライフサイクルの変化とアイデンティティ危機の変容

　時代の推移とともに，ライフサイクルの変化にともなってアイデンティティ危機の考え方がどのように変容してきたかを，簡単にみていきたい。

　まず1950年，Eriksonがアイデンティティ危機の概念を提唱したその時期と，それに続く1960年代は，まさにアイデンティティの危機は，青年期の発達と病理の問題であった。「アイデンティティの危機」は当時，極めて新しい概念で，新しい青年期論として，多くの人々が注目した。そして，Eriksonが提唱した精神分析的個体発達分化の図式の8段階理論は，各段階に固有の心理－社会的課題と危機があるというもので，これも非常にわかりやすく魅力的な理論であった。当時の発達心理学の研究では，幼児期から青年期までの心理的発達しか注目されていなかった。それに対してEriksonは，人間は人生全体にわたり危機を繰り返しながら成長，発達していくというヴィジョンを，鮮やかに示した。それが人生全体を展望した発達論，発達危機論として，その後，非常に重要な研究の視点となったのである。

　次の時代である1980年代においても，青年期はアイデンティティの危機と発達の時期であるという見方は，受け入れられていた。しかしながら，アイデンティティの危機は青年期だけの問題なのか。アイデンティティの危機は，人生の転換期ごとに存在するのではないかという視点が生まれてきた。

　その背景には，少子高齢社会の到来が存在する。「人生100年時代」，「流動化社会」と言われるようになった。我が国では，安定・固定した社会の象徴である年功序列制や終身雇用制が見直され始め，世の中が少しずつ変わってきた。当時私は，まだ20代の大学院生であったが，青年期に確立したアイデンティティでは長い生涯を支えきれないのではないか，人生の節目ごとにアイデンティティそのものの再確認，再構築が求められるという視点の方が，より現代の生涯発達と危機を説明しやすいのではないかと考えていた。この社会の変容と連動して，アイデンティティの感覚はとらえにくくなり，揺らぎ始めたと考えられる。

　アイデンティティ危機に関する次の大きな変革期は，1990年代である。「アイデンティティ感覚の希薄化」という新しい問題が出てきた。この時期になると，IT社会はさらに進展し，パソコンは学生でも子どもでも持っている時代になった。この時代に醸成された空気は，「より早く，より多くのことを！　そのことこそが，価値があるのだ」というものであった。

　そして多様化社会のもう一つの特質として，「多元的アイデンティティ」と

いうものが出現した。この「多元的アイデンティティ」は，対人関係の場面ごとに他者に示す自分というものが変わっていく現象をとらえたものである。自分自身を示す姿として，対人関係場面ごとに自分が変容する現象が注目されるようになった。しかし，こういう人たちは心理臨床的に見れば適応的レベルにある人々であった。多元的アイデンティティの問題はまだ研究途上であるが，現代のアイデンティティの特徴を示す重要な側面であると考えられる。

　それでは，今日の21世紀を迎えた現代社会においてはどうか。上記の状況は，より多方面にわたって続いていると考えられる。まず，アイデンティティ感覚の浅薄化，虚像化の側面が非常に増大しているのではないであろうか。例えばバーチャルと現実の境界の希薄化である。現代は，小学校でも，パソコンを使って授業が行われている。パソコン画面が切り替わると——頭の中で，前に見ていた画面と今の画面は別だとわかっていれば，また現実の自分の世界とパソコン内の世界は別だとわかっていればよいが——自分自身の世界も全部切り替わってしまう。そして，自己感覚もその場その場で変わってしまうという現象が起きている。

　第二の重要な問題は，現実の相手，他者との共有体験の希薄化である。これは，新型コロナウイルス感染症拡大の影響で一層，拍車がかかってしまった。じっくりと自分の感覚や考えていることに向き合わない。この状態を，あえてMarcia（1964）のアイデンティティ・ステイタス論から見ると，危機前アイデンティティ拡散と分類できる。このようなじっくりと自己に向き合えないという危機前アイデンティティ拡散が常態化してしまっていることが，現代社会の特徴ではないであろうか。

● 4. 多様化社会における変わらない側面

　しかしながら，現代の多様化社会の中で変わらないものも存在する。例えば，人間が生まれて成長するプロセス，特に誕生から乳幼児期を脱するぐらいまでの発達プロセスは，変わらない。そして青年期にアイデンティティが形成されること——形成のされ方は多様であるが——は，現代でも変わらない。さらに，高齢者が人生を振り返りまとめるという心の作業もあまり変わっていない。人生の節目，節目にアイデンティティの問い直しと組み替えが起こる。これを私

は「アイデンティティの再体制化」と呼んでいるが，これもまた，今日の多様化社会の中でも同様であろう。

● 5．現代社会における心理臨床学の価値と貢献

アイデンティティ感覚がとらえにくい時代に，心理臨床学が示す価値・貢献とは何だろうか。第一は，「深さの実践」であると，私は考えている。自分が感じていること，体験していることを深くとらえる。同時に，自分の目の前にいる他者，相手の体験を深く共有する。換言すれば，自己と他者の感じていること，体験していることを，深く「みる」ことである。「みる」という心の営みには，「見る」，「視る」，「観る」，「察る」，「覧る」など，いろいろな側面があるが，それらはすべてこの「深さの実践」にあてはまる。深さの実践は，心理臨床学が示唆できる極めて重要な価値であろう。

「深く聴く姿勢」は私自身，若い頃から今日まで，心理臨床実践の中で学ぶところが多かった。私の恩師 鑪幹八郎先生は，次のようなことをよくおっしゃっていた。「狭い面接室で，一人のクライエントさんの話を聞いていても，そこから世界が見える。クライエントさんの言葉は具体的な一言一言だけれど，それは社会や世界につながっている」。

オースティン・リッグス・センター滞在中，お世話になった友人の心理臨床家 Gerard Fromm 先生によれば，Erikson は，クライエントさんが話す，その言葉の意味がわからないときだけ，それを口にして，どう意味なのかを尋ね，その他はいつも静かに聴いていた。そのクライエントさんの話の流れを途切れさせないように深く聴くことが，すなわちクライエントさんを理解することだとおっしゃっていたという。Fromm 先生は，リッグスで Erikson から直接，臨床指導を受けたお弟子さんであり，Erikson の元同僚の一人である。Fromm 先生はまた，2017年3月，広島大学で日本発達心理学会第28回大会（大会委員長 岡本祐子）を開催した際，招待講演者として来日された。広島の地で旧交を温めることができたことは，私たちにとって忘れられない思い出となっている。

第二に，心理臨床学が示す価値と実践として，自己感覚に気づく体験を共有することをあげたい。自分（＝クライエント）の体験していることは何なのか，

自分の辛さ，苦しさ，不安とは何か，それはどこから来ているのか。これがセラピストに理解され，クライエント自身も理解できると，「自分」というものが見えてくる。そして，主体的に生きていける「もう一人の自分」が生まれてくると思われる。

　第三は，プロセスへ注目することの重要性である。上に述べた多様化社会においても変わらないもの，つまり，人間が生まれて成長するプロセス，アイデンティティが形成されるプロセス，高齢者が人生を振り返りまとめる営みのプロセス，人生の節目にアイデンティティの組み立て直し，再体制化が行われるプロセス等を，「プロセス」として見る。このプロセスを見ることは，心理臨床学の知見の宝庫であると，私は考えている。

　第四として，今日の高度情報社会において，自己感覚を持った自分を育てていくことも，心理臨床学の極めて大事な課題になっている。頭で知的にわかるだけでなく五感で相手を理解することである。コロナ禍の3年余の間，私たちは厳しい移動制限を受けたが，私は対面での会話は，非常に大事だと感じている。私のカウンセリング・オフィスでも，コロナ禍の間，可能な限り感染対策をして対面での心理面接を継続した。遠方の方とはオンライン面接も行っているが，対面で会うことにより得られるものは，オンライン面接とは比べものにならないほど多い。そのことは心理臨床学がこれまで長い間，大切にしてきた視点と営みそのものではないであろうか。

　本書のテーマは，「中年からのアイデンティティ危機と発達」であった。プロローグにおいて述べたように，このテーマは，我が国において1980年代から注目され始め，さまざまな社会の変動の中にあっても，常に心の発達にとっての重要なテーマであり続けている。今後もさらなる研究と心理臨床実践の進化・深化が期待されるところである。

引用文献

Ainlay, S. C. (1981). Intentionality, identity and aging : An inquiry into aging and adventitious vision loss. *Dissertation Abstracts International, 42* (4-A), 1810.

Atchley, R. C. (1976). *The sociology of retirement.* Cambridge : Schenkman Publishing. (牧野拓司 (訳) (1979). 退職の社会学. 東洋経済新報社.)

Bakan, D. (1966). *The duality of human exsistence.* Boston, MA : Beacon Press.

Bem, S. L. (1974a). Theory and measurement of androgyny. *Journal of Personality and Social Psychology, 37,* 1047-1054.

Bem, S. L. (1974b). The measurement of psychological androgyny. *Journal of Consulting and Clinical Psychology, 42,* 155-162.

Blos, P. (1967). The second individuation process of adolescence. *The Psychoanalytic Study of the Child, 22,* 162-186.

Bowlby, J. (1969). *Attachment and loss,* Vol. 1. London : Hogarth Press. (黒田実郎 (訳) (1976). 母子関係の理論 ①愛着行動. 岩崎学術出版社.)

Brandt, D. E. (1977). Separation and identity in adolescence : Erikson and Mahler, some similarities. *Contemporary Psychoanalysis, 13,* 507-518.

Bühler, C. (1933). *Der menschliche Lebenslauf als psychologisches Problem.* Leipzig : S. Hirzel. 2 nd ed. Göttingen : Verlag für Psychologie, 1959.

Bühler, C., & Massarik, F. (1968). *The course of human life.* New York : Springer.

Campbell, J. (1976). *The portable Jung.* New York : Penguin Books.

Chodorow, N. (1978). *The reproduction of mothering.* Berkley, CA : University of California Press. (大塚美津子 (訳) (1981). 母親業の再生産. 新曜社.)

Costa, P. T. Jr., & McCrae, R. R. (1980). Still stable after all these years : Personality as a key to some issues in adulthood and old age. In P. Baltes, & O. Brim (Eds.), *Life span development and behavior,* Vol. 3. New York : Academic Press, pp. 65-102.

Cuber, J. F., & Harroff, P. B. (1965). *The significant Americans.* New York : Appleton.

ダンテ, A. 野上素一 (訳) (1973). 神曲・新生. 筑摩書房.

デーケン, A.・福山和女・宮内佳代子 (1992). 遺族及び老人介護家族に対する包括的アフターケア プログラムの実践. 死の臨床, 15, 135-136.

Donovan, D. C. (1983). Determining of sex role identity in older adults. *Dissertation Abstracts International, 44* (2-B), 604.

Dressel, E. T. (1987). To be 'old' or not to be 'old' : Exploring lifestyle variations and their implications for age identity. *Dissertation Abstracts International, 47* (10-A), 3846-3847.

Erikson, E. H.（1950）. *Childhood and society*. New York : W. W. Norton.（仁科弥生（訳）（1977, 1980）. 幼児期と社会1・2. みすず書房.）

Erikson, E. H.（1959）. Identity and the life cycle. *Psychological Issues, 1*, 1 -171.

Erikson, E. H.（1964）. *Insight and responsibility*. New York : W. W. Norton.（鑪幹八郎（訳）（1973）. 洞察と責任. 誠信書房. 鑪幹八郎（訳）（2016）. 洞察と責任. ［改訳版］誠信書房.）

Erikson, E. H.（1968）. *Identity : Youth and crisis*. New York : Norton.

Erikson, E. H.（1982）. *The life cycle completed : A review*. New York : W. W. Norton.

Erikson, E. H., Erikson, J. M., & Kivnick, H. Q.（1986）. *Vital involvement in old age*. New York : W. W. Norton.（朝長正徳（訳）（1990）. 老年期—生き生きしたかかわりあい — みすず書房）

Franz, C. E., & White, K. M.（1985）. Individuation and attachment in personality development : Extending Erikson's theory. *Journal of Personality, 53*, 224-256.

フロイト, S.（1905）. 性欲論三篇.（懸田克躬・高橋義孝（訳）（1969）. フロイト著作集第5巻, 性欲論・症例研究. 人文書院, pp. 7 -94.）

フロイト, S.（1923）. 自我とエス.（井村恒郎・小此木啓吾（訳）（1970）. フロイト著作集第6巻, 自我論・不安本能論. 人文書院, pp. 263-299.）

Gesell, A. L.（1945）. *The embryology of behavior*. New York : Harper & Brothers Publishers.

Gilligan, C.（1979）. *In a different voice*. Boston, MA : Harvard University Press.（川本隆史・山辺恵理子・米　典子（訳）（2022）. もうひとつの声で—心理学の理論とケアの倫理. 風行社.）

Gould, R. L.（1972）. The phases of adult life : A study in developmental Psychology. *American Journal of Psychiatry, 129*, 33-43.

Gould, R. L.（1978）. *Transformations : Growth and change in adult life*. New York : Simon & Schuster.

Gutmann, D. L.（1972）. Ego psychological and developmental approaches to the"retirement crisis". In F. M. Carp（Ed.）, *Retirement*. New York : Human Science Press.

花沢成一（1992）. 母性心理学. 医学書院.

原田圭子・岡本祐子（1995）. 高齢期における精神的充足感形成に関する研究（第2報）：家族役割の検討. 日本家政学会誌, *46*, 933-940.

Hart, B. L.（1990）. Longitudinal study of women's identity status. *Dissertation Abstracts Internatinal, 50*, 4807-B.

林　京子（1995）. 老いた子が老いた親をみる時代. 講談社.

Heidegger, M.（1927）. Sein und Zeit, Erste Halfte. In *Jahrbuch für Philosophie und phänomenologische Forschung*, Ⅷ. Halle a. s.（桑木　務（訳）（1960・1961・1963）. 存在と時間　上・中・下. 岩波書店.）

Hodgson, J. W., & Fisher, J. L.（1979）. Sex differences in identity and intimacy development in college youth. *Journal of Youth and Adolescence, 8*, 37-50.

Hollingworth, H. L.（1927）. *Mental growth and decline : A survey of developmental psy-*

chology. New York : Appleton.

Hopkins, L. B.（1980）. Inner space and outer space identity in contemporary females. *Psychiatry, 43,* 1 -12.

Hudson, F. M.（1991）. *The adult years : Mastering the art of self-renewal.* San Francisco, CA : Jossey-Bass.

石垣明美・本多公子（2005）．更年期外来で訴えられる精神症状の実際と心理的背景．日本心理臨床学会第24回大会論文集，234.

伊藤美奈子(1992)．個人志向性・社会志向性に関する発達的研究．教育心理学研究，*41,* 293-301.

Jaques, E.（1965）. Death and the mid-life crisis. *International Journal of Psychoanalysis, 43,* 502-514.

人口問題審議会（1984）．日本の人口・日本の社会．東洋経済新報社.

Josselson, R.（1973）. Psychodynamic aspects of identity formation in college women. *Journal of Youth and Adolescence, 2,* 3 -52.

Josselson, R.（1982）. Personality structure and identity status in women as viewed through early memories. *Journal of Youth and Adolescence, 11,* 293-299.

Josselson, R.（1987）. *Finding herself : Pathways to identity development in women.* San-Francisco, CA : Jossey-Bass.

Jung, C. G.（1931）. The stages of life. In *The collected works of Carl G. Jung,* Vol. 8 . Princeton, NJ : Princeton University Press, 1960.

Jung, C. G.（1951）. *Aion : Untersuchungen zur Symbolgeschite.*（English translation, In J. Campbell（Ed.）（1976）. *The portable Jung.* New York : Penguin Books, pp. 139-162.）

金沢佳子（1993）．わが子がかわいく思えない．日本放送出版協会.

柏木惠子（1995）．親子関係の研究．柏木惠子・髙橋惠子（編）　発達心理学とフェミニズム．ミネルヴァ書房，pp. 18-52.

Kaufman, S. R.（1986）. *The ageless self : Sources of meaning in late life.* The University of Wisconsin Press.（幾島幸子（訳）（1988）．エイジレス・セルフ：老いの自己発見．筑摩書房.）

河合隼雄（1978）．ユングの生涯．第三文明社.

河合隼雄（1983）．概説．飯田　真（編）　精神の科学 6　ライフサイクル．岩波書店.

河合隼雄（1989）．ユング心理学と仏教．岩波書店.

Kernberg, O. F.（1980）. *Internal world and external reality.* Jason Aronson.（山口泰司（監訳）（2002）．内的世界と外的現実．文化書房博文社.）

Kimmel, D. C.（1974）. *Adulthood and aging.* New York : Johy Wiley & Sons.

杵渕幸子（1993）．ワーキングウーマン症候群．大月書店.

小林純一（1983）．カウンセリング．井上勝也（編）老年期の臨床心理学．川島書店.

厚生労働省（2018）．平成30年版厚生労働白書―障害や病気などと向き合い、全ての人が活躍できる社会に―　Retrieved from https://www.mhlw.go.jp/stf/wp/hakusyo/kousei/18/backdata/01-01-02-09.html

厚生労働省（2019）．令和 2 年版自殺対策白書　Retrieved from https://www.mhlw.go.jp

/content/r2h-1-1-03.pdf

孔子　貝塚茂樹（訳注）（1973）．論語．中央公論社．

Kroger, J., & Haslett, S. J.（1991）. A comparison of ego identity status transition pathways and change rates across five identity domains. *International Journal of Aging and Human Development, 32*, 303-330.

Kübler＝Ross, E.（1969）. *On death and dying*. New York : Macmillan.（川口正吉（訳）（1971）. 死ぬ瞬間．読売新聞社.）

Levinson, D. J.（1978）. *The seasons of a man's life*. New York : Alfred A. Knopf.（南　博（訳）（1980）．人生の四季．講談社.）

Lowenthal, M. F., & Chiriboga, D.（1972）. Transition to the empty nest : Crisis, challenge, or relief? *Archieves of General Psychiatry, 26*, 8-14.

Lowenthal, M. F.（1975）. *Four stages of life*. San Francisco, CA : Jossey-Bass.

前田重治（1985）．図説　臨床精神分析学．誠信書房．

Mahler, M. S.（1975）. *The psychological birth of the human infant : Symbiosis and individuation*. New York : Basic Books.（高橋雅士（訳）（1981）．乳幼児の心理的誕生．黎明書房.）

牧野カツコ（1987）．共働き女性の精神病理．稲村　博（編）　女30代にして惑う．現代のエスプリ，*236*，173-183.

Marcia, J. E.（1964）. Determination and construst validity of ego identity status. Unpublished Doctoral Dissertation, The Ohio State University.

Marcia, J. E.（1976）. Identity six year after : A follow-up study. *Journal of Youth and Adolescence, 5*, 145-160.

松井　洋（1992）．愛他行動の発達と形成．東　洋（編）　発達心理学ハンドブック．福村出版，pp. 814-818.

三崎いずみ・岡本祐子（1998）．高齢者介護体験による成長・発達感とその関連要因の分析．広島大学教育学部紀要第二部，*46*，111-117.

森　有正（1972）．暗く広い流れ．森有正　木々は光を浴びて．筑摩書房，pp. 70-98.

内閣府（2022）．令和4年版高齢社会白書．

中西信男（1980）．EF調査票 II（1980年度版）．大阪大学人間科学部教育心理学研究室．

中西信男（1989）．人間形成の心理学．ナカニシヤ出版．

生田目常光（1979）．職場生活と定年期．山田雄一他（編）定年期の心理．有斐閣，pp. 103-130.

直井道子（1989）．家事の社会学．サイエンス社．

野口悠紀雄（1995）．超「勉強法」．講談社．

O'Connel, A. N.（1976）. The relationship between life style and identity synthesis and resynthesis in traditional, neotraditional, and nontraditional women. *Journal of Personality, 44*, 675-688.

小川捷之・斎藤久美子・鑪幹八郎（編）（1990）．臨床心理学体系　第3巻　ライフサイクル．金子書房．

岡田尊司（2005）．誇大自己症候群　ちくま新書．

岡堂哲雄（1978）．家族心理学．有斐閣．

岡本祐子（1985）．中年期の自我同一性に関する研究．教育心理学研究，*33*，295-306.

岡本祐子（1986）．成人期における自我同一性ステイタスの発達経路の分析．教育心理学研究，*34*，352-358.

岡本祐子（1990）．高齢者の死の受容と自我同一性に関する研究．広島中央女子短期大学紀要，*27*，5 -12.

岡本祐子（1991）．成人女性の自我同一性発達に関する研究：Ⅰ成人女性の自我同一性発達に関する研究の現状と展望，Ⅱ職業・育児への関与と自我同一性達成の関連性の検討．広島中央女子短期大学紀要，*28*，7 -26.

岡本祐子（1994a）．成人期における自我同一性の発達過程とその要因に関する研究．風間書房．

岡本祐子（1994b）．現代女性をとりまく状況．岡本祐子・松下美知子（編）女性のためのライフサイクル心理学．福村出版．

岡本祐子（1995）．高齢期における精神的充足感形成に関する研究（第 1 報）：高齢者の精神的充足感獲得と生活の満足度および主体的欲求との関連性．日本家政学会誌，*46*，923-932.

岡本祐子（1996a）．育児期における女性のアイデンティティ様態と家族関係に関する研究．日本家政学会誌，*47*，849-860.

岡本祐子（1996b）．老年期のアイデンティティ様態と「人生の統合」の課題達成について：老年期のアイデンティティ様態の類型化と心理・社会的課題達成の特徴．平成5 ，6 ，7 年度文部省科学研究一般研究（B）「ライフサイクルにおけるアイデンティティの再編過程に関する研究」（課題番号05451021，研究代表者　鑪幹八郎）研究報告書，pp. 85-99.

岡本祐子（2021）．インタヴュー　中年の危機とアイデンティティ　企業と人材，*54*(1102)，18-24．産労総合研究所

岡本祐子・松下美知子（編）（1994）．女性のためのライフサイクル心理学．福村出版．

岡本祐子・山本多喜司（1985）．定年退職期の自我同一性に関する研究．教育心理学研究，*33*，185-194.

小此木啓吾（1983）．中年期の危機．飯田　真（編）　精神の科学 6　ライフサイクル．岩波書店，pp. 211-254.

大日向雅美（1988）．母性の研究．川島書店．

Parsons, T. (1955). Family structures and the socialization of the child. In T. Parsons & R. F. Bales（Eds.）, *Family, Socialization and the Interaction Process*. New York : Free Press.

Rasmussen, J. E.（1961）. An experimental approach to the concepts of ego identity as related to character disorder. Unpublished Doctoral Dissertation, The American University.

Rasmussen, J. E.（1964）. The relationship of ego identity to psychosocial effectiveness. *Psychological Reports, 15*, 815-825.

斎藤久美子（1990）．青年期後期と若い成人期─女性を中心に─．小川捷之・斎藤久美子・

　　　鑪幹八郎(編)　臨床心理学体系　第3巻　ライフサイクル．金子書房，pp. 163-176.

Schlossberg, N. K.(1981). A model for analyzing human adaptation to transition. *Counseling Psychologist, 9*, 2-18.

Shakespeare, W. 福田恒存（訳）(1972)．お気に召すまま．新潮社．

Sheehy, G.(1974). *Passages : Predictable crises of adult life*. New York : Dutton.

下仲順子・佐藤眞一（1992）．現代社会における成人の自己実現と社会生活．東洋・繁多進・田島信元（編）　発達心理学ハンドブック．福村出版，pp. 1151-1164.

Skaff, M., & Pearlin, L.(1992). Caregiving : Role engulfment and the loss of self. *The Gerontologist, 32*, 656-664.

袖井孝子・都築佳代（1985）．定年退職後夫婦の結婚満足度．社会老年学，*22*，63-77.

総務省（2022）．労働力調査（基本集計）2022年（令和4年）平均　Retrieved from https : //www.stat.go.jp/data/roudou/sokuhou/nen/ft/index.html

Stanford, E. C.(1902). Mental growth and decay. *American Journal of Psychology, 13*, 426-456.

杉村和美（1993）．現代女性の中年期：アイデンティティの視点から．発達，*54*，37-44.

杉村和美（1995）．ライフサイクル．南　博文・やまだようこ（編）　講座　生涯発達心理学　第5巻，老いることの意味—中年期・老年期—．金子書房，pp. 41-80.

高橋久美子（1980）．定年退職後の夫婦適応．社会老年学，*13*，21-35.

鑪幹八郎（1990）．アイデンティティの心理学．講談社．

鑪幹八郎・山本　力・宮下一博（編）(1984)．自我同一性研究の展望．ナカニシヤ出版．（「鑪幹八郎・山本力・宮下一博（編）(1995)．アイデンティティ研究の展望Ⅰ」と改題して重版，ナカニシヤ出版）

鑪幹八郎・宮下一博・岡本祐子（編）(1995a)．アイデンティティ研究の展望Ⅱ．ナカニシヤ出版．

鑪幹八郎・宮下一博・岡本祐子（編）(1995b)．アイデンティティ研究の展望Ⅲ．ナカニシヤ出版．

鑪幹八郎・宮下一博・岡本祐子（編）(1997)．アイデンティティ研究の展望Ⅳ．ナカニシヤ出版．

Turner, R. H.(1970). *Family interaction*. New York : John Wiley & Sons.

宇田津三貴（1995）．在宅介護者のストレスに関する一考察．広島大学教育学部卒業論文（未発表）．

氏原　寛・東山紘久・川上範夫（編）(1992)．中年期のこころ．培風館．

宇都宮博（1996）．人生後期における夫婦の関係性ステイタスに関する研究．広島大学大学院教育学研究科修士論文（未刊）．

宇都宮博・岡本祐子（1996）．高齢者における夫婦アイデンティティと夫婦適応の検討．平成5，6，7年度文部省科学研究一般研究（B）「ライフサイクルにおけるアイデンティティの再編過程に関する研究」（課題番号：05451021，研究代表者　鑪幹八郎）研究報告書，pp. 55-73.

Vaillant, G. E.(1977). *Adaptation to life*. Boston, MA : Little, Brown.

渡邊恵子（1995）．自立再考—女性の自立・男性の自立—．柏木恵子・高橋恵子（編）発

達心理学とフェミニズム．ミネルヴァ書房，pp. 77-101.

Waterman, A. S.（1982）. Identity development from adolescence to adulthood : An extension of theory and a review of research. *Developmental Psychology, 18*, 341-358.

Werner, H.（1933）. *Einführung in die Entwicklungspsychologie*. Munchen : Johann Ambrosius, 1953.

Whitbourne, S. K., & Weinstock, C. S.（1979）. *Adult development : The differentiation of experience*. New York : Holt, Rinehart & Winston.

山田雄一（1979）．適応の条件：転機としての定年考．山田雄一他（編）定年期の心理．有斐閣，pp. 163-192.

山本里花（1989）．「自己」の二面性に関する一研究：青年期から成人期にかけての発達傾向と性差の検討．教育心理学研究, *37*, 302-311.

山本多喜司（編）（1995）．新しい生涯学習社会の創造．（財）富士社会教育センター教育総合研究所．

山中康裕（1994）．自己実現と心．資生堂企業文化部（編）　創造性と自己実現．求龍堂，pp. 127-150.

山折哲雄（1977）．四住期の論理と四諦の論理．現代思想12月臨時増刊号, *5*, 208-216.

安福純子（1992）．中年女性にとっての仕事．氏原　寛・東山紘久・川上範夫（編）　中年期のこころ．培風館，pp. 107-125.

初出一覧

第 1 章〜第 8 章

岡本祐子（1997）．中年からのアイデンティティ発達の心理学―成人期・老年期の心の発達とともに生きることの意味―．　ナカニシヤ出版．

補章　第 1 節

岡本祐子（2006）．概説　中年の光と影．　岡本祐子（編）　現代のエスプリ別冊　うつの時代シリーズ　中年の光と影―うつを生きる―．　至文堂，pp. 9 -21．

補章　第 2 節

岡本祐子（2021）．インタヴュー　岡本祐子名誉教授に聞く「中年危機」．企業と人材，*1102*，18-24．産労総合研究所．

あとがき

　2020年初頭からおよそ3年間，世界は新型コロナウイルス感染症の蔓延という未知の危機に遭遇した。その影響を受けなかった人は一人もいないであろう。流行が始まり，対策法すらもまだよくわからなかったその2020年3月に，私は，長年勤務した広島大学の定年退職を迎えた。大学の方針で，大人数での対面の会合は開催できず，最終講義は定年退職の半年後まで延期となり，2020年9月に，オンラインと会場というハイブリッド形式で行われた。180名を超えるたくさんの門下生と同僚の先生方がご参加くださり，心に残る記念の会となった。20代の大学院生時代から，成人期・高齢期の危機と発達の研究に携わってきたが，自分自身の人生の節目となる定年退職の際に，このような世界的な危機に遭遇するとは，予想もしないことであった。

　現在は，東広島市内にカウンセリングのオフィスを開設し，心理面接の中でじっくりとクライエントさんと向き合う生活を行っている。大学院時代も含めると，心理臨床の世界に入って47年の歳月が過ぎた。「成人期のアイデンティティ危機」の研究もかれこれ47年間，取り組んできたことになる。研究者人生のまとめの時期に来たことを，改めて感じる日々である。

　この度，ナカニシヤ出版より，私の著作集（全4巻の予定）を刊行していただけることになった。20〜30代の駆け出しの研究者だった頃からお世話になってきたナカニシヤ出版より著作集を刊行していただけることは，望外の喜びである。第1巻となる本書の初版は，『中年からのアイデンティティ発達の心理学』（1997年，ナカニシヤ出版）である。1991年1月に「教育学博士」の学位を授与された学位論文をもとに，一般の方にもわかりやすく書き直した著作を，ナカニシヤ出版が刊行してくださった。この本は，私の研究者人生の出発点となる記念すべき著作となった。中年期は「発達期」とは認識されていなかった1980年代当時，発達的危機期として中年期の心理力動を実証的にとらえた研究として，学界や社会からも注目された。

　本書を「著作集第 1 巻」として刊行するにあたり，政府から公開された社会統計データを最新のものに更新した他は，私自身の研究にかかわる部分は，可能な限り初版のデータを残した。本書が刊行された1997年から四半世紀が過ぎた今日，日本人の平均寿命，女性の就労率，家族の形をはじめとして，さまざまなところで社会は変化した。しかし，成人期の人生の節目において，アイデンティティの危機と再体制化を繰り返しながら，心は発達・深化していくことは，今日においても同様であることを，再認識した次第である。

　また，定年退職後，いくつかのメディアや専門誌の取材を受けて，「中年期の危機」が，現代社会においてもなお，人々の関心を引く重要なテーマであることを改めて認識した。それらの記事も，許可が得られたものは，本書の補章に再掲した。

　最後に，本著作集の刊行をご快諾いただいたナカニシヤ出版と，長年編集長を務められた宍倉由高氏には，心よりお礼を申し上げたい。宍倉さんには，これまで30年余，私の著書の刊行の際には，いつも多大なるご尽力を頂戴してきた。私が今日まで，自らの研究を刊行し続けることができたのは，ひとえに宍倉さんの肝要さとご理解の賜物である。宍倉さんは，今年，長年勤められたナカニシヤ出版編集長を引退され，第一線を引かれたが，現在は，山本あかねさんという有能な編集者が後を引き継いでおられる。心強い限りである。本書の刊行にあたってお世話になったナカニシヤ出版編集部　山本あかねさんに心からの感謝を申し上げて，筆をおきたいと思う。

　令和 5 （2023）年12月

著者　岡本祐子

事項索引

あ

愛着　47
　　——と分離　41, 63
　　——理論　42
アイデンティティ　23, 33, 40, 41, 46, 48,
　50, 63, 69, 70, 72, 73, 78, 80, 85–87, 91, 93,
　94, 99–102, 104, 107–110, 113, 123–126,
　130, 135, 139, 141, 151, 158, 161–163, 173–
　175, 187–189, 191, 192, 194, 199, 200, 203,
　208, 210, 216, 221, 222, 226–228, 230
　　——・ステイタス　35–38, 101, 104,
　　111–113, 168, 175
　　　　——の発達プロセス　38, 111, 112
　　　　——論　35, 37, 88, 111, 112, 194
　　——拡散　35, 37, 88, 98, 111, 112, 175,
　　184, 228
　　——葛藤　118, 120
　　——形成　43, 44, 72, 81, 103, 110, 214
　　——の確立感　70, 99
　　——（の）感覚　44, 66, 81, 84, 183, 212
　　——（の）危機　1, 35, 58, 71, 103, 153,
　　169–171, 203, 217, 223, 230
　　——の再確立　130
　　——（の）再体制化　2, 80, 88, 91, 95,
　　100, 102, 163, 165, 168, 179, 183, 192,
　　201, 225
　　——の生涯発達　212
　　——の喪失　218
　　——（の）達成　35–37, 84, 86, 88, 96,
　　102, 105–107, 109, 110, 112, 131, 168,
　　169, 175, 184, 204, 206, 222, 227
　　——の統合　174, 199, 201, 202
　　——のラセン式発達モデル　167–
　　169, 191
　　——発達の連続的パターンのモデル

　　38
意志決定期間　35
M 字型曲線　129
M 字型就労　129

か

介護（者）役割　118, 202
家族発達プロセス　60, 61
家庭内役割　125, 127
空の巣期　124, 125
関係維持機能　41
関係性ステイタス　194, 195
関係性にもとづくアイデンティティ
　49, 115, 208, 212
　　——の発達　49
関係的自己　41, 46, 47, 49
危機　36, 37, 62, 219
　　——後アイデンティティ拡散型　37,
　　107, 108
　　——対応力　50
　　——的な移行　157
　　——前アイデンティティ拡散　37, 105,
　　106, 110
基本的信頼感　42
「共生」の思想　208
ケア　115, 116, 206–210
　　——することにもとづいたアイデンティ
　　ティ　203, 204
　　——の倫理学　209
　　——役割　116–118, 204
現代女性のライフサイクルの木　8, 118,
　211
個性化の過程　20
個体維持機能　41
個としてのアイデンティティ　49, 50,

115, 120−122, 135, 196, 199, 202−204, 206, 210

さ

38歳の変曲点　20
自我機能　189
　──調査票　161
自我の統合（性）　182, 201
自我の防衛機制　32
時間的展望　66
　──の逆転　66, 72
　──のせばまり　67, 78, 171
自己の有限性の自覚　69, 78, 216, 223−225
　──と受容　210, 222
自殺率　56
四住期　18
死にゆく過程のチャート　150
死の受容　192
主体的模索　39
生涯発達に関する複線モデル　46
上昇停止症候群　58, 219, 224
職業的アイデンティティ　45
女性型経路　44
女性主義的倫理学　208
女性のアイデンティティ形成　43
人格の「変容」（transformation）　25
人生の正午　20, 213
人生の統合　174, 186, 201
親密性　43, 44, 46, 115, 193, 200
心理−社会的課題　46, 86
心理−社会的危機　22, 23
心理−社会的モラトリアム　83
心理−性的発達論　19
生活構造　24
成人期のアイデンティティのラセン式発達モデル　166, 176, 177
成人発達に関するグラント研究　32
精神分析的個体発達分化の図式　21, 42, 45, 46, 63, 86, 115, 161, 182, 214

世代性　14, 17, 46, 103, 115, 217, 219
積極的関与　35, 36, 39, 88
早期完了　37, 88, 96, 105−107, 109−112, 175, 184, 227
相互性　45, 116
喪失体験　155, 188, 218
祖父母的世代性　182

た

他者への積極的関与　199, 200
タルムード　16
男性型経路　44
男性主義的倫理学　208
「男性のライフサイクル」論　215
中年期危機　9, 21, 54, 75, 100, 102, 211−213, 218, 221−223, 225−231
　──の構造　225
中年期のアイデンティティ危機　73, 75, 103, 104, 125
中年期のアイデンティティ再体制化のプロセス　78−80, 84, 85, 88, 100, 217
中年期のアイデンティティ・ステイタス　88, 89, 100
中年期のアイデンティティ達成型　91
定年退職危機　163
定年退職期のアイデンティティ再体制化　178
定年退職認知タイプ　159, 176
道具性　41

な

「内的モラトリアム」型　111
乳幼児期の分離−個体化　82
年齢不問の自己　174

は

発達的危機（期）　23, 80, 86, 87, 103, 163, 175, 191, 201
母親（としての）アイデンティティ　120−122

母親役割　　121, 127, 130, 206
パラサイト・シングル　　221
ひきこもり・ニート問題　　221
表出性　　41
夫婦アイデンティティ　　194
夫婦の関係性ステイタス　　194
分離−個体化　　42, 47, 81, 84
　──のプロセス　　82, 84, 166
　──の理論　　81
分離した自己　　42, 47, 49
母性意識　　121

ま
ミッドライフ・クライシス　　212
喪の仕事　　218

モラトリアム　　37, 72, 85, 88, 94, 96, 99,
　105-109, 111, 112, 175, 227

や
役割アイデンティティ　　202
役割葛藤　　157

ら
ライフコース　　14
ライフサイクル　　13, 14, 17
　──研究　　20
　──の変化　　34
ライフスパン　　14
論語　　17

人名索引

A
Ainlay, S. C.　　174
Atchley, R. C.　　163, 164

B
Bakan, D.　　41
Bem, S. L.　　41
Blos, P.　　81, 85, 166
Bowlby, J.　　42
Brandt, D. E.　　87, 166
Bühler, C.　　24, 26

C
Chiriboga, D.　　54
Chodorow, N.　　43
Costa, P. T. Jr.　　55
Cuber, J. F.　　194

D
Daken, A.　　135
Dante, A.　　53
Donovan, D. C.　　174
Dressel, E. T.　　174

E
Erikson, E. H.　　1, 19, 21-23, 26, 35, 39,
　43, 44, 46, 47, 63, 64, 86, 103, 115, 116,
　161, 182, 184, 192, 193, 200, 201, 214, 217,
　233-235, 237
Erikson, J.　　214
Erikson, N.　　214

F
Fisher, J. L.　　44, 45
Fliess, W.　　213
Franz, C. E.　　46, 47

Freud, A.　82
Freud, S.　19, 20, 22, 24, 53, 82, 115, 116,
　213, 214
Friedman, L. J.　214

G
Gesell, A. L.　168
Gilligan, C.　41
Gould, R. L.　24, 25, 28, 33, 215
Greenacre, P.　82
Gutmann, D. L.　157

H
花沢成一　120
Harroff, P. B.　194
Hart, B. L.　111−113
Hartmann, H.　82
Haslett, S. J.　111
Havighurst, R. J.　26
林　京子　133
Heidegger, M.　209
Hodgson, J. W.　44
Hollingworth, H. L.　23
本多公子　220
Hudson, F. M.　169

I
石垣明美　220
伊藤美奈子　48

J
Jaques, E.　20, 21, 30, 33, 67, 215
Josselson, R.　44, 111
Jung, C. G.　20, 24, 41, 53, 213, 214

K
貝塚茂樹　18
金沢佳子　120
柏木恵子　131, 132, 136
Kaufman, S. R.　174

河合隼雄　15, 20, 192
Kernberg, O. F.　218
Kimmel, D. C.　14
北井　弘　232
小林純一　191, 192
Kroger, J.　111, 112
Kübler=Ross, E.　150, 189

L
Levinson, D. J.　13, 14, 24, 25, 28, 32−34,
　63, 168, 215
Lowenthal, M. F.　54

M
Macfarlane, K. W.　182
前田重治　82
Mahler, M. S.　42, 81−85, 87, 199
Marcia, J. E.　35−38, 88, 111, 112, 194,
　236
松井　洋　43
松下美知子　211
McCrae, R. R.　55
三崎いずみ　136, 139−142, 149, 200
宮下一博　40
森　有正　71, 72

N
中西信男　161
生田目常光　156
直井道子　129, 130
野上素一　53
野口悠紀雄　5

O
O'Connel, A. N.　44
大日向雅美　120
岡田尊司　220
岡堂哲雄　61
岡本祐子　30, 40, 65, 79, 87, 89, 105, 120,
　121, 123, 127, 128, 131, 136, 139−141, 149,

159–161, 164, 165, 167, 175, 176, 179, 180, 185, 189, 190, 200, 211, 216, 217, 219, 222, 226, 237

小此木啓吾　　219

P

Parsons, T.　　41
Pearlin, L.　　135
Peck, R. C.　　26
Piaget, J.　　82

R

Rasmussen, J. E.　　120, 161

S

佐藤眞一　　55
Schlossberg, N. K.　　157
Shakespeare, W.　　14
Sheehy, G.　　24, 25, 28, 215
下仲順子　　55
Skaff, M.　　135
袖井孝子　　194
Spitz, R. A.　　82
Stanford, E. C.　　23
杉村和美　　13, 125, 127

T

高橋久美子　　194

鑪幹八郎　　10, 21, 39, 40, 192
朝長正徳　　193
都築佳代　　194
Turner, R. H.　　194

U

宇田津三貴　　135
宇都宮博　　194–196, 198

V

Vaillant, G. E.　　24, 32, 33, 215

W

Waterman, A. S.　　38, 39
Weinstock, C. S.　　38
Werner, H.　　166, 168
Whitbourne, S. K.　　38, 39
White, K. M.　　46, 47
Winnicott, D. W.　　82

Y

山折哲雄　　19
山田雄一　　157
山本多喜司　　159–161, 165, 176, 209
山本里花　　47, 49
山中康裕　　20
安福純子　　129

著者紹介

岡本祐子（おかもと　ゆうこ）
広島大学名誉教授。HICP 東広島心理臨床研究室代表。
教育学博士，臨床心理士，公認心理師。
広島大学大学院教育学研究科博士課程後期修了。
主著：
『成人期における自我同一性の発達過程とその要因に関する研究』（風間書房，1994）
『中年からのアイデンティティ発達の心理学』（ナカニシヤ出版，1997）
『アイデンティティ研究の展望　Ⅰ〜Ⅵ』（共編著）（ナカニシヤ出版，1984-2002）
『アイデンティティ生涯発達論の射程』（編著）（ミネルヴァ書房，2002）
『アイデンティティ生涯発達論の展開』（ミネルヴァ書房，2007）
『世代継承性シリーズ第1巻　プロフェッションの生成と世代継承』（編著）（ナカニシヤ出版，2014）
『世代継承性シリーズ第2巻　境界を生きた心理臨床家の足跡―鑪幹八郎からの口伝と継承』（編著）（ナカニシヤ出版，2016）
『世代継承性シリーズ第3巻　世代継承性研究の展望―アイデンティティから世代継承性へ』（編著）（ナカニシヤ出版，2018）
『世代継承性シリーズ第4巻　経験の語りを聴く―人生の危機の心理学』（編著）（ナカニシヤ出版，2022）
その他多数

岡本祐子著作集　第1巻
中年からのアイデンティティ心理学
成人期の危機と発達

2024年9月1日　初版第1刷発行　　（定価はカヴァーに表示してあります）

著　者　岡本祐子
発行者　中西　良
発行所　株式会社ナカニシヤ出版
〒606-8161　京都市左京区一乗寺木ノ本町15番地
Telephone 075-723-0111
Facsimile 075-723-0095
Website https://www.nakanishiya.co.jp/
Email　iihon-ippai@nakanishiya.co.jp
郵便振替　01030-0-13128

装幀＝白沢　正／印刷・製本＝亜細亜印刷
Printed in Japan.
Copyright©Yuko Okamoto 2024
ISBN978-4-7795-1811-9